U0515058

佛与他者：当代泰国宗教与社会研究

Buddhism and Its Others: A Study of Religion and Society in Modern Thailand

龚浩群　著

国家社科基金后期资助项目
出版说明

后期资助项目是国家社科基金设立的一类重要项目，旨在鼓励广大社科研究者潜心治学，支持基础研究多出优秀成果。它是经过严格评审，从接近完成的科研成果中遴选立项的。为扩大后期资助项目的影响，更好地推动学术发展，促进成果转化，全国哲学社会科学工作办公室按照“统一设计、统一标识、统一版式、形成系列”的总体要求，组织出版国家社科基金后期资助项目成果。

全国哲学社会科学工作办公室

目　录

序一　讲述“文明”的故事

高丙中
北京大学社会学系人类学专业主任
北京大学世界社会研究中心主任
2019 年 4 月 18 日

十年前，龚浩群的博士论文经过修改后以《信徒与公民：泰国曲乡的政治民族志》为题纳入北京大学出版社的“走进世界·海外民族志大系”出版。今年，她将出版自己做泰国研究的第二本书《佛与他者：当代泰国宗教与社会研究》。这距她深入泰国乡村开展一年的人类学田野作业已经十六年了。

国际上通常把人类学博士生的田野作业视为人类学学者的成年礼。浩群的这个成年礼具有独特的学科史意义。浩群不是中国高校第一个获得人类学博士学位的学者，却是中国高校以国外社会一年田野作业为基础完成民族志论文并获得人类学博士学位的第一人。今天，海外民族志在年轻一代学人中渐成风气，而浩群就是那个开风气之先的女侠。

浩群是 2001 年秋季入学开始攻读博士学位的。她报考的是周星教授，因为周老师到日本爱知大学任教，她转由我指导。她愿意经受规范的人类学训练，不再选择国内的某个乡村或民族村寨做调查，而是选择去泰国。在那时，这是一个大胆得有些冒失的决定。在国内做调查，很像一种说走就走的旅行。但是到国外做调查，是需要进行充分准备的冒险：如果不是到英语国家，就需要学习当地人的语言；要办理签证，就需要有合作机构提供邀请信；要准备防疫证明；要准备外币；要准备医疗保险……好在浩群是一个运气好的人（或者说我们谨慎挑选国家，挑对了），事后证明她诸事顺遂。今天回想起来，我仍然是深吸一口气，深感庆幸。如果她不是这么顺利，我们后续的海外民族志计划真不知道是否会坚持下来。我们请北京大学外语学院泰国语专业的傅增有老师帮助她学习语言，并请泰国朱拉隆功大学的教授帮助办理入境的法律手续。

浩群有学习语言的天分，经过一年的田野调查，她在泰国曲乡时能够大胆地使用泰语与当地人交流。我不懂泰语，但是她从泰国回来给我们唱泰语歌曲，听起来像是对自己的泰语很自信的样子。当时的博士生学制是三年，如果学生不学习新的语言，只做六个月的实地调查，一般都是能够按期毕业的。但是浩群走了一条新路，要额外花费很多时间，她居然也只延期半年答辩。她在 2004 年 12 月答辩的时候，我们为她组织了一个阵容十分强大的答辩委员会，郑杭生老师、杨圣敏老师、马戎老师、景军老师、郭于华老师、王建民老师、麻国庆老师等七位学科领袖和代表性学者为她把关，也是为她加冕。

浩群博士毕业后到中山大学在周大鸣老师指导下完成了博士后研究，之后到中国社会科学院亚洲太平洋研究所工作。其实，在这前后，中国社会科学院的翁乃群教授（民族学人类学研究所人类学室主任）和罗红光教授（社会学研究所文化人类学室主任）也都曾欢迎她到自己麾下工作。在亚太所工作期间，她申请到去哈佛大学人类学系访学的机会，她利用这个便利在大波士顿地区的"水镇"继续做她的民族志研究，进行了一年的参与观察。2011 年包智明老师负责中央民族大学世界民族学与人类学研究中心的筹建，看重她作为新起的海外民族志头雁的角色，把她挖到这个中心。这是一个非常有利于她发展的学术平台，她有条件继续开展第二波泰国研究，她陆续在泰国曼谷等地做都市人类学的调查。其间她安排了一年时间到荷兰莱顿的国际亚洲研究所访学，又见识了欧洲社会的一个样本。

浩群第一波做的是泰国乡村调查，第二波主要做的是泰国城市中产阶级的观察。在我看来，她的第一本书写了泰国基层的社会生活，所关心的是泰国政治，而这本书侧重写泰国城市中产人群的精神生活，所关心的是泰国文明。反过来说，浩群研究泰国政治、泰国文明，完全是以一个人类学学者的视角与方法。她不是"论"政治或文明，而是通过经验事实"呈现"政治、文明。民族志文本一定要建构一个整体的对象，浩群的第一本书将曲乡的社会生活作为"经验"的同一个空间来构成整体；第二本书用举例的方式呈现经验故事，但是利用"国家与社会"的叙事框架和泰国文明的线索共同构成了对象的整体性。从主要通过白描呈现第一种整体性到通过多种概念工具的使用建构第二种整体性，浩群能够更自由地驾驭民族志文本。

《佛与他者》在经验层次介绍了泰国中产阶级都市生活的种种现象，但是她真正讲述的是以佛教为载体的泰国文明的现代（化）故事。泰国从传统的勐到现代君主立宪国家的化蝶过程是以保持政治认同的一致性和文明传承的连续性为条件的，非西方国家能够走这一发展路径是很难得的。西方国家通过向外征服、扩张而不断获得增量，国家自身是主动者，在结构上就保证了它们以主动、自在的心态吸纳外部世界的资源成全自身。但是非西方国家在现代历史的宿命上就是被动的，因为被动，就难以明智地选择，就不断地因为“错误”的选择而累积异质性因素，形成由各种矛盾叠加而驱动的不由自主的历史，后人回首时都是不断折腾的辛酸和悲情。泰国是幸运的，不曾被西方殖民占领，而更值得庆幸的是泰国选择了坚守佛教文明的现代化。

佛教在泰国是一种总体性事实的存在，也就是一种无所不在，让各种存在具有意义、得到解释的存在，经过百年的风风雨雨，泰国吸纳了政治、经济、教育等各个方面的外来要素，在现代性指标上达到相当高的水平，而佛教仍然还称得上是一种总体性事实，可以把各种外来的异质性统合在一起，融合为一体。佛教文明的成功传承，为国家和公众提供了稳定的意义体系。最为重要的是，泰国守住佛教文明，就守住了自己面对世界的主动地位。国人有共同的佛教语言，多么异质的外来“他者”“他性”都总能被化生为熟，通过让他者说话、和他者对话，自我与他者的关系被转化为我与你的关系，从而维系了公共生活的活力。此书中细述了一个特别有力量的例子：泰国有一个重集体和等级的传统，似乎与新来的个人主义和平等观念殊难相容，但是用“人人皆可涅槃”的共同语言表达，就仍然是合传统的。

浩群的泰国研究，从博士论文到最新的成果，在见识、学术上都更上一层楼。她从扎根乡村到深入都市，从描述日常生活到讲述“文明”的故事，从基层社会的结构描述到国家的历史进程，既具有强烈的经典民族志意识，也能够处理国家、文明、历史这些宏大主题。这是当今一个好的人类学家所具有的真才实学。

中国的人类学因为海外民族志的兴起而走上发展的正途。中国的社会科学因为这种新定位的人类学而弥补了上百年以来的囿于国内实地调查的缺陷。区域国别研究在设计上是弥补中国社会科学缺陷的抓手，但是，没有足够的人类学海外民族志的支撑作用，区域国别研究的设想是必然落空的。放在这样的大势中来看，我们方能评估浩群以及她所代表的年轻的中国人类学学者的学术价值和时代角色。

序二　文明的包含性阶序及其现代转化

黄剑波

华东师范大学人类学研究所所长

2019 年 4 月 17 日

浩群新著《佛与他者》嘱我作序，本不敢应承，但又想在书稿付梓之前先睹为快。虽然其中一些篇章及部分观点之前已经有所了解和交流，但整体读下来之后还是有一些感受或许可以作为阅读体会于此分享。既不是序，也不是系统的讨论，而是仅就我个人感兴趣的几个点略谈一二。

从其博士论文研究开始，浩群持续多年在泰国研究上深耕，成绩斐然。与其《信徒与公民：泰国曲乡的政治民族志》一书相比，这部作品无论是对泰国政治社会，还是对泰国佛教，抑或是对人类学的理论自觉和反思都有了相当大的提升和发展。按我对浩群的了解以及我的阅读体验，这本书大概仍然首先是一部政治人类学作品，就如同其在上一部著作的副标题中所凸显的问题意识——泰国曲乡的政治民族志。因此，“传统”与现代、公民与信徒、政治与社会、王国与国王等关键词和基本张力反复出现。然而，在我看来，较前作来说，这部作品有了更强烈的宗教人类学味道，对佛教，特别是作为泰国佛教主流之他者的佛教现代改革派、丛林僧人以及城市中产阶级的新式宗教实践投入了相当的关注和笔墨。作者对泰国佛教的理解更为深入，对其的讨论也更为主动和自觉。

这部作品当然也是区域研究之作，而这也正是当下中国人类学亟须重点发展的一个方向和生长点。事实上，尽管泰国是其主要关注对象，但所涉及的是更大的东南亚问题。而所谓东南亚，不仅在地理空间上位于中华文明和印度文明的双向挤压之下，在近代以来还不可避免地卷入了西欧文明的因素。因此，对于一个地理区域的理解也就不可避免地还要加上一个时间或历史的维度。也正是因为这样，尽管书稿重点讨论的是“当代”以及“现代”处境下的泰国及其佛教的议题，却不得不多次回到所谓前现代的历史场景中，尽管有些时候“前现代”被转化为地理上的边缘或丛林，以及文化意义上的“传统”。

最终，作为人类学家，作者的学科训练和理论意识不仅体现于正文部分，其还特意附录了一篇论文试图专门处理人类学作为一门学科，特别是中国人类学作为一门现代社会科学的问题。可以说，这部作品的不同篇章与我的一个主张不谋而合，即一项理想的宗教或政治人类学研究应当既能对宗教或政治议题有深度的讨论，也能增加对于某一特定区域的认识或至少参与关于该地区的不同方面的探讨，并仍然能保持对于人类学作为一门学科的理论关怀及相应地丰富对普遍意义上的人的理解。

“他者”无疑是这部作品的一个关键概念，但与通常理解的“异邦”甚至是想象的异邦完全不同的是，作者试图处理和提取的是这样一个理论性的概念——民族国家的内部他者。在“现代泰国的文明国家与信仰阶序的建构”部分的结论中，作者明确提出，“现代泰国的佛与他者的关系展示出文明的阶序性特点……而佛教的文明化是现代暹罗文明进程中的重要一环。通过这一历程，我们可以说，没有他者，就没有文明的显现。”在我看来，这是这部作品中特别精彩的几个地方之一。

浩群明确承认自己的这一观点直接受惠于杜蒙基于印度种姓制度研究的阶序理论。正如阿帕杜莱的评论所指出的，不能简单地将印度社会的本质归结为阶序，同时又说明阶序并非印度所独有，而是存在很多类似的阶序社会。换言之，浩群认为，阶序作为一个分析型概念有可能适用于讨论印度之外的东南亚社会。如果更大胆一些，或许我们还可以说这个概念事实上也大可作为研究中国，特别是其“南亚性”或西南地区的参考。不仅如此，司徒安（Anglea Zito）关于乾隆时期书写与政治的研究中令人惊讶地涉及一些与内部包含的阶序结构非常类似的论述，有意者不妨参阅《身体与笔》。

尽管浩群没有明确这么表述，但她似乎将文明的阶序主要理解为现代佛教一种较为成功的策略。或许这个概念不仅可以用于处理佛教及泰国社会的现代化过程，事实上，在我看来“他者无存，文明不再”或许有更大的理论解释范围或可能性，即作为整个人类社会的一种理解方式，即使这肯定不是唯一的方式。事实上，杜蒙后期的研究关注就从印度转回到了自己所处的欧洲社会及其思想体系，在“阶序人”之后继续探讨“平等人”概念。除了已有中文译本的《论个体主义》之外，还需要留意另外一本尚无中译本的作品 *From Mandeville to Marx*。进言之，杜蒙试图探讨的不仅是作为欧洲参照或镜像的印度社会阶序，而且是作为一种宇宙观的“阶序人”；不仅是现代社会主导价值之一的“平等”，而且是作为一种生存状态和方式的“平等人”。

必须声明的是，这不是在为等级社会或文化/文明的等级关系辩护，可以更多地理解为是对文化多样性（cultural diversity）的声张，也就是浩群一直重复在使用的一个关键词：包容性。把本来丰富多样的文明处理为一个匀质的平面的时候，看似构建了一种“平等”、无差别的理想社会形态，同时却也意味着对差异性的否定，进而要求推行某种简单一致性的政治或文化主张。一旦受到阻力，事实上几乎没有例外地会出现这种情况：无论是显性的激烈冲突，还是隐性的消极抵抗，都会出现互相敌视、彼此污名化的局面。而且，无论推行方还是抵抗者都极为容易走向某种形式的基要主义者（fundamentalist）。文化多样性的关键并非简单主张“不同”，特别是当今世界身份政治泛滥成灾，而应当放在“共生”中。还需要略微说明的是，这种对于文化多样性的主张并不等于作为一种政治意识形态的文化多元主义（multi－culturalism）。在很大程度上来说，后者早已沦为一种政治正确，成为一种身份政治的表述手段。在近期的国际政治社会的现实中，不能说其已经完全破产，但也早已千疮百孔，遗留下众多历史难题。

在本书的最后两章，浩群将重点转到了“佛与自我”，亦即现代城市中产阶级的修行实践及其社会脉络的逻辑。“修行”一词当然能引发我很多的共鸣，这也是我近几年来勠力参与的一个研究方向，因此阅读起来更为投入和享受。浩群给我们提供了一个细致入微的精彩个案，这些泰国都市社会中的修行者一方面以一种相当个体化的方式实践其“在当下涅槃”的信念，另一方面也一直试图处理好个体生命的完善与社会公平的实现之间的契合。换言之，寻求个体化与渴望群体生活是同时在发生的过程，或者说是一个看似朝着不同方向发展、充满张力，实际上却是一个彼此不可简单拆解的整体过程。

正如列维－斯特劳斯在《忧郁的热带》中为我们所展现的那样，虽然是在说巴西，但无时无刻不在想着法兰西。我在阅读这部书稿时也可以很强烈地感受到研究者隐藏而又无时不在的“中国问题意识”。“比较的幽灵”虽不是直接可见，却深入骨髓。其中或许可以直接并置讨论的就是中国佛教的现代化问题，特别是人间佛教的话题。当然，进一步，我们还可以看到泰国与中国在近现代“遭遇西方”这一个共同议题上的相似性，因此所涉及的显然就不仅是如今狭义上的佛教或宗教的问题，还包括公民与人民、国家与社会、“山林”与庙堂等问题。

尽管我已多处评论过“冲击－回应”模式对于理解中国以及相近国家的现代命运的局限，但我还是要再次强调这个模式本身的合理性和仍然延续的强大解释力。简单套用这个模式虽然过于单调，但一个基本事实不容忽视甚至无视，也就是在过去的几百年中一个强大的“西方”之临近或入侵对于拥有古老文明体系的“东方”所产生的巨大的压迫感和实际上的冲击。然而，我还是要再次重复，如果我们只是将眼光限制于这个历史遭遇及其之后，将影响我们对更长历史时段的理解以及对我们自己所处文明的更深认识。这也是我在前面提及的那个期待，或许，对于文明的包含性阶序的讨论，在细致梳理其现代遭遇、社会脉络、转化机制及其结果的基础上，尝试将其回归到更大的历史时段进行考察，从而探讨其作为一种超越某一具体时空的文化结构甚至宇宙观的可能性。

浩群对这一问题的处理方式令人印象深刻。她指出，自19世纪中叶以来泰国从传统的佛教王国向现代民族国家的转变过程就是一个不断寻求文明化的过程。而佛教则是现代泰国创造自身文明性的重要领域，其文明化过程同时在国家（政体）、社会与个人三个层面展开。如此一来，文明化成为描述这一历史、社会、文化过程的总体性概念，充分展示了这一过程的复杂性和层次性，而并不是一种简单的历史因果或单一要素的决定论。同时，这样的写作也避免了两种常见的问题：或执着于结构性分析而遮蔽和掩盖了活生生的个人的那种冷冰冰的陷阱，或失落于碎片化的个体生活和鸡零狗碎的文化事项而无力处理和回应更大的政治、社会议题的温吞吞的泥潭。在冷静的理论分析的同时还有具体的真实的个人的温度，浩群给我们烹制了一桌大菜，有营养，也有口感，值得慢慢享用和回味。

导论　佛、他者与文明化

“文明”在泰语里采用了英译词 siwilai，在 19 世纪中叶被引介到泰国，那个时代的统治者曼谷王朝四世王蒙固（1851－1868 年在位）开始关注文明，他认为自己的国家是半文明半野蛮的，并开启了向西方学习的现代化进程。[①] 文明代表了对由崇奉基督教的西方世界所引领的现代价值的追求。可以说，泰国向现代民族国家转变的过程就是一个以西方国家为参照来不断寻求文明化的过程。

历史学家通猜·威尼差恭（Thongchai Winichakul）曾指出：“文明没有确定的本质，这一概念是关系性的。”[②] 现代泰国的文明程度可通过地理学话语来理解，精英们生产出关于文明的空间概念框架，从森林、村落、城市到欧洲，分别代表了文明的不同程度。泰国被放在与他者的关系中来定位，它的文明气质通过内部的他者——城市之外的山民和乡民——得以建构。[③]

我们可以认为，在泰国的现代化进程中，文明是在双重关系中确立起来的：一方面是外部关系，在作为整体与欧洲进行对比的时候，泰国是野蛮的；另一方面则是内部关系，泰国内部的蛮荒之地相对于村落，村落相对于城市又是野蛮的。在 19 世纪末和 20 世纪初的统治精英看来，欧洲处在文明链的顶端，在由欧洲主导的世界中所处的位置决定了自身的文明程度；与此同时，以欧洲文明为参照，国家内部可以再区分出野蛮与文明。因此，如果说文明是关系性的，那么这一关系性同时具有内外交互的特点：对泰国与西方文明的关系的理解在泰国内部促成了新的分类和文明化实践。

---

① Winichakul, Thongchai, “The Quest for ‘Siwilai’: A Geographical Discourse of Civilizational Thinking in the Late Nineteenth and Early Twentieth-Century Siam”, *The Journal of Asian Studies*, Vol. 59, No. 3 (Aug., 2000), p. 530.

② Ibid, p. 529.

③ Ibid, pp. 534－537.

文明对泰文化的冲击及其激发的回响构成了泰国追求现代性道路上的变奏曲，泰文化的内涵由此发生了改变，泰文化也凭借这些改变维系了自身的存在。如果我们把文明看成是外在的，那么文明对泰文化的冲击必然在泰文化内部催生出异质性，即他者。他者的产生有两种途径：第一种途径是泰国的统治精英主动对泰文化中的关键因素进行再分类，把其中一个部分定义为文明的，把另一部分定义为野蛮的他者，从而构建出文明的阶序，并为精英统治奠定了意识形态基础；第二种途径则要激烈得多，文明带来的异质性对泰文化中的保守因素构成了巨大的冲击，甚至对泰国统治精英所定义的文明构成了破坏性力量，在这个时候我们就会看到较为激烈的意识形态冲突、社会阵痛以及由此产生的深刻变革。内部的和外部的他者如何转变为泰文化的有机组成部分，是泰国社会不断面临的挑战，同时也构成了泰文化自我更新的推动力和泰国社会的活力之源。当文明带来的异质性被整合为泰文化的有机组成部分时，我称之为文明化，这是永不完结的过程。

本书将聚焦泰国社会的主导性宗教——南传佛教，试图展示佛教的文明化是如何在国家、社会与个体的层面展开的。南传佛教是古代佛教王国政体的构成要素和泰族民众信仰的核心，在面对西方文明的冲击时，泰国社会一方面要强化南传佛教作为泰文化特性的地位，另一方面又需要确证南传佛教在世界文明体系中的位置，从这两个方面来适应现代性进程。在处理佛教文化与现代文明之间的关系时，在意识形态、政治体制、社会生活乃至个体生命的各个层面将不可避免地产生各种冲突以及随之而来的调适，并带来了一系列社会变迁。下面将先讨论 19 世纪后期以来暹罗从古代王国转变为民族国家的过程——政体的文明化，这是理解佛教文明化的重要起点，然后再从国家、社会与个体层面来分别论述佛教文明化的实现路径。我们将看到国家、社会与个体的文明化实践有不同的策略和方向，三者之间的互动构成了当代泰国社会变迁的合力。

勐与国

“暹罗”从来不是古代泰人的自称，而是中国史籍中对于泰族以及泰人建立的王国的称呼。宋元时期，中国史籍记载了今天湄南河中游的暹国和湄南河下游的罗斛国。元大德年间（1297－1307）刻印的《南海志》一书中曾明确指出暹国是以“速孤底”（今天泰国北部的城市素可泰）为中心的。暹（siam）原为梵文名词，最初应当是印度人对湄南河流域中部和北部地区以及该地区的泰族人的称呼，这个词有两个含义：一是指黑色或黝黑的皮肤，二是指黄金或者金黄色。13世纪，素可泰王国消灭了湄南河下游以华富里为中心的罗斛国，然而，直到明代初年，我国依然认为这一区域的国家是由“暹罗”和“罗斛”合并而成的，称之为“暹罗斛”或者“暹罗”。1296年，周达观随同元朝使节前往真腊（今柬埔寨地区），他后来在《真腊风土记》中称真腊西边的邻邦素可泰王国为“暹罗”，称那里的居民为“暹人”，这是中国史籍上第一次用“暹罗”来称呼今天泰国区域的国家。此后，“暹罗斛”和“暹罗”两种称呼并用了一段时间，大概从15世纪开始才单称“暹罗”，并一直延续下来。16世纪之后来到东南亚的西方殖民者也称呼泰人的国家为“暹”，而泰人称呼自己的国家为“勐泰”，“勐”（muang）指的是“以一座城市为中心建立起来的国家”。直到1826年签订《布尔尼条约》和1855年签订《泰英友好通商条约》（《鲍林条约》）时，泰国政府仍然使用“勐泰”的自称。但是英国殖民者把“暹”这一他称强加给泰国。1856年在批准《泰英友好通商条约》时，泰国政府第一次用“暹国”（Siam或Sayam）代替“勐泰”来称呼自己的国家。此后，暹国变成了泰国自己使用的国名。[①]

19世纪中后期以来，英法两大殖民帝国迫使暹罗王国不断明确国家的边界，从以朝贡关系为特点的“勐”转变为以边界关系为特点的现代意义上的“国”（prathet），或者说民族国家。prathet这个词的原义是一个地方或者一个区域，或者说没有任何特定范围、人口或者力量的区域。然而，在1900年出版的由西方人撰写的《暹罗地理学》中，prathet被定义为不同民族生活的地球表面的各部分，而泰国人生活的地方被叫作Sayam-prathet（暹国）。[②]

---

① 邹启宇：《古代泰国的国家和国名——兼论我国从前称泰国为暹罗的由来》，《广西民族大学学报》1978年第3期，第81－83页。

② 通猜·威尼差恭：《图绘暹罗：一部国家地缘机体的历史》，袁剑译，译林出版社，2016，第61－63页。

1932年，一群留洋归来的军官发动军事政变并迫使曼谷王朝七世王（1925－1935年在位）接受君主立宪制，泰国的王权政体真正开始了现代化转型。1939年6月24日，推行国家主义的銮披汶（Phibun）政府颁布了第一个关于"国民条例"的政府通告，通告称国家的名称应与种族的确切名称和泰族人民的喜好相一致，因此采用"泰"（Thai）作为泰语、民族和国籍的名称，确立国家的泰语名称为泰国（Prathed Thai），英语名称为Thailand。这一改名事件背后透露的大泰族主义意识形态也曾引起当时学界与政界的高度关注。[①] 二战后，"泰国"国号作为泛泰主义的产物受到质疑，1945年泰国复名"暹国"。1948年銮披汶再次成为首相，他领导的政府在1949年再度将国家改名为"泰国"，沿用至今。

从"勐"（muang）向"国"（prathed）的转变是西方殖民主义和民族国家模式直接影响下政体的文明化过程，这也是我们理解当代泰国社会的重要基点。我们先来看看传统王国政体"勐"的特点。勐是一个空间概念，也是一个政体概念。勐在一般意义上指城市以及以城市为中心建立的政治单位，或者说，处在最高统治者保护之下的地区。在东南亚研究中，学者们分别用"典范中心观"（doctrine of the exemplary center）和"星系政体"（galactic polity）等概念来描述勐或与勐类似的传统政体的特点。

与现代民族国家的权力中心不同的是，勐更多的是"典范中心观"的体现，即王室和首都不过是"超自然秩序的一个微观宇宙和政治秩序的物化载体"，王室的仪式生活成为社会秩序的范例。[②] 也就是说，勐的生命力不在于明确而固定的疆界，而在于权力中心的道德影响力和感召力。[③] 因此，作为都城的勐应当是神灵栖居和护佑的福地，是宇宙的中心，并将繁荣和财富传送到周边。[④]

---

① 葛兆光：《当"暹罗"改名"泰国"——从一九三九年往事说到历史学与民族主义》，《读书》2018年第11期。

② 克利福德·格尔兹：《尼加拉：十九世纪巴厘剧场国家》，赵丙祥译，上海人民出版社，1999，第13页。

③ Tambiah, S. J., *World Conqueror and World Renouncer: A Study of Buddhism and Polity in Thailand against a Historical Background*, Cambridge University Press, 1976, p. 125.

④ Johnson, Andrew Alan, *Ghosts of the New City: Spirits, Urbanity, and the Ruins of Progress in Chiang Mai*, Honolulu: University of Hawai'i Press, 2014, pp. 40－41.

勐对其附属地区并不构成直接的政治控制，在这种松散的政治结构当中，始终存在典范国家仪式的向心力与国家结构的离心力之间的内在紧张关系："一方面，由这个或那个君主领导的公众庆典的确具有凝聚效果。另一方面，政权又具有内在的分散性和分化性特征，这一政体可看作一种由数十个独立、半独立和准独立的统治者组成的分立性社会制度，或，如果你愿意如此称呼的话，权力体系。"① 勐体现的是等级化的政治权威，并与周边的其他政权构成朝贡关系。"在这种前现代政体中，一个国家的主权既不是单一的，也不是排他性的。它是多重的和共享的——既属于它自己的统治者，又属于其最高领土——这并不是分割性的主权，而是一种等级式的主权。"②

坦拜尔则用"星系政体"来概括泰国传统社会的政治结构，即政治的中心是国王的首都及其直接控制的地区，周围省份由国王指派王子或官吏掌管，这些省份又被相对独立的朝贡团体包围。分散的星座单位不断复制，直到构成村父－村民之间的庇护关系。星系政体在常态下是虚弱的，而在特殊时期如战争时期是强大的。王国的向心力不是通过权力和控制达成的，而是通过具有表演效应的仪式性制度来实现的。③

19 世纪以来，泰国从勐向国的政体转变过程体现出以下方面的特点：一是王国内部确立起中央对地方的权力控制；二是王国从无确定边界的等级式主权转变为有确定边界的分割性主权；三是王权的神圣性得以延续和转化；四是勐的多元化存在与国的一体化要求之间形成了内在矛盾。

西方殖民主义的到来，尤其是 1855 年泰国与英国签订《鲍林条约》成为泰国历史上的重要转折点。一方面，英国强加的自由贸易条款直接导致了泰国王室在关税方面的损失；但是另一方面，这也带来了大米出口贸易的激增，泰国王室通过新的税收手段掌握了经济资源，

① 克利福德·格尔兹：《尼加拉：十九世纪巴厘剧场国家》，赵丙祥译，上海人民出版社，1999，第 19－20 页。

② 通猜·威尼差恭：《图绘暹罗：一部国家地缘机体的历史》，袁剑译，译林出版社，2016，第 110 页。

③ Tambiah, S. J., *World Conqueror and World Renouncer: A Study of Buddhism and Polity in Thailand against a Historical Background*, Cambridge University Press, 1976, pp. 111－113, p. 125.

并为19世纪90年代开始的行政改革或国家机器的现代化提供了财政基础。1893年至1915年开展的地方行政改革并没有将传统的星系政体转变为完全集中的官僚政体，而是产生了以世袭官僚为特征的辐射政体（radial polity），亦即中央通过代理——贵族家庭的世袭统治来控制地方，但是司法、税收和警察部门的人员由中央政府委派。在辐射政体中，权力中心对周边有更强大的控制功能，不容忍其他中心的存在，但也没有给予周边有效的权力或者把它们充分整合到参与性的政治过程中来。在殖民主义的冲击下，从星系政体向辐射政体的转变促成了王权的强化和有限的现代化，这体现为与王权相关的仪式的精致化以及中央权力在地方的有效展开。[①]

面对西方殖民国家的扩张，暹罗王室不得不转变过去以勐为中心的政体观念，并采用西方制图技术来确立现代民族国家的边界，导致了国家感在空间维度上的演变。通猜·威尼差恭使用“地缘机体”（geo-body）的概念来描述“形塑国家空间感的领土性技术如何产生作用”，他认为空间知识的替代影响了创造国家感的社会制度和实践的形成。[②]当泰国作为一个具有明确疆界的政治实体固化下来，泰民族（Chat-Thai）也随之诞生。在从勐向国转变的过程中，最显著的符号学联结和转变是chat或“民族”本身的概念。从词源学来说，chat最初是佛教词汇，指的是个人或族类的出生或轮回，例如chatna（来世）、chatphrai（生来就是农奴），chatkasat（生来就是国王）。大概在19世纪末，chat开始指共享一种文化共同性的民众，尤其是处于君主统治下的人民共同体——民族，而且chat和prathet常常合成为一个词prathetchat，用来表明将空间与共同体认同意识结合在一起的民族国家。[③]泰民族的概念试图塑造出与民族国家的地理边界相匹配、具有内在一致性的群体范畴。

王权在从勐向国的转变中发挥了重要作用，并且积极维系了自身的存在，这是泰国政体文明化过程中的重要特点。“当地缘机体替代了前现

---

① Tambiah, S. J., *World Conqueror and World Renouncer: A Study of Buddhism and Polity in Thailand against a Historical Background*, Cambridge University Press, 1976, pp. 190 - 199.

② 通猜·威尼差恭：《图绘暹罗：一部国家地缘机体的历史》，袁剑译，译林出版社，2016，第21-22页。

③ 通猜·威尼差恭：《图绘暹罗：一部国家地缘机体的历史》，袁剑译，译林出版社，2016，第167-168页。

代的、没有界限的、等级化的王国，皇家机体就以另一种方式展现出来。但它在很大程度上仍然是皇家机体。……国王的广大机体如今成了蓝色星球上的一小块拼图，而不再是整个宇宙的中心或者印度教－佛教宇宙学中的南方大陆。但是，正是在那种符号学转变中，皇权的神圣也同时被转到了地缘机体之中。”[①] 神圣王权的持续存在使得勐与国之间的界限有些模糊不清，与传统政体相关的“典范中心观”和庇护关系在新的语境中被不断再造，国王被认为是民族国家的首脑、护卫者和道德典范，忠于国王成为忠于国家的同义词，是泰性（Thainess）的构成要素。

最后，需要强调的是，现代民族国家的确立并没有完全将“勐”从人们的观念和社会现实中抹去。即使在今天，泰国人仍同时使用“勐泰”和“泰国”来指称自己的国家。[②] 勐与国这两种不同政体在历史与现实中的相互纠缠被认为是理解当代泰国政治动力的重要方面。一方面，在现实生活中，勐仍然是重要的空间观念。赫兹菲尔德（Herzfeld）通过民族志研究展示了曼谷老城中心的市民在抗拆迁的过程中，如何通过强调社区是勐的一部分来证明自身的合法性，抵抗政府强权。[③] 另一方面，历史上勐的多中心格局与民族国家的一体化要求之间构成了内在矛盾。例如泰北历史上以清迈城为中心形成的兰纳（Lanna）王国直到19世纪末期才被并入暹罗。直到今天，清迈的城里人仍称自己所说的地方话为勐话（Kham-muang），在他们的意识深处清迈城才是所有一切的中心，而曼谷不过是遥远的外在于勐的存在。20世纪以来在泰北兴起的宗教运动、政治运动和近年来的地方文化复兴[④]都需要在勐与国的紧张关系中来理解。

---

① 通猜·威尼差恭：《图绘暹罗：一部国家地缘机体的历史》，袁剑译，译林出版社，2016，第166－167页。

② 泰语中“政治”（kan-muang）的原义指的是“与勐相关的事务”，“公民”（phola-muang）的原义指的是“勐的劳力”，“公务员”（kharachakan）的原义指的是“国王的仆从”。

③ Herzfeld, Michael, *Siege of the Spirits: Community and Polity in Bangkok*, Chicago and London: The University of Chicago Press, 2016.

④ 参见 Johnson, Andrew Alan, *Ghosts of the New City: Spirits, Urbanity, and the Ruins of Progress in Chiang Mai*, Honolulu: University of Hawai'i Press, 2014。该书展示了当代清迈的仪式专家和城市规划师如何通过对兰纳文化的运用来重新激发勐的生命力。

泰国佛教的文明化

在泰国，佛教和王权的稳固地位维系了勐与国之间的某种连续性，也就是说，佛教和王权作为勐的构成要素在民族国家时代实现了创造性的转化。19世纪晚期以来，佛教作为传统政体的核心要素开始了文明化进程，经历了新的制度化和意识形态化。

泰国的僧伽体制发生了根本性的转变。在南传佛教政体当中，佛教社会的制高点是王权之下道德与权力的融合，宗教与政治形成的有机整体是其最重要的组织原则，因此，国王经常采取直接行动来净化宗教。王权的强大和国王势力的扩张会带来行政机器的强化和对僧伽制度的规训。坦拜尔借鉴人类学家利奇的“钟摆模式”来说明在泰国和其他南传佛教国家，宗教与国家权力之间这种连续性的深层次辩证紧张关系的特点。①

随着民族国家的建立，现代国家权力的集中和对地方控制的加强也伴随着国家对僧伽的整肃和直接的行政控制。在泰国，1902年僧伽法令的实施建立起以曼谷为中心、与地方行政体系相配套的全国性僧伽行政组织，确立了从寺庙住持、区僧长、县僧长、府僧长、四大地区僧长到僧王的等级秩序，其中上级对下级拥有控制权力，每一级的僧长都配有助理，从而为僧人的晋升提供了渠道。这一法令将国家的最高统治者、地方代理人和基层社会的僧人通过等级制度联结起来，构成了僧伽组织与政治权威之间关系的基本特点，即僧伽通过世俗政治权力的承认来获得合法性。该法令的另一目的则是削弱对中央政治权威产生威胁的地方宗教势力。

1932年泰国从绝对君主制转变为君主立宪制，这直接导致了1941年僧伽法令的出台。这一法令试图建立僧伽组织的民主化形式：僧王仍由国王任命，成立僧伽议会、内阁和法庭；由僧王任命45名议员，内阁首领及成员由僧王从议员中任命。需要注意的是，虽然僧伽组织在形式上

---

① Tambiah, S. J., *World Conqueror and World Renouncer: A Study of Buddhism and Polity in Thailand against a Historical Background*, Cambridge: Cambridge University Press, 1976, p. 162, p. 189, p. 517.

类似于政治机构，但是两者之间并不对称：僧伽组织不再拥有独立的行政部门，教育部代替了宗教部来负责监督和实施僧伽事务，这一宗教管理的世俗化转向影响至今。到 1963 年，当时的军人独裁政权沙立（Sarit）政府否定了僧伽组织的民主形式，再次出台新的僧伽法令，加强对僧伽组织的控制，用长老会取代行政、司法和立法机构，并把国家发展与团结和对国王、佛教的传统象征的利用结合起来，佛教被进一步整合到国家主义的意识形态当中。[①]

从统治精英的角度来看，佛教的文明化还体现为确立佛教价值的现代性话语，佛教被定义为“科学的、理性的、爱国的”宗教[②]，与蒙昧的迷信（saiyasat）或着眼于现世而非来世的神灵信仰（khwam-chua）区分开来。事实上，泰人宗教中本土与外来因素的并存贯穿了整个泰国历史，大致可以分为三个组成部分：佛教、婆罗门信仰和万物有灵信仰。从曼谷王朝四世王以来，伴随着国家权力的集中化，统治精英不断强化佛教在宗教领域的引领性地位。佛教——泰人社会中的外来宗教——虽然不是泰人信仰的全部，却被确立为泰人信仰的总体性结构，婆罗门信仰与万物有灵信仰都被包容在佛教世界观当中。[③] 民间婆罗门信仰和万物有灵信仰被认为只能满足人们的现实需求，却无法增进信仰者的功德，而佛教作为面向来世的宗教被赋予了更高的道德价值，占据了信仰领域的最高地位。在曼谷王朝四世王发起的佛教改革中，婆罗门信仰和万物有灵信仰被看作非理性的迷信，佛教则被认为是科学的、理性的宗教。到曼谷王朝六世王（1910－1925 年在位）时期，佛教与爱国主义结合起来，好的佛教徒同时也是爱国者，“国家、宗教与国王”三位一体的意识形态被确立起来。此外，确立佛教相对于异教的价值优势也是佛教文明化的国家策略，例如泰国南部的马来穆斯林社会因为其在族群、语言和宗教上的特异性而成为国家整合的目标。简而言之，佛教文明化的结果之一在于确立起泰人社会的自我形象：泰人社会从总体上来说是一个

---

① Tambiah, S. J., *World Conqueror and World Renouncer: A Study of Buddhism and Polity in Thailand against a Historical Background*, Cambridge: Cambridge University Press, 1976, pp. 235 – 253.

② 参见龚浩群《信徒与公民：泰国曲乡的政治民族志》，北京大学出版社，2009。

③ Kirsch, Thomas A., "Complexity in the Thai Religious System: An Interpretation", *The Journal of Asian Studies*, Vol. 36, No. 2 (Feb., 1977), pp. 241 – 266.

佛教社会，且佛教是具备现代文明气质的宗教。①

与泰国佛教文明化历程相称的是，“泰人社会是佛教社会”的论断长期主导了关于泰国宗教的研究，它强调整体主义，却忽视了泰国社会内在的异质性与变迁动力。近年来，不少研究者开始关注丛林僧人、民间信仰以及佛教改革派在泰国现代社会转型中所扮演的角色，通过他者来反思将佛教当作信仰领域总体性结构的局限性，也同时获得了对于泰国社会的更深刻的理解。例如有学者考察了泰国南部的民间婆罗门信仰，认为与以功德为阶梯的佛教不同，民间婆罗门信仰向人们平等开放，对于佛教具有颠覆性的影响；而过去的研究虽然注意到泰人宗教实践的多样性，但是都将佛教作为主要的解释框架，这种理解忽视了信仰者的能动性和创造性。②

20 世纪 70 年代以后，泰国社会以及关于泰国社会的研究都发生了重要的转向：1973 年 10 月爆发的学生民主运动改变了过去将泰国视作稳定和保守的佛教王国的观点，研究者开始关注泰国社会内部的冲突。与此相应，关于泰人佛教的研究也从对体制内的僧伽组织的研究转向了对体制外的丛林佛教的研究。研究者发现，泰人社会里的佛教充满了异质性和争议，佛教不再被简单地看作国家意识形态的宗教基础，而是一个不同思想和意识形态交锋的领域。

丛林佛教：文明中的他者

记得当年在泰国中部乡村做田野调查时，房东家的五岁男孩皮卡遭到大人的训斥，他说“真想逃到丛林里去”，这让我第一次意识到在泰国社会，“丛林”是一个深入人心的意象，它意味着支配性权力无法到达的边缘区域。

当泰国的统治精英确立起文明阶序的时候，丛林被认为是与城市和

① 参见 Tambiah, S. J., *Buddhismand the Spirit Cultsin North-East Thailand*, Cambridge: Cambridge University Press, 1970, p. 366; Keyes, Charles F., *Thailand: Buddhist Kingdom as Modern Nation-State*, Boulder: Westview Press, 1987, pp. 32 - 39。

② Vandergeest, Peter, "Hierarchy and Power in Pre-National Buddhist States", *Modern Asian Studies*, Vol. 27, No. 4, 1993, pp. 862 - 864.

文明相对立的他者。在佛教方面，泰国的僧伽分为丛林僧人和村镇僧人，然而正统的佛教历史大多来自对村镇僧人的研究，较少涉及丛林僧人；村镇僧人留下了文字经典和纪念碑，而丛林僧人只留下传说。有学者通过研究近代进入曼谷地区的丛林僧人的历史，来说明尽管国家通过推行巴利文教育、经典研习和设立僧伽管理体系进行佛教整合，但是游离在制度外的丛林僧人凭借苦行实践而获得神圣性。[①]

在泰国的佛教文明化历程中，丛林佛教与文明之间构成了紧张关系。这种紧张关系产生了两个方面的冲突：一是以曼谷的政治权力为中心的僧伽科层体系与边缘地区以地方性和圣僧崇拜为中心的僧伽体系之间的冲突，简单地说也就是中央与地方之间的冲突；二是在宗教与政治的关联性方面，丛林佛教以及后来的佛教改革派对等级化的正统意识形态构成了挑战，并为后来的社会改革和替代性意识形态的出现奠定了思想基础。

关于丛林佛教的研究首先让我们认识到泰国佛教的多元化特点。提亚瓦尼琦（Tiyavanich）就近代泰人社会里的云游僧人做了非常出色的研究，认为："对于今天见到的泰国佛教的单一模式的遵从既非传统的也非自然的，它是历史的产物。今天的等级制的和官僚化的国家僧伽体系，从暹罗各族群的文化历史来说，是异常的情况（aberration）。1902 年的僧伽法令试图形塑各种文化和宗教传统，使之成为一个单一的、集权化的和一致的类型。这种标准化的佛教破坏了原有的传统，却常常被错误地认为是'传统的'泰国佛教。"[②] 提亚瓦尼琦对于泰国云游冥想僧人的考察表明，泰国的佛教从一开始就是多元化的，僧人们在特殊情境下对于佛教的个性化理解是佛教得以传承的真正原因。

丛林僧人与国家权力的关系及其转变提醒我们，不要简单地将泰国佛教理解为具有历史连续性的单一体系，而忽略了其中的多元、矛盾和断裂。丛林僧人与 20 世纪初以来建立的中央集权之间的冲突，将有助于我们从边缘的角度审视近代泰国社会的变迁。有学者着重分析了泰国东

① O'connor, Richard A., "Forest Monks and the History of Bangkok", *Visakha Puja*, Bangkok: The Buddhist Association of Thailand under Royal Patronage, 1980, pp. 32 – 37.

② Tiyavanich, Kamala, *Forest Recollections: Wandering Monks in Twentieth-Century Thailand*, Honolulu: University of Hawai'I Press, 1997, p. 293.

北部的丛林僧人在20世纪的遭遇，认为丛林僧人最终被国家收编意味着国家权力开始控制边缘省份，丛林僧人在自身的转变中也成为国家权力扩张的地方性基础。[①] 鲍伊（Bowie）则另辟蹊径，将泰北圣僧祜巴西唯差（Khruubaa Srivichai）与曼谷中央王朝的冲突放在具体的历史语境中进行考察，指出拉玛六世推崇的军国主义和严苛的服兵役条例限制了北部民众剃度出家的传统权利，并将国家权力扩展到对人力的控制方面，由此导致服兵役与剃度出家之间的矛盾。因为"非法剃度"而遭到起诉的祜巴西唯差与中央政府之间的冲突并不是由1902年僧伽法令导致的僧伽内部的冲突，而是国家、僧伽与民众之间在服兵役这一国家安全问题上的冲突。[②]

如果说现代泰国佛教的文明化意味着建立起以曼谷中央集权为中心的僧伽体制，那么，丛林佛教的存在不仅对正统僧伽体制构成了挑战，而且也为酝酿现代佛教改革思想提供了土壤，或者说为现代泰国的意识形态更新提供了机会。从信众的角度来看，20世纪70年代以来泰国社会出现了新现象——曼谷人对丛林僧人的敬仰，这表现为许多城市精英到遥远的丛林寺庙朝圣，参与冥想实践，以及对丛林僧人赐予的护身符表现出拜物教式的崇拜。坦拜尔认为，丛林僧人建构的社会生活领域与官方的僧伽制度及政治制度相对立，构成了边缘与中心的关系。他进而分析了"丛林僧人热"出现的原因，认为政治统治权力和保守宗教势力面临的合法性危机是上述现象出现的根本原因。[③]

此外，从佛教界精英的状况来看，倡导平等、民主和理性主义的现代佛教改革派吸收了丛林佛教中的思想元素，为泰国佛教在现代世界中重新定义自身的文明性创造了可能。20世纪早期，泰国佛教改革派的领袖佛使比丘曾两次到曼谷的寺庙深造，认识到正统僧伽体制中的权力控制与腐败之后，他毅然决然地回到丛林修行，并提出一系列振聋发聩的

---

① Taylor, J. L., *Forest Monks and the Nation-State: An Anthropological and Historical Study in Northeastern Thailand*, Singapore: Institute of Southeast Asian Studies, 1993, p. 313.

② Bowie, Katherne A. "Of Buddhism and Militarism in Northern Thailand: Solving the Puzzle of the Saint KhruubaaSrivichai", *The Journal of Asian Studies*, Vol. 73, No. 3 (Aug. 2014), pp. 711 - 732.

③ Tambiah, S. J., *Buddhist Saints of the Forest and the Cult of the Amulets*, Cambridge: Cambridge University Press, 1984, pp. 345 - 346.

新主张。他领导的佛教改革运动通过重新诠释佛教教义来表达对于国家和社会的异议，为20世纪70年代以后的社会改革运动提供了思想资源，并逐步被主流社会接受。[①] 以业为中心的佛教和婆罗门教为政治权力提供了合法性，相反，佛教改革派构成了反驳性力量，为寻求社会生活理性化的群体提供了意识形态的支持。[②] 可以说，作为泰国佛教文明化中的他者，丛林佛教在20世纪后期以来的复兴以及现代佛教改革派的出现，成为维系佛教在泰国社会生活领域的有效性的重要因素。昔日的他者是文明转型的推动力。

作为远离国家权力中心的空间，丛林自20世纪后半期以来成为泰国重要的社会运动场域，我称之为丛林社会。丛林社会先后受到共产主义、民主化思潮和公民政治运动的影响，并对国家意识形态、主流政治力量和经济发展模式发起了批判与挑战，推动了国家、社会与个人关系的转型。从这个意义上来说，包括丛林佛教在内的丛林社会为当代泰国的文明化提供了新的方向。

修行：个体的文明化实践

与泰国丛林佛教复兴相伴随的是，20世纪90年代以来以个体为中心的修行运动的兴起。有学者认为，佛教从本质上来说是一种“宗教个体主义”。所谓“宗教个体主义”是指，个体信仰者无须中介，能够自我承担对于命运的首要责任，拥有通过自己的努力、以自己的方式进行自我救赎的权利和义务。宗教个体主义包含了两个进一步的重要观念：灵魂平等和宗教自我审查。[③] 关于宗教个体主义的观点存在一个重要问题，即对佛教采取了一种本质主义的理解，忽视了佛教在历史语境中的生成性。

---

① Phongpaichit, Pasuk and Baker, Chris, *Thailand: Economy and Politics*, Kuala Lumpur: Oxford University Press, 1995, pp. 376 - 380.

② Jackson, Peter A., "Withering Centre, Flourishing Margins: Buddhism's Changing Political Roles", in Hewison, Kevin (ed.), *Political Change in Thailand: Democracy and Participation*, London and New York: Routledge, 1997, p. 76.

③ Gombrich, Richard F., *Theravāda Buddhism: A Social History from Ancient Benares to Modern Colombo*, London and New York: Routledge, 2006, pp. 73 - 74.

从柬埔寨、缅甸和泰国等南传佛教国家的情况来看，以个体为中心的修行运动都与传统政体勐的转变相关，在柬埔寨和缅甸体现为在殖民主义的冲击下王权的式微，在泰国则体现为民主政治对于社会等级观念的挑战。在传统政体勐当中，王城是宇宙的中心，国王作为道德典范既是佛法的护卫者，又是世俗世界的最高统治者：

所有的城市都是机体
国王就是头脑
是机体的头领①

如果说国王是机体的头脑，那么臣民则相当于机体的其他部分，这与泰国文化中的身体隐喻是一致的——头最高贵，而脚最低贱。有学者提出用“社会机体”（social body）的概念来分析泰国佛教社会的伦理实践，提出社会机体就是由个体组成的有机体，各个组成部分在其中的地位由社会等级制的规则来决定，不同社会群体所承担的社会角色都应服从于社会机体的功能需要，只有某些个人能够扮演社会机体的“脸面”，并领导它的方向。② 社会机体的概念对于其他南传佛教社会也是适用的，不过需要强调的是，社会机体观当中所体现的政治权威意识和社会等级规则都是与勐这一传统佛教政体直接相关的。那么，19 世纪以来，随着殖民主义的入侵和传统政体的转变，社会机体观将发生怎样的变化？

当殖民主义进入南传佛教国家，以王权为中心的佛教政体衰落，以国王为头领的社会机体观不得不发生转变，这表现为两种方式：一是为了对抗殖民主义而兴起了激进的、倡导平等主义的大众修行运动；二是殖民者与佛教改革派合谋，使得提升个体道德成为佛教现代化的着力点。在缅甸，英国殖民者在 1885 年废除了王权，试图将之建构为理性化的官僚制国家。由于作为佛教护卫者的王权不复存在，缅甸的佛教领袖试图通过净化信众来挽救佛教衰落的趋势，以内观禅法为核心、带有平等主

① 出自根据印度史诗《罗摩衍那》改编的泰国史诗《拉玛坚》，转引自通猜·威尼差恭《图绘暹罗：一部国家地缘机体的历史》，袁剑译，译林出版社，2016，第 166 页。

② Aulino, Felicity, “Perceiving the Social Body: A Phenomenological Perspective on Ethical Practice in Buddhist Thailand”, *Journal of Religious Ethics*, Vol. 42 (3), 2014, p. 417.

义和激进主义色彩的大众内观修行运动得以蓬勃发展，其中以马哈希尊者（Mahasi Sayadaw，1904 - 1982）和禅修导师葛印卡（Satya Narayan-Goenka，1924 -2013）的影响最大，都市里的内观修行中心史无前例地成为非常重要的宗教机构。① 在20世纪初的柬埔寨，法国殖民者为了减少越南千禧年运动对柬埔寨的影响，与柬埔寨的知识群体一起大力推动佛教理性化，佛教关注的重心不再是以国王和僧伽为中心的政体的道德性，而转变为个体自我的道德发展。②

泰国的情形有所不同。泰国没有直接遭受殖民统治，王权得以延续并在现代化进程中扮演了积极角色，传统政体体现出较强的延续性。到了20世纪后期，随着民主理念的传播和深入人心，对于社会等级制的反思和批判在不同领域表现出来，而强调个体自主性和平等观念的修行运动逐步发展。在泰国，大众派最高寺院玛哈泰寺的住持披摩纳塔木法师（Phra Phimolatham，1903 - 1989）积极借鉴了缅甸马哈希尊者的内观方法，创立了多个内观修行中心。由于当时的沙立政府担心内观修行中心产生的政治影响，披摩纳塔木在1963年被捕并被剥夺僧籍，但是大众派的内观修行中心仍然流行开来。③ 事实上，泰国的内观修行运动受到多方面的影响，流派众多，其中既包括来自缅甸的内观流派，也包括以泰国丛林僧人为代表的内观流派，以及在新佛教改革运动中涌现的内观流派。这些不同流派所具有的共同特点在于，强调个体能够在导师的指导下通过自身的努力循序渐进，破除我执，在当下获得涅槃。

在等级化的社会机体观当中，特权和权威的有限分配逻辑与功德观念结合在一起：人们在社会机体当中所处的尊卑地位取决于他们前世的功德，这一价值观将不平等的权力和资源分配合理化。④ 与超越功德观

---

① Jordt, Ingrid, *Burma's Mass Lay Meditation Movement: Buddhism and the Cultural Construction of Power*, Athens: Ohio University Press, 2007.

② Hansen, Anne Ruth, *How to Behave: Buddhism and Modernity in Colonial Cambodia*, 1860 - 1930, Honolulu: University of Hawai'i Press, 2007.

③ Schedneck, Brooke, *Thailand's International Meditation Centers: Tourism and the Global Commodification of Religious Practices*, London and New York: Routledge, 2015, pp. 37 - 38.

④ Aulino, Felicity, "Perceiving the Social Body: A Phenomenological Perspective on Ethical Practice in Buddhist Thailand", *Journal of Religious Ethics*, Vol. 42 (3), 2014, pp. 433 - 434.

念、赋予个体在当下解脱的价值优先性相对应的，是对于个体化的社会机体的想象。以个体为中心的修行实践与民主、平等和理性等现代价值观念结合起来，因此可以被称为个体的文明化。在泰国，受到良好现代教育的中产阶层总是处于本土文化与外来文明交锋的前沿，他们深刻地感受到维系自我认同与接纳现代文明之间的张力，而修行为他们提供了融合二者的新路径。

综上所述，自 19 世纪中叶以来，泰国从传统的佛教王国向现代民族国家的转变过程就是一个不断寻求文明化的过程。泰国一方面面临西方殖民主义的威胁，不得不向西方学习；另一方面又迫切地需要确立自己的文化优越感。佛教成了现代泰国创造自身文明性的重要领域，其文明化过程同时在国家、社会与个人三个层面展开。从国家层面来看，今天我们所见到的泰国佛教的制度格局是在民族国家建构的历程中形成的，它试图确定佛教内部以及佛教与其他信仰之间的等级关系。我们可以说信仰领域的文明本质上是通过关系来建构的，佛教的文明性需要通过树立佛教内外的他者来确证。

从社会领域来看，被国家制度化的正统佛教时刻面临以地方性为根基的多元佛教的挑战，丛林佛教作为他者的意义在于，为塑造新型的国家与社会的关系开辟了空间，也为意识形态的更新提供了新的机会。最后也最重要的是，信徒作为实践者也在经历文明化的过程，这体现为对于个体生命的现世价值和平等主义理念的承认，其与佛教国家化所确立的等级主义意识形态之间形成了极大的张力。在本书后面的具体论述中，我们将会看到，在泰国佛教文明化这一案例当中，国家、社会与个人的文明化路径和方向并不是完全一致的，三个层面之间的相互作用共同造就了我们今天所看到的社会现实，并共同决定了泰文明的呈现方式。

本书将围绕当代泰国宗教与社会变迁中的若干议题展开研究，展示佛教文明化的历史进程，并对作为泰国正统佛教之他者的神灵信仰、丛林僧人、佛教改革派以及城市中产阶级的新宗教实践进行探讨，同时也对泰国国家内部最醒目的族群和宗教的他者——马来族穆斯林的社会裂变及冲突进行分析。总的来说，全书将从三个大的方面来考察泰国宗教中的他者与文明的关系，并构成了研究框架。（1）宗教与民族国家之间的双重建构：19 世纪后半期以来，随着民族国家的建立，统治者试图确立正统佛教在意识形态上的优势地位，这伴随着对于他者——民间信仰、佛教异端和马来穆斯林的规训（第一章和第二章）。（2）现代化转型过程中的宗教改革与社会运动：作为异端的佛教改革派、丛林僧人和其他社会力量一道倡导平等主义的意识形态，以政治参与的要求挑战政治服从，并质疑和抵抗国家资本主义，公民权利得到伸张（第三章和第四章）。（3）全球化语境中的宗教个体化：在当代全球化和新自由主义的语境下，泰国都市社会兴起了以身体技术为中心的修行运动，曾经被视作异端的“人人皆可涅槃”的宗教理念被都市主流社会广为接纳，并表现出强烈的宗教个体化趋势（第五章和第六章）。最后的结语部分将对全书进行总结。

第一章　现代泰国的文明国家与信仰阶序的建构

在寻求现代文明的过程中，如何安置传统的信仰并由此获得对于文明的本土化理解是现代国家面临的问题。现代泰国在民族国家的形成过程中，并没有创造一个超越传统宗教的公民宗教，而是通过确立佛教与他者的阶序关系来求证佛教的崇高地位，这既包括在僧伽体系内部进行现代与传统、理性与蒙昧的区分，也包括对佛教与神灵信仰的价值差异和现实功能进行认定。信仰的阶序创造出包容性的公民宗教，它首先满足了本土社会对于现代文明的价值诉求，同时也为人们的精神生活提供了多样的选择。现代泰国的佛与他者的关系展示出文明的阶序性特点。

在泰国曲乡的田野调查期间，我听说当地农民有向谷神妈妈祈祷好收成的习俗，在稻子快抽穗时为怀孕的谷神妈妈举行叫魂仪式（riak-khwan-thong-mae-pho-sop）。云兄见我打听这些仪式，特地选了一个星期五让他的妻子林姐把仪式演示给我看，他告诉我星期五（wan-suk，这里的suk与“幸福”谐音）是吉利日子，是谷神妈妈的日子。

仪式用品包括一面小彩旗，这是林姐在佛教节日仪式后从寺庙带回来的，凡是庆典上受过佛经熏陶的东西都是吉祥物。林姐还准备了甘蔗、橘子、芭蕉、罗望子，这是孕妇爱吃的水果；还有泰国人习惯蘸水果吃的辣椒盐；槟榔在过去是女人爱吃的东西；白色的吉祥纱是用来系在谷神妈妈身上的；头油和爽身粉是给谷神妈妈用来打扮的。林姐把准备好的东西装在一个小编织篓里，把篓子拴在旗杆上，当然还少不了三炷香。林姐来到自家的田地里，她和云兄一共租种了四十来亩地，当时稻子快抽穗了，青苗随风发出哗啦啦的声音，仿佛是谷神妈妈在喃喃低语。林姐把旗杆插在田地里，蹲下来点燃了香火，双手握着香举过头顶，嘴里念念有词。她首先念诵了皈依佛三宝的经文，之后她祈求：“请谷神妈妈享用我奉献的物品，请不要受到惊吓，顺顺利利地生产……”说完了，把香插在田地里。接着，林姐拿出小袋爽身粉，涂抹在稻苗上，就像人们平日出门前用爽身粉涂抹在脸上一样；然后又把头油洒在稻苗上，这是在给谷神妈妈打扮，让她做一个漂亮妈妈。仪式很简单，却表达了人们对丰收的渴望。林姐说过去如果涨大水，还要在田地里放一个小的竹筏，让谷神妈妈避难。

林姐告诉我今天的仪式是云兄让她专门做给我看的，实际上，最近这些年来他们很少做这种仪式了。尽管这场仪式可以说是纯表演性质的，但是它向我透露出一个很有意思的信息：佛与神灵之间的关系。我没有想到，经历过佛教仪式的小彩旗会成为祈祷仪式的吉祥标志，而且在祈祷开始之前，首先要皈依佛三宝。后来我发现，在所有的仪式之前人们都要先皈依佛，无论是祭拜野鬼、祖先、土地神还是聚落神。如果将佛教和鬼神崇拜统称为信仰的话，那么在这个领域会发现一种有趣的阶序，佛与鬼神之间不仅有价值上的高低之分，而且还存在含括关系；即使在佛教内部，也存在不同派别之间的高低之分。循着这条线索，我希望能就现代泰国各种信仰之间的关系问题做一点研究。

我旨在通过泰国的个案，来讨论在文明进程中一个社会如何处理不同信仰之间的关系及其所体现的意识形态的问题。我在标题中使用了“信仰”一词，它在广义上包含了正式的宗教制度（例如佛教），也包括各种分散性的民间信仰（例如祖先崇拜和鬼神信仰）。[①] 在行文当中，我将依据语境来具体区分宗教和民间信仰。接下来，我将结合历史文献和田野调查材料，描述和分析现代泰国的佛教文明化和信仰阶序建构的历史过程。

佛教的文明价值：话语诠释

19 世纪中期至今，对佛教的重新阐释一方面不断强调佛教宇宙观内

① 杨庆堃提出了分散性宗教与制度性宗教的区分。杨庆堃指出，制度性宗教具有独立的宇宙观、独立的崇拜形式和独立组织，从而成为一种独立的社会制度；而分散性宗教“十分紧密地渗透进一种或多种世俗制度中，从而成为世俗制度的观念、仪式和结构的一部分”。参见杨庆堃《中国社会中的宗教》，范丽珠等译，上海人民出版社，2007，第 268 – 269 页。

在的伦理价值与普世意义，另一方面将佛教与文明要素——科学、爱国主义——结合起来。

（一）佛教作为社会伦理的普遍意义

公元1345年素可泰王朝的立泰王（Lithai）依据巴利语经典进行编撰的《三界论》（*Traibhumi*）在现代暹罗佛教中发挥了重要作用。《三界论》描述了佛教宇宙观以及这一结构暗含的功德与权力之间的关系。依据功德或业，人们在世界处于不同的层次——地狱、凡界或天堂。[①] 直到18世纪早期，《三界论》仍是暹罗佛教与佛教王权的教科书。

19世纪中叶以来，当暹罗的社会精英接触到西方的科技文化之后，《三界论》所代表的佛教宇宙观面临着各种挑战，暹罗知识界试图重新评价佛教的社会价值。其结果不是全盘否定佛教宇宙观，而是在面对西方科学的更强解释力的时候对“道德”或“宗教”世界进行重新定义。[②]

1867年，当时的外交大臣召帕耶·提帕功让翁（Chaophraya Thiphakorawong）出版了《万物书》（*Kitchanukit*），在与西方人对话时对《三界论》进行了系统的评价。他总结认为“世俗事务与宗教事务不是一回事”。在此区分的基础上，该书将《三界论》代表的宇宙观分为两个部分：自然世界和宗教。一方面，作者用天文、气象学和地质学的知识来解释下雨、地震、日食等自然现象；另一方面，作者承认了宗教，尤其是南传佛教的根本原则，如业、功德、轮回、施舍和戒律。作者用业和功德的观念来解释人与人之间在地位、健康、智力、外表等方面的差异，从而提出三界论宇宙观在昭示不道德行为的结果方面是有用的。该书作者还在比较宗教的框架中讨论佛教的普遍价值。例如，为了回答关于天堂与地狱是否存在的问题，他指出基督教、伊斯兰教、印度教/婆罗门教和佛教都用天堂的观念来引导人，用地狱的观念来警示人，因此，佛教

① 其中又被分作31个具体的层次。天堂由梵天（brahma）神占据，地狱中则是犯下罪过的生命，例如贪赃枉法的官员。每个层次的生命都有不同的特征：物质性、寿命、自足程度决定了生命的等级。最高等级的天神是无形无色的，其永恒存在，没有欲望和生命需求。凡人有形有色，有一定的寿命，能够暂时满足自己的需要。而地狱中的恶鬼则永远处于饥渴之中。

② Reynolds, Craig J.,“Buddhist Cosmography in Thai History, with Special Reference to Nineteenth-Century Culture Change”, *Journal of Asian Studies*, Vol. 35, No. 2 (February 1976), p. 211.

与其他宗教拥有共同的信条。在他看来，宗教不是哲学或者神学，而是社会伦理，佛教社会伦理通过暹罗的制度来实现。[①]

暹罗知识界对于《三界论》的重新评价具有历史性意义，是对于佛教宇宙观的一次扬弃。这标志着佛教宇宙观虽然不得不在某些方面让道于自然科学体系，但是，它仍然为解释社会关系提供了最根本的思想来源。

（二）佛教的现代价值

在我的田野调查期间，当地人自豪地向我声称佛教不迷信神，是唯一的无神论宗教，是最科学的宗教；佛祖本人不是创世神，而是通过觉悟获得解脱的凡人，这是佛教不同于其他宗教的根本。在小学的宗教课本中，佛教被认为具有科学性，因为佛教所强调的因果关系与科学逻辑是一致的。佛教在现代社会中的价值是近代以来对佛教进行话语阐释的结果。

19 世纪中期，曼谷王朝四世王开始倡导一种与西方科学精神相符合的“科学的佛教”，把神灵信仰从佛教当中贬抑出去，试图去除佛教当中的迷信与神话成分。到曼谷王朝五世王时期（1868 - 1910 年在位），僧伽参与了国家的基础教育计划，使得寺庙成为现代教育的摇篮，这无疑提升了宗教在现代化中的地位。这些方面都强化了佛教的现实功能，使之与现代社会相配合。

在暹罗向民族国家转变的过程中，曼谷王朝六世王瓦吉拉伍德明确了佛教与现代国家的关系。他确立了“国家、宗教与国王”三位一体的政治思想，把佛教当作爱国主义的源泉，提出一个虔诚的佛教徒就是一个爱国的公民。

六世王认为佛教是国家与民族的道德基础，缺乏道德的民族是无法长存的。他说：“有道德的民族才会昌盛；相反，道德沦丧的民族会走向无序和分裂……当每个成员都缺乏道德时，就会导致不公正和自私的行为，从而在人们中间产生冲突和痛苦。在这种情形下，民族共同体将会

---

① Reynolds, Craig J. , “Buddhist Cosmography in Thai History, with Special Reference to Nineteenth-Century Culture Change”, *Journal of Asian Studies*, Vol. 35, No. 2 (February 1976), pp. 215 - 216.

崩溃。”[①] 同时，六世王还认为佛教与国家相互依存：“只有依赖国家的稳定，佛教才能够长存……当一个国家毁灭，宗教就不可能存在。相反，如果宗教从一个国家消失，那么人民就不再拥有道德；而缺乏道德的国家将会毁灭和瓦解。”[②]

有学者将六世王的佛教思想总结为四个方面：第一，虔诚的佛教徒是有道德的公民和国家的力量来源；第二，一个有道德的国家在与其他国家竞争时将是强有力的；第三，至少对泰国人来说，佛教与其他宗教相比是通向道德的最好的途径；第四，泰国人有保存和保护佛教信仰的义务。[③] 六世王极力通过宣扬佛教的优越性来鼓舞民族的自信心，并以此树立现代的政治共同体意识。

在西方文明与殖民主义的压力之下，暹罗统治者与知识精英一方面对佛教宇宙观进行了扬弃，维护了佛教作为社会伦理的重要地位；另一方面将佛教与科学、爱国主义等结合起来，试图确立佛教作为文明国家的国教的地位。

他者与阶序

在对佛教内在的文明性进行话语阐释的同时，暹罗的精英们还通过确立佛教与其他信仰的阶序关系来求证佛教的优先地位。这既包括在僧伽体系内部进行现代与传统、理性与世俗的区分，也包括对佛教与神灵信仰的不同价值和现实关系进行认定。我将通过回顾 19 世纪中叶以来暹罗佛教改革的重要举措来看僧伽体系内部的等级分化。之后，我将运用田野调查材料来展现在当代泰国社会生活中佛教与神灵信仰的关系。

（一）佛教内部的他者

现代泰国的佛教改革有两个最重要的举措：一是四世王蒙固创立了崇尚理性主义的新教派——法宗派，并确立其正统地位；二是 19 世纪末

① 转引自 Murashima, Eiji, “The Origin of Modern Official State Ideology in Thailand”, *Journal of Southeast Asian Studies*, Vol. 16, No. 1 (March 1988), p. 93。

② 同上。

③ Vella, Walter Francis, *Chaiyo! King Vajiravudh and the Development of Thai Nationalism*, Honolulu: University Press of Hawaii, 1978, p. 216.

期以后，国家对于丛林僧人的控制和有限改造。通过这些措施，现代国家确立了僧伽内部的阶序，并凸显出正统佛教的崇高地位。

四世王蒙固在登基之前已经出家 27 年（1824 - 1851）。一方面，他推行的宗教改革运动加强了佛经的研习，产生了真正的学者型僧人。蒙固的佛教改革最重要的举措在于推行佛教经典，强化佛教的理性主义。他创立了负责僧伽考试的专门化组织，提高了佛教教育的整体水平；成立出版社，普及巴利文著作；重修三藏经典，两次向斯里兰卡派出僧团，带回来被认为更纯正的巴利文《三藏经》。另一方面，蒙固贬低了与占星术、医药和民俗相关的传统知识。在与西方人接触的过程中，他意识到佛教当中的“非科学”成分，并认为有必要将佛法与现代科学结合起来。蒙固开展了一系列佛教的净化运动，反对佛教中的神灵信仰因素，推行理性主义。①

1830 年，蒙固创立法宗派（Thammayut），并将之标榜为奉行经典和科学精神的宗派。法宗派寺庙集中在曼谷，与王室有密切的联系。与法宗派相对的其他宗派被蒙固称作大众派（Mahanikai），大众派的寺院大多在地方上的村镇，法宗派被认为比大众派更具有正统地位。为了与大众派有所区分，蒙固引入了更严格的实践准则，确立了一些新的规范，例如仿效孟人，僧袍盖住双肩（大众派僧人的僧袍只覆盖单肩），确立新的剃度仪式等。

除了创建和扶持比大众派更纯正的法宗派之外，蒙固及其之后的暹罗君主们开始注意到丛林僧人的问题。在泰国历史上，一直有村镇僧人与丛林僧人的区分。所谓村镇僧人，主要是指那些居住在社区寺庙内的僧人，他们的主要职责是学习佛教经典，向俗众宣扬佛法以及为俗众举行各种佛教仪式。而丛林僧人是指在森林中悟道的僧人，他们居无定所，没有固定的组织形式，通过身心实践来获得对于佛法的体验，其主要活动是冥想。

蒙固十分强调学习经典，不满于丛林僧人的生活方式，认为抛开了研习的冥想是毫无价值的神秘主义，僧人应当从经典中学习并向大众宣

---

① Tambiah, S. J., *World Conqueror and World Renouncer: A Study of Buddhism and Polity in Thailand against a Historical Background*, Cambridge: Cambridge University Press, 1976, pp. 208 - 216.

扬真正的宗教。在很长一段时间内，丛林比丘都被法宗派比丘看作懒散、不愿意学习和难以整合到正统佛教中的另类。与法宗派和大众派不同的是，丛林僧人难以受到国家控制。

泰国东北地区近代最著名的丛林僧人曼（Pra Ajaan Man Phuurithatto，1870－1949）的一生正处在现代泰国国家对地方加强控制的阶段。他曾经与法宗派的僧人展开过激烈的辩论，当后者质问丛林僧人不研习经文，从何感知佛教教义时，曼回答说："对于那些拥有智慧的人来说，佛法无处不在。"他进一步解释说："智慧在接受过适当训练的人的心中生起，即使他没有读过《三藏经》。人们可以从见过的任何事物和接触过的所有人中获得知识。在蒙昧的心中永远不会产生真正的智慧，即使他可能读过《三藏经》，他也不会明了佛法。"[①] 曼还告诉法宗派的学问僧说自然是他的老师："在剃度之后，我的老师带我在森林和高山中云游。我从树、草、河流、岩洞和岩石那里学习佛法，我聆听鸟儿和其他动物发出的声音。"[②]

很显然，曼所代表的丛林僧人拒绝服从法宗派所确立的对于佛法的经典解释，他们强调个体的直觉和体验，与此种学习态度相关的是，他们拒绝被纳入制度化的僧伽组织中，回避与国家意识形态紧密联系的僧伽权威。但是，随着国家逐步加强对于边缘地区的控制，尤其是在19世纪末期，随着国家开始利用丛林僧人在边区推行教育改革，丛林僧人逐步被纳入制度化的僧伽体系当中。到了20世纪中期，曼的所有弟子最终都栖息于地方寺庙。

丛林僧人居住的寺庙被称作丛林寺庙（wat-pa），而村镇僧人居住的寺庙被称为村镇寺庙（wat-ban）。尽管丛林僧人改变了云游传统，对僧伽制度体系进行了妥协，但他们还是保留了过去的许多宗教形式。泰勒（Taylor）在泰国东北部廊开府林区的两个村庄进行了人类学田野调查。这两个社区拥有一所村镇寺庙和一所丛林寺庙。在他的问卷调查中，村民们认为丛林寺庙与村镇寺庙有明显的区别：丛林寺庙的僧人实践冥想，对于地方事务和仪式不感兴趣，严格遵守戒律，通过实践来获得解脱，

---

① Tiyavanich, Kamala, *Forest Recollections: Wandering Monks in Twentieth-Century Thailand*, Honolulu: University of Hawai'I Press, 1997, p. 257.

② 同上。

每日只食一餐；僧人适应艰苦条件，随遇而安。而村镇寺庙的僧人主要学习佛法和其他世俗事务，每日食两餐，更多地参与仪式和社区活动，戒律相对松弛，关注村落的社会文化事务，僧人们热衷于寺院的基础设施建设。村镇寺庙一般就设在村庄内，方便村民施舍和做功德；而丛林寺庙距离村庄较远，交通较为不便。丛林僧人每人每日必须托钵化缘，所得食物集体分享；而村镇僧人中只有一部分托钵化缘，僧人们分开进食。[①] 可见，村镇僧人与丛林僧人之间仍有明确的区分和职能分化。

伴随着暹罗的现代化过程，暹罗的统治精英在佛教内部确立了明确的阶序。19 世纪 30 年代成立的法宗派以理性主义的风格区别于大众派，获得了解释佛经的最高权威和正统地位；而云游僧人受到僧伽体制的贬斥，他们虽最终被纳入僧伽体系中却仍保持了自身的某些传统。在曼谷王朝五世王时期，僧伽被分为三个类别：冥想僧（丛林僧）、学问僧（法宗派）和诵经僧（大众派），[②] 他们之间有较为明确的职能界定，在社会功能上互相补充，同时又形成了一定的价值阶序。法宗派在僧伽体制中的最高地位是通过构建与其他宗派的关系来确立的。

（二）佛与神灵信仰

从泰国历史来看，佛教与神灵信仰的阶序关系是近代以来确立的。曼谷王朝一世王（1782 – 1809 年在位）在最早颁布的政令中就列举了各种具有祭祀合法性的鬼魂（phi）和天神（thewada）。同时，他也提醒臣民，好运和苦难最终来自业，而不是来自鬼魂或神的行为。他强调佛三宝比任何法律都要高尚，没有任何宗教法则优于佛教。[③] 曼谷王朝四世王为了宣扬佛教的正统地位，规定祭拜所有的神灵时都必须首先念诵皈依佛祖的经文，将此作为佛教的地位高于神灵信仰的一个重要标志。四世王还减少了宫廷仪式中的婆罗门教因素，增加了佛教仪式。到了曼谷王朝五世王时期，为了进一步加强佛教在国家整合中的作用，国王颁布了 1902 年僧伽法令，把僧伽纳入国家行政体系中来。法令的基本精神在

---

① Taylor, J. L., *Forest Monks and the Nation-State: An Anthropological and Historical Study in Northeastern Thailand*, Singapore: Institute of Southeast Asian Studies, 1993, pp. 321 – 325.

② 同上，p. 16。

③ Kirsch, A. Thomas, "Complexity in the Thai Religious System: An Interpretation", *The Journal of Asian Studies*, Vol. 36, No. 2 (Feb., 1977), p. 241.

于，僧伽不仅要服从戒律（winai），还要服从国家的法律，并尊重当地的习俗。有学者认为，国家在通过1902年僧伽法令进行结构整合的同时也容忍了某种程度上的文化多样性。①

今天，我们仍可以从泰国人自己的表述中看到佛教与神灵信仰之间的区分以及它们之间的关系。按照曲乡当地人的说法，宗教（sasana）与神灵信仰是有区别的：宗教教导人们做好人，而神灵信仰是通过祭拜神灵祈求保护和帮助。一方面，佛教强调人们要通过实际行动来实现自我拯救，而神灵信仰却突出了神灵的护佑作用。曲乡人说佛祖是佛教创始人（sasada），通过自己的努力而悟道（tratsaru），但是佛祖不是救世主（phrachao）或神（英文God），不能拯救众人，每个人必须自立，以善举赢得善报。另一方面，佛教强调通过给予（hai）在未来获得功德（bun），而人与神灵之间的关系建立在交换和互惠的基础上，着眼于个人的眼前利益。因此，佛教带有积极的道德色彩和社会意义，而神灵信仰只是个人利益需求的反映。有学者认为佛教强调对世俗利益的放弃，而与神灵之间的讨价还价是权力关系的体现，是社会操纵性行为的延伸和对照，佛教在道德上优先于神灵信仰，② 这种分析基本符合当地人自己的解释。

尽管存在以上区别，佛教观念与神灵信仰在现实生活中是相互融合的。曲乡人解释说崇拜神灵是为了得到心灵的安慰，因为人生当中充满了各种不确定的因素，除了自身需要努力之外，神灵的眷顾被认为能够带来好运。同时，人们也很清楚地认识到，崇拜神灵只能对今世产生暂时的影响，而通过宗教行为获得的功德却可以积极地影响来世，因此佛教的价值观念对于人生具有更重要的意义。下面将简述曲乡人的神灵信仰类型以及佛与神灵之间的价值等级。

曲乡人的神灵信仰可以分为两大类：一类是民间婆罗门信仰，另一类是本土泛灵论信仰。民间婆罗门信仰包括对于天神的崇拜以及关于灵

---

① Keyes, Charles F., "Buddhism and National Integration in Thailand", *Journal of Asian Studies*, Vol. 30, No. 3 (May, 1971), p. 559.

② Tambiah, S. J., "The Ideology of Merit and The Social Correlates of Buddhism in a Thai Village", in Leach, E. R. (ed.), *Dialectic in Practical Religion*, Cambridge: Cambridge University Press, 1968, p. 119.

魂的观念。[1] 本土泛灵论信仰包括对于自然神（例如水神、谷神、树神等）的崇拜和对于鬼（phi）或亡魂（winya）的信仰。人既可以从神灵那里得到保护和帮助，也可能因为辜负他们而遭遇危险和不幸。奉献供品是与天神或神灵建立积极联系的重要手段。

土地神被称作 phra-phum-chao-ti，是照看（dulae）房宅及其所在院落的天神，同时还保护（khum-khrong）家庭成员。有了土地神的庇护，家庭得以免除危险，安宁幸福，心想事成。比如说，若全家人外出，土地神会发出响声，使小偷以为家中有人而不敢进入。家庭发生重大事情时一定要告诉土地神。比如有孩子出生、出家或结婚，有家人去世，或者要举行各种做功德的仪式和宴会时，都要点燃香烛告诉土地神，让土地神知道并保佑家人的幸福。因此，土地神是家庭活动与变迁的见证神，不仅分享家庭的快乐，也承受家庭的悲伤，是与家庭最亲密的神。家庭成员要尊重并经常祭祀土地神。有的人家每天都向土地神奉献供品，有的人家只在佛日或节日才定期奉献。土地神的地位与佛相似，因此在供奉时不能用酒，奉献食品也一定要在午前进行。[2] 向土地神奉献供品和撤换供品时都要诵念特别的经文。在念诵经文之前，首先要手中握住五炷燃香，先念诵三遍皈依佛祖的偈陀，然后再念诵奉献或撤换供品时的偈陀。

当地有家鬼（phi-ban-phi-roen）的说法。[3] 与土地神一样，家鬼和家庭之间也构成了一种互相照应的关系，主人必须通过供奉来与家鬼建立积极的联系，否则就会产生消极的影响。主人要常为家鬼献花、香烛并供奉食品，向他们问候，祈求家鬼保佑家中平安幸福。供奉家鬼时，只采用一炷香，与葬礼上祭拜死者的方式一致。在供奉的食品中可以有酒，供奉的时间也不限于午前。供奉家鬼时没有特别的咒语，只要先诵三遍

---

① 限于篇幅，我省略了对民间婆罗门教关于灵魂（kwan）的观念的讨论。灵魂被认为是生命的组成部分，如果因为受惊而失去灵魂将会引起生命的危机。因此，在泰国民间，在人们的生活空间发生变化或社会角色发生转换的时刻，长辈常以系吉祥纱的特殊方式表达对晚辈的安抚和祝福。例如在出生、从学校毕业、到外地工作、结婚和出家等场合，长辈都会为晚辈系上吉祥纱，祝他们平安顺利，富贵如意。在出家仪式之前，一般会举行由婆罗门教师为即将出家者叫魂的仪式，是民间婆罗门信仰的典型体现。

② 佛僧过午（正午 12 点）不食，供奉土地神也必须在午前进行，二者有相似之处。

③ phi 指人死后的灵魂，ban 是“家庭”的意思，roen 专指“高脚屋”。

皈依佛祖的偈陀，就可以直接用日常语言和家鬼交流。

除了各个院落的土地神之外，邻近的几个院落通常会共同信奉一个聚落神（chao-pho 或 chao-mae）[①]。例如在我调查过的曲乡二村有好几户相邻的人家供奉一棵叫作 sisuk 的罗望子树，人们称它为 chao-pho-sisuk。这几户人家平日并不供奉聚落神，只是当他们心中有所祈求时才会向神灵许愿（bon-ban）。若如愿，则定要还愿（kae-bon），否则会产生孽（bap）和不良后果。人们通常向聚落神祈求出入平安、孩子升学顺利或买卖成功等，如愿之后选在某个午后向神灵供奉一个猪头或一只鸡以及酒水。人们与树神的关系是临时性和工具性的，道德色彩也最为薄弱。在许愿或还愿之前，祈祷时同样要先诵三遍皈依佛祖的偈陀。

天神、家鬼（祖先）与自然神之间形成了不同的价值等级，而这种价值等级是以佛教为价值参照形成的。供奉地位较高的神（如土地神）的方式与向僧人布施的方式相似，比如选在午前供奉，而且供奉品中不能有酒；供奉地位较低的神灵，比如树神、家里的鬼或亡魂，可以供奉酒，时间也不局限在午前；而供奉树神 sisuk 则要特意选在午后进行。佛教与神灵信仰在不同的领域发挥作用。最具有道德色彩的佛教在现实工具性上是最弱的，强调的是道德提升和来世生命形式的改善，具有永恒的终极价值，而具有现实工具性的神灵信仰在道德性上却是最弱的，强调的是临时性的利益获取和交换关系。佛教与神灵信仰在现实中的价值区分和功能差异确立了佛教在信仰领域的最高地位，而所有神灵崇拜仪式都要先皈依佛三宝的事实说明，神灵信仰被含括在以佛教为价值目标的信仰领域之内。

信仰阶序与公民宗教

杜蒙在《阶序人》中通过对印度卡斯特的研究，提出了社会研究的阶序理论。与结构主义强调二元对立的关系不同，杜蒙主张将对立的因素置于阶序之下。他把阶序界定为："一个整体的各个要素依照其与整体

① chao 指代神灵，pho 的原义是父亲，mae 的原义是母亲。chao-pho 指男性神，chao-mae 指女性神。

的关系来排列等级所使用的原则。"[①] 而阶序最重要的特点在于，"阶序基本上并不是一串层层相扣的命令，甚至也不是尊严依次降低的一串存有的锁链，更不是一棵分类树，而是一种关系，一种可以很适切地称为'把对反含括在内'(the encompassing of the contrary) 的关系。"[②] 在阶序逻辑中，具有价值优越性的一方获得了"普遍性"，而其对立面成为整体中次要的组成部分。遭到贬抑的"该要素属于那个整体，因而在此意义上与那个整体同质或同等；该要素同时又和那个整体有别或与之相对立。这就是我所说的，'把对反含括在内'的意思"。[③]

杜蒙总结前人的研究后指出，卡斯特制度依据的三个原则分别是"依身份的等级，即阶序"，"有详细的规则以保证彼此的隔离"以及"有分工因此造成的互依"。而这三项原则全都建立在一项基本的概念之上，那就是"洁与不洁"的对立。"这项对立是阶序的基础，因阶序即是洁净比不洁高级；它也是隔离的基础，因为洁净与不洁必须分开；它也是分工的基础，因为洁净的职业也必须与不洁的职业分开。整体乃是建立于这两个对比既是必要性的又是阶序性的并存之上。"[④]

与等级不同，阶序强调对立因素之间的共生、相互依存以及它们的整体性价值。"杜蒙希望通过阶序理论建立一种新的社会科学思考逻辑，一种用辩证的、含括的互补逻辑来代替单纯二元对立的逻辑，他相信，后者与西方现代社会的意识形态息息相关，是被设想的个体的人之间的关系的投射，而阶序理论则有可能如实反映社会生活的某些方面，因为它被认为来自对人社会性和整体性的'了悟'。"[⑤]

杜蒙的阶序理论在 20 世纪 70 年代的人类学界产生了很大的反响，也有学者对其提出了批评。阿帕杜莱（Appadurai）通过分析杜蒙的思想来源，发现阶序概念的构成因素在前人关于其他社会的研究中都有所体现，杜蒙及后来的人类学家却将之视作印度社会的本质，这实际上是人

---

① 杜蒙：《阶序人——卡斯特体系及其衍生现象》，王志明译，远流出版事业股份有限公司，1992，第 136 页。

② 同上，第 418 页。

③ 同上，第 418 页。

④ 同上，第 108 页。

⑤ 夏希原：《发现社会生活的阶序逻辑——路易·杜蒙和他的〈阶序人〉》，《社会学研究》2008 年第 5 期，第 241 页。

类学对土著（native）进行想象的产物。① 阿帕杜莱试图从认识论的角度对人类学将被研究对象客体化和本质化的研究路径进行批判，提醒研究者注意到文化间的相互影响以及文化内部的多元化特征。从另一个角度来看，他也试图说明阶序并不为印度社会独有。我将阶序理论作为分析工具来考察现代泰国社会的宗教信仰，恰恰从侧面说明阶序概念在印度社会以外的适用性。

通过阶序理论，我试图将佛教及其他信仰放在19世纪中叶以来暹罗经历的文明历程中来考察，同时结合我的田野调查资料，从以下几个方面来分析现代泰国的信仰阶序：（1）19世纪中叶以来现代国家如何在信仰领域区分洁与不洁、高与低、文明与野蛮；（2）不同信仰之间的关系及其所体现的含括的特点；（3）现代国家如何通过确立信仰阶序来体现对于文明的理解。

已有研究虽然注意到泰人社会里的不同信仰形式，但没有就不同信仰形式之间的关系做出总体性的逻辑判断，这也使得关于当代泰人信仰的讨论难以上升到更抽象的程度。雷诺斯（Frank Reynolds）关于佛教与公民宗教的讨论是一个例外。他以泰国的佛教历史为个案，批评了贝拉等人的公民宗教理论。②

雷诺斯认为，在历史上的东南亚王国，中央与地方的经济、政治和社会联系都十分有限，国家权力的稳定性总成问题，因此王朝的权威依

---

① Appadurai, Arjun, "Putting Hierarchy in Its Place", *Cultural Anthropology*, Vol. 3, No. 1 (Feb., 1988), pp. 36 - 49.

② "公民宗教"的概念最早由卢梭在《社会契约论》当中提出，被用来阐释公民对于国家的社会性情感。他说："每个公民都应该有一个宗教，宗教可以使他们热爱自己的责任，这件事却是对国家很有重要关系的。"（参见卢梭《社会契约论》，何兆武译，商务印书馆，2002，第184页）在关于宗教与现代政治的关系的讨论当中，产生广泛影响的是美国社会学家贝拉的公民宗教（civil religion）理论。贝拉（Bellah）从卢梭那里得到启发，阐释了公民宗教的两重含义：第一，公民宗教是现代国家的产物，能够超越各种传统宗教产生更广泛的认同；第二，公民宗教是现代国家权力合法化的标尺，对和平、自由等价值观念的追求是公民宗教的基本精神。（参见 Bellah, Robert, "Civil Religion in America", In *Beyond Belief: Essays on Religion in a Post-Traditional World*, Harper & Row, 1967, pp. 168 - 187。）此后，有学者对这一概念进行更明确的界定："（公民宗教）是一套象征形式与行为，将世界历史中的作为公民的人及其所处的社会与存在的最终条件联系起来。"（参见 Coleman, John, "Civil Religion", *Sociological Analysis*, Vol. 31, No. 2, 1970, pp. 67 - 77。）

赖于统治者的军事能力和他在王朝中心与子民之间建立联系的方式和效果，很自然，统治的重点被放在培育宗教的文明模式（civic modes）上。从14世纪到18世纪，阿瑜陀耶王朝（1350－1767）的国王通过整合佛教、婆罗门教和地方因素形成了一个相当稳定的国民宗教（civic religion）的传统。到了第一次世界大战时期，曼谷王朝六世瓦吉拉伍德国王（1910－1925年在位）赋予泰国传统的国民宗教新的和更具有影响力的形式，发展出泰国国民宗教的三个核心：宗教（sasana）、国家（chat）与国王（phramahakasat）。雷诺斯认为国民宗教在古典与现代模式中都有所体现，包含了由传统的王权或现代国家建构的宗教生活的复合形式，而不仅仅是一种具体的形式。他提出以国民宗教（civic religion）取代公民宗教（civil religion），批评贝拉等人对历史持一种进化论式的理解，即认为前现代的宗教与现代宗教之间有不连续性，公民宗教只有在现代国家才有充分的表现。①

雷诺斯为我们提供了一种历史的和比较的眼光，他强调宗教与政治在不同历史时期的关联形式及其变迁。重要的是，他提出来的国民宗教是一个具有包容性的概念，有助于我们思考国民信仰中的各种因素及其相互关系。但是，雷诺斯将具有复杂构成和处于动态建构中的宗教看作一个连续的整体，没有详细回答宗教在现代泰国内部各个构成因素的特点和建构机制。

在寻求文明道路的过程中，现代泰国在信仰领域确立了各种阶序关系。佛教作为国教的崇高地位是通过塑造佛教与他者的关系来完成的。在佛教内部，法宗派的创立区分出纯正的佛教教派与世俗化的佛教教派，还扩大了村镇僧人与丛林僧人之间的差距，从而创造出符合理性精神的现代佛教体系。在佛教外部，通过确立佛教相对于神灵信仰的道德优越性，佛教的价值体系不仅被作为最高价值体现出来，而且还为神灵信仰的内部区分提供了参照系。因此，可以说佛教的文明地位是通过内部与外部的他者来确证的，并由此形成了复杂的信仰阶序。

在以现代佛教为最高价值的信仰阶序中，各种信仰或派别之间形成

---

① Reynolds, Frank E., "Civic Religion and National Community in Thailand", *The Journal of Asian Studies*, Vol. 36, No. 2, 1977, pp. 267－282.

了含括关系。一方面，佛教内部的法宗派与其他教派之间有明确的区分，法宗派在地位上高于其他教派，但不能取代其他教派，它们之间在职能上是互补的。另一方面，佛教作为终极价值体系无可置疑地高于神灵信仰并为神灵信仰提供了价值参照，佛教与神灵信仰具有不同的价值目标和现实功能。因此，我们不能笼统地将佛教视作泰国信仰领域唯一重要的总体性事实或者总体性结构，而应当从阶序关系的角度对其做出整体性理解，即在佛教派别之间或在信仰之间的关系中体现最高价值，以及各种佛教派别之间或者信仰之间的共生、互补与相互依存的关系。

现代泰国的信仰阶序创造了包容性而非超越性的公民宗教。在由阶序关系构成的信仰体系当中，理性化的佛教代表了现代文明的价值，而它的对立面——大众派、丛林僧人或者神灵信仰以其自身的存在形式被含括于其中，它们所共同构成的复合的文明信仰体系或许是公民宗教的另一种类型。皮埃尔德（Pierard）等提出公民宗教有五个方面的特点：对民族历史与尊严的认同感；将社会与终极意义联系起来；让人们以特殊的方式来看待他们的社会与共同体；提供了一种将国家维系成整体的观点；提供一系列信仰、价值、仪式、庆典和象征，为共同体的生活赋予神圣意义，超越内部的冲突和差异。[①] 从泰国的个案来看，我们可以说现代泰国在信仰阶序的基础上创造的包容性的公民宗教仍然符合这些特点：佛教作为社会伦理和宇宙观的普遍意义加强了国民对于国家历史的认同，泰国也因此成为文明国家；通过确立信仰阶序，在肯定中心价值的同时也将边缘纳入信仰体系中来，从而维系了国家的完整性；由佛教和其他信仰构成的象征性因素超越了内部的冲突和差异。在泰民族国家形成的过程中，佛教并没有退化为一种私人领域的宗教，而是通过与其他信仰建立阶序关系得以提升。

包容性的公民宗教不仅满足了本土社会对于现代文明的价值诉求，同时也为人们的精神生活提供了丰富的选择。我们可以看到，现代泰国的文明国家在极力赋予传统佛教以现代价值，并通过行政机制对其进行整合的同时，仍然包容了信仰领域的多元性特征。这种包容性也为文明

---

① Pierard, Richard and Linder, Robert, *Civil Religion and the American Presidency*, Michigan: Zondervan, 1988, pp. 22 - 23.

价值的转换和重塑提供了空间和机会。20 世纪后期以来，丛林圣僧成为泰国全国性的崇拜对象就是一个例证。当城市被认为是堕落的现代性的体现时，人们更倾向于到丛林中朝拜那些抗拒物质性的圣僧，以实现对于灵性生活的体验。当代泰国信仰领域的价值重塑与阶序转换是值得我们继续关注的课题。

现代泰国的佛与他者的关系展示出文明的阶序性特点。通猜指出，通过塑造内与外的他者，泰国文明被客体化并确立了泰国在现代世界文明中的位置，[①] 而佛教的文明化是现代暹罗文明进程中的重要一环。通过这一历程，我们可以说，没有他者，就没有文明的显现。

① Winichakul, Thongchai, "The Quest for 'Siwilai': A Geographical Discourse of Civilizational Thinking in the Late Nineteenth and Early Twentieth-Century Siam", *The Journal of Asian Studies*, Vol. 59, No. 3 (Aug., 2000), pp. 528 – 549.

第二章　泰南马来穆斯林社会的裂变与冲突

泰南马来穆斯林可以被看作泰国社会中最醒目的他者。泰国政府试图通过文化和语言同化政策将马来穆斯林转变为泰族穆斯林，然而这一努力屡屡受挫。我试图从社会结构变迁的角度分析泰南穆斯林分离主义运动产生的内在原因，并就泰南地区如何走出民族整合的困境提出了若干见解。泰南马来穆斯林社会的失衡状态表现为政治精英的缺失和伊斯兰教的政治化倾向。从表面上来看，泰国政府通过实施教育促进计划成功地实现了伊斯兰传统教育制度——波诺的现代转型，然而事实说明，教育改革政策并没有加强马来穆斯林的国家认同，而是导致了相反的结果。只有重建马来穆斯林社会结构的内在平衡，提供多样化的制度选择，让马来穆斯林精英有更多机会实现向上流动，才有可能走出民族与国家整合的困境。

近年来，泰南马来穆斯林地区不断发生的暴力事件引发了各界的关注。有研究者将这些事件放在“9·11”之后世界范围的恐怖主义活动的背景中看待。[①] 我并不否定泰南暴力事件与国际范围的恐怖组织之间可能存在关联，但已经有研究者指出，泰南穆斯林地区的暴力活动更多的是泰国国家政策引发的后果，这一地区的暴力活动必须放在泰国国家认同与马来穆斯林民族认同的冲突背景中来理解。

泰国政治研究专家杜肯·麦卡（Duncan McCargo）在泰南北大年府从事了一年的实地调查之后指出，反恐专家倾向于把泰南问题定性为穆

---

① 在一些研究文章中可以看到与以下论述类似的表述：“自 2001 年‘9·11’事件之后，泰南穆斯林民族分裂主义运动日趋猖獗，泰南局势每况愈下，暴力恐怖事件频频发生。”（岑容林：《泰南四府民族分裂主义的由来、演变与出路》，《东南亚研究》2007 年第 2 期，第 30 页。）实际上，2001 年泰南暴力事件的发生与他信政府的南部政策有直接关系。

斯林极端主义分子对民主国家的抵抗，完全忽略了泰南问题的特殊性和产生的根本原因。从泰南暴力活动的特点来看，袭击目标主要为军人、学校教师以及被认为是叛徒的穆斯林等，外国人或西方人没有成为袭击目标，可以说泰南暴力活动与国际恐怖主义活动之间有着根本的差别。[①]还有学者指出，尽管泰国他信政府在2001年后加入了美国的反恐队伍，但是泰国南部的暴力冲突仍然主要是国内问题，他信政府只不过是借反恐的名义来实施国内政策。[②]

我在此强调从社会机制的角度去看待泰南暴力事件发生的深层原因。我认为，在国家权力不断向泰南马来穆斯林社会渗透的大背景下，政府采取的一系列民族整合政策导致当地的社会结构发生裂变，精英阶层的权力失衡催生出泰南穆斯林分离运动。我将首先分析泰南马来穆斯林的传统社会结构和领导权，在此基础上，选取波诺（Pondok）——马来穆斯林社会中伊斯兰传承的最重要机构——及其转型作为重点分析对象，反思泰国政府实施的民族整合政策为何会导致与目标相反的结果，并由此探讨有利于解决暴力冲突的社会机制。

马来穆斯林：泰国社会中最醒目的他者

我想首先介绍泰南马来穆斯林社会的历史背景以及当代泰南分离主义运动的概况。尽管泰南北大年地区目前被视作泰国最危险和最贫穷的地区，但事实上直到19世纪后期，这一地区还是一个著名的贸易集散地，有着独立地位的苏丹王国和东南亚穆斯林的高等教育中心。北大年地区从一个独立的马来人苏丹王国转变为现代泰国的南部各府，是19世纪末期以来西方殖民主义扩张和现代民族国家形成过程的共同结果，与之伴随的是政治控制与反控制以及文化同化与反同化的斗争，这些斗争和冲突在20世纪早期表现为政治叛乱，在当代则表现为分离主义运动。

---

① McCargo, Duncan, *Tearing apart the Land: Islam and Legitimacy in Southern Thailand*, Ithaca: Cornell University Press, 2008, p. x.

② Melvin, Neil J., *Conflict in Southern Thailand: Islamism, Violence and the State in the Patani Insurgency*, SIPRI Policy Paper No. 20, Stockholm International Peace Research Institute, 2007.

（一）从北大年苏丹王国到泰南四府：历史性的转变

泰国是一个以佛教徒为主的国家，穆斯林人口约占总人口的5%，主要分布在泰国南部、中部的曼谷和大城府以及北部的清迈府。泰国50%以上的穆斯林集中在泰国南部靠近马来西亚的北大年、也拉和陶公三府，约有180万人，占当地人口的70%以上。① 从民族和文化来看，泰南的马来穆斯林具有鲜明的特点：他们是马来人，主要讲马来方言；他们自认为是马来穆斯林（Malay Muslim），从而与泰国其他地区说泰语的泰族穆斯林（Thai Muslim）区别开来。北大年、也拉和陶公在全国76个府中位于最贫困的20个府之列。泰南的暴力活动主要发生在北大年、陶公和也拉以及宋卡府的一部分地区。

从历史的角度看，泰南北大年地区在古代曾经是一个由马来穆斯林统治的独立国家，即北大年苏丹国。史学界一般将公元1500年作为其建国的年份，首位国王为西旺萨。公元1518年，北大年第二位国王因特拉在位时皈依了伊斯兰教，并将北大年王国改称为北大年达鲁萨兰国。也有学者认为北大年早在1457年就宣布伊斯兰教为国教。② 在西旺萨一系的最后四位国王统治时期，北大年发展到鼎盛时代，"一度成为马来半岛上最强大和人口最多的马来人苏丹国"。③ 1688年，第十位国王固宁去世后，因无子嗣，吉兰丹王子玛斯被召入北大年，成为北大年国王。吉兰丹一系从1688年到1808年曼谷王朝拉玛一世对北大年实行分而治之的统治政策时，共传承了11位国王。可以说，早在15－16世纪，北大年就是一个独立王国和区域性的伊斯兰教中心。

泰国历史上的素可泰王朝和阿瑜陀耶王朝都与北大年苏丹王国保持着宗主国与附属国的关系，这种关系在曼谷王朝时期发生了转变。18世纪后期以来，曼谷王朝试图直接控制北大年地区，北大年王国与曼谷王朝之间发生了数次战争。1808年，曼谷军队在处死反叛的北大年王达杜

① Melvin, Neil J., *Conflict in Southern Thailand: Islamism, Violence and the State in the Patani Insurgency*, SIPRI Policy Paper No. 20, Stockholm International Peace Research Institute, 2007. p. vi.

② Chen Man, W. K., *Muslim Separatism: The Moros of Southern Philippines and the Malays of Southern Thailand*, Singapore: Oxford University Press, 1990, p. 134.

③ Ibid, p. 32.

后，首次将一名泰人任命为北大年王，并从洛坤指派了数百名泰人到北大年担任各级政府官员，这引起了北大年人的严重不满。在这种情况下，暹罗政府采取了分而治之的政策。1816 年，暹罗政府决定把北大年地区分为北大年、也拉等七个小邦，各由一个马来王公（raja）统治，内政方面实行自治，但受一个驻在宋卡的暹罗总督的监督。1901 年，北大年末王东古·戈丁向驻新加坡的英国总督请求英国干涉暹罗对北大年的统治。同年 12 月，暹罗向北大年地区派驻泰人总督，东古·戈丁被捕，原北大年王公贵族被迫在协议书上签字承认北大年地区是暹罗的一部分，进贡制度被取消，北大年苏丹王国从此消亡。1902 年，暹罗正式宣布北大年为其领土的一部分，并将该地区划分为五个府。

在 19 世纪末期，英帝国在马来半岛的扩张时刻威胁到暹罗的主权。暹罗政府为取消英国在泰国的治外法权，将部分地区转让给英国，同时英国承认泰国对南部地区的所有权。1909 年，暹罗与英国签订了《暹英条约》，条约规定吉打、吉兰丹、丁家奴、玻璃市转让给英国而脱离暹罗控制。历史上，沙敦部分属于北大年，部分是柿武里的一个县治，条约中把柿武里划为英属马来联邦吉打的一部分，而沙敦则成为暹罗的一个府。暹罗政府把北大年、农集、也彝合并为北大年府，也哈和拉曼合并为也拉府，加上陶公府、沙敦府，形成了现在泰国最南端的四个府。

北大年等泰南四府的特殊性表现为：一方面，它们处于泰国最南端，并在种族、宗教和文化上明显区别于泰国的主体民族泰族；另一方面，它们又处于马来穆斯林的最北端，与马来半岛北部的马来西亚各州具有文化一致性和现实中的密切联系。这种状况极易造成国家认同与民族认同的错位。一旦面临来自外部的压力，泰南马来穆斯林的宗教和民族差异就会表现为分离主义倾向，从而产生民族矛盾和宗教冲突。

（二）泰南马来穆斯林传统社会结构与领导权

随着曼谷王朝逐步加强对北大年地区的政治控制，泰南马来穆斯林社会本身也在国家权力的渗透之下发生了转变。了解泰南马来穆斯林传统社会结构与领导权，将有助于我们分析泰南穆斯林分离主义运动所采取的特殊形式。这里所说的泰南马来穆斯林传统社会指的是在 1808 年暹罗征服北大年苏丹国之前的马来人社会。

伊斯兰社会有两种形式：政教合一者由国家元首统领政教；政教分

离者由专门学者主持教门，宗教保持相对独立的地位。前者对应的是穆斯林中的逊尼派（Sunni），后者对应什叶派（Shia）。北大年马来穆斯林属于逊尼派，北大年苏丹王国采取的是政教合一的政治体制，伊斯兰教是政治权力合法性的来源，苏丹是北大年政治体系中政教合一的首领。此外，苏丹的主要宗教顾问是教法说明官穆夫提（Mufti），他负责发布宗教教令和解释《古兰经》。如果苏丹的决定不符合伊斯兰法，穆夫提的宗教裁决可以无视苏丹的命令。伊斯兰法官卡迪（al-Qadi）则是法律的维护者和社会规则的仲裁者。

穆夫提是教法解释主体，由精通经、训、教法知识的高级宗教学者担任，其发布的法律意见是法特瓦（fatwa）或教令。穆夫提最初可以是私人的或者官方的法律顾问，后来穆夫提的制度化意味着宗教制度的政治化。奥斯曼帝国的兴起使得穆夫提制度高度发展，成为国家官僚体制的一部分；以穆夫提为核心的宗教司法制度与宫廷制度、文书制度、军事制度并称为奥斯曼帝国的四大制度，奠定了政教合一体制的基础。[①] 通过穆夫提制度化，苏丹试图使思想控制服从于政治控制。北大年苏丹国的政体非常符合伊斯兰国家政教合一的特点。

在泰南马来穆斯林社会的基层，由伊玛目（Imam）和他的两位助理负责清真寺的事务，他们同时也是宗教仪式的主持者和地方秩序的维护者。伊玛目在穆斯林社会具有非常重要的地位和功能，也被称作教长。“穆斯林必须有一个伊玛目来执行法律、实施刑罚、主持聚礼和会礼、排除争议。”《古兰经》中说：“信道的人们啊！你们当服从真主，应当服从使者和你们的主事人。”“所谓主事人指的是穆斯林中公正的执政者，或者是勤奋努力的学者。”[②] 在泰南马来穆斯林社会，清真寺是举行宗教仪式的场所，宗教教育则由波诺（Pondok）——伊斯兰学校来执行。穆斯林非常重视培养伊斯兰教学者，伊斯兰教学者通过刻苦钻研来掌握伊斯兰教的法律，其中包括与行为有关的教律学和与信仰有关的教义学与德性学，这些学问可以直接为穆斯林社会服务。从社会流动来看，掌握伊斯兰教学问是平民获得社会声望和更高社会地位的唯一途径，而宗教

① 吴云贵：《当代伊斯兰教法》，中国社会科学出版社，2003，第 282 页。

② 欧麦尔·奈赛斐：《伊斯兰教教义学十讲》，刘世英编译，宗教文化出版社，2010，第 89 页。

学校则是传承宗教和文化的主要渠道，也是培养穆斯林知识精英的摇篮。波诺的教师被称作 Tok Guru，意思是宗教教师。1916 年和 1919 年，在大北大年地区分别有 497 家和 595 家宗教学校。①

北大年马来穆斯林传统社会具有以下几方面特点。一是宗教与政治相互支持和相互制约，宗教为政权提供合法性来源和价值依据，而政治权力为宗教提供保障。二是政治精英与宗教精英在社会结构方面具有互补性。最高首领苏丹是世袭的，这为政权的延续提供了稳定性；而宗教人士主要是通过学习获得宗教知识的优秀平民，他们不断赋予权力和精英阶层以活力，并缓和了政治统治者与平民之间的矛盾。三是宗教仪式场所（清真寺）与宗教教育场所（波诺）相对分离，这在一定程度上保证了宗教事务的效率和宗教教育的专业性。这些特点都体现了马来穆斯林传统社会内在的平衡。

在北大年苏丹王国时期，伊斯兰教构筑了当地穆斯林社会的政治、法律、教育和公共生活的基础。当泰南四府被纳入泰国中央集权体制之后，伊斯兰教的政治功能被摧毁，其社会功能又得不到中央政府的认可，以伊斯兰教为根基的民族认同与国家认同之间不断产生矛盾，成为引发泰南四府社会冲突的重要因素。

（三）泰南分离主义运动的发展阶段

随着北大年被并入暹罗的行政系统，中央政府开始从权力机构、教育制度、法律制度、语言和风俗习惯等各个方面系统改造这一地区原有的政治与社会结构，伊斯兰教奉行的诸多政治与社会原则遭到否定，因而不断激起该地区马来穆斯林的反抗。从反抗运动产生的条件来看，泰国政府采取高压的民族同化政策是引发反抗运动的直接原因，反抗运动体现了政治控制与反控制、文化同化与反同化等对立力量之间的斗争。从反抗运动产生的基础来说，泰南马来穆斯林的抵抗运动经历了从精英的政治斗争向群众的文化反抗的转变。

早期的马来穆斯林的反抗活动主要由传统的贵族阶层主导，其目的是从曼谷政权手中夺回被剥夺的政治权力。从 1901 年开始，曼谷政权逐步接管南部地区，马来统治者被废黜，由泰人官员接管行政权力。1902

① 孟庆顺：《伊斯兰教与泰南问题的形成》，《南昌工程学院学报》2007 年第 2 期，第 19 页。

年，暹罗政府又宣布在北大年地区用暹罗法取代当地的伊斯兰法，伊斯兰法只能在家庭、财产继承等领域应用。到 1906 年，所有的马来王公均被泰人总督取代。从这个时候起，北大年马来人的内部自我管理完全被取消，北大年的行政管理被并入暹罗中央集权的行政架构内。

马来贵族在失去以往的政治权威和社会地位之后，采取各种形式来抵制和反对曼谷政权。1910 年和 1912 年，北大年地区分别在穆斯林领袖朵拉和哈吉布拉的领导下发起了抗税运动，政府的若干办公楼在暴动中被烧毁。1922 年，马来穆斯林村民又发起抗税和反抗土地国有化运动。1923 年，马来穆斯林因政府关闭伊斯兰学校，与军警发生激烈冲突。这些运动虽然遭到武力镇压而失败，但也迫使曼谷政府不得不调整南部政策。[①] 1923 年，拉玛六世提出尊重当地穆斯林的文化习惯。从 1923 年到 1939 年，北大年地区的局势相对比较平稳。

1938 年上台的披汶（Phibun）政府极力推行民族主义，出台了文化建国政策，试图从文化上同化马来穆斯林。从 1939 年到 1942 年，披汶政府共颁布了 12 部法令，用强制性的手段革除泰国各民族中存在的“落后”的文化习俗，将他们锻造为语言统一、思想统一、行为统一的泰人，例如姓氏法规定泰国公民无论民族和宗教都一律采用泰式名字。1939 年 8 月 2 日通过的第 3 号国俗法令规定，要用泰人称呼所有的泰国人，不能有伊斯兰泰人或南部泰人等称呼，更不能有泰南穆斯林或马来穆斯林的说法。1940 年 6 月 24 日通过的第 9 号国俗法令规定，泰国公民有义务学习国语——泰语；每一个人必须认识到，生为泰国人就意味着他有泰国血统，说同样的语言；马来语教育被禁止，马来语学校被关闭。而按照服装法的规定，马来人不能再穿他们的传统服装，男女在公共场合都要穿西式服装。在穆斯林地区，星期五作为礼拜日被禁止，信仰佛教等于爱国主义，政府甚至试图在穆斯林南部地区确立佛教的至尊地位。马来学童被迫向校园内的佛像表达敬意。1941 年还取消了南部穆斯林在婚姻家庭和遗产方面享有的特权。[②] 披汶政府推行的文化同化政策强化了马来穆斯林对政府的不信任情绪和离心倾向。在披汶政府的高压政策之下，

---

① 陆继鹏：《泰南四府民族问题的历史进程》，《东南亚纵横》2004 年第 12 期，第 61 页。

② Yegar, Moshe, *Between Integration and Secession: The Muslim Communities of the Southern Philippines, Southern Thailand and Western Burma*, Lanham: Lexington Books, 2002, pp. 90 – 91.

大批泰南穆斯林逃往马来西亚和沙特阿拉伯等国家，对后来的分离主义运动产生了深远的影响。

二战结束后，随着日本战败和披汶政府垮台，泰南马来穆斯林开始要求脱离泰国并入马来西亚，从这个时期开始形成了北大年分离主义运动。分离主义运动的雏形包括二战后成立的“伟大的北大年马来人协会”（GAMPAR）和由宗教改革派领袖哈吉苏龙领导的“北大年人民运动”（PPM）。1947 年 3 月，哈吉苏龙向泰国政府提出七条要求，呼吁在泰南马来穆斯林中实行地方自治。1948 年初，哈吉苏龙以叛国罪被捕，马来穆斯林举行大规模抗议并与警察发生冲突。1957 年，哈吉苏龙失踪，引起了马来穆斯林的愤怒，并使得马来穆斯林开始以军事组织的形式发展分离主义运动。从 20 世纪 50 年代后期开始，泰南出现了许多军事分离主义组织，其中影响较大的是北大年民族解放阵线（BNPP）、北大年共和国解放阵线（BRN）和北大年联合解放组织（PULO）。这些组织在 20 世纪 70 年代掀起了泰南军事分离运动的高潮。①

进入 20 世纪 80 年代，泰国政府开始转变单纯的军事镇压政策，注重通过帮助当地发展社会经济及采取温和的民族融合政策来削弱分离主义运动的势头。1988 年上台的炳·廷素拉暖总理（Prem Tinsulanonda）设立了泰南行政中心，政府与王室都对南部穆斯林民众表现出关切。20 世纪 90 年代上台的民主党领袖川·立派（Chuan Leekpai）来自南部，他积极将马来穆斯林中的精英吸纳到政府机构中来，强调尊重马来穆斯林的文化，在泰国南部创造了较为稳定的局势。

2001 年，他信（Thaksin Shinawatra）上台后为了在泰南削弱对手民主党的长期影响，采取了一系列政治手段。例如他信取消了泰南行政中心，代之以警察来维护安全，引发了马来穆斯林的不满。他信还否认泰南分离主义运动是民族问题，而认为是军事问题，对分离主义势力采取强硬的打击政策。他信执政时期泰南的局势再次恶化，其中有两次事件对泰南分离运动产生长期影响。一是 2004 年 1 月 4 日，泰南的军事基地遭到大规模的武装袭击，并有大量武器被劫，成为泰南局势恶化的标志性事件。二是 2004 年 10 月 25 日，在陶公府爆发了马来穆斯林的大规模

① 陆继鹏：《泰南四府民族问题的历史进程》，《东南亚纵横》2004 年第 12 期，第 62 页。

抗议，有7名示威者被打死，78名示威者在被军车押送的途中窒息死亡，这一事件点燃了马来穆斯林对于政府的强烈不满情绪。2005年，他信再次当选总理，但是泰爱泰党失去了在陶公、北大年和也拉的所有议席。2005年后，南部的反政府暴力袭击事件层出不穷。2005年，他信政府成立了民族和解委员会，试图改善泰南局势，但是委员会的工作没有取得实质性进展。2006年9月19日，他信在军事政变中下台。2006年11月1日，代总理素拉育就2004年发生的窒息死亡事件道歉，但这些举措并没有缓解泰南局势。

国家权力、泰化教育与马来穆斯林社会的裂变

20世纪以来，在国家权力的渗透之下，泰国南部的马来穆斯林社会经历了急剧的社会变迁，其原有的社会结构和权力平衡被打破，我将之称作马来穆斯林社会的“裂变”。马来穆斯林传统的政治精英丧失了政治权力，这使得宗教精英在象征民族认同和政治动员方面的功能得到强化，从而在权力失衡的背景下造成了伊斯兰教的政治化和激进化。在政治控制之下，旨在强化国家认同和民族整合的各项政策在很大程度上没有达到目的，反而催生出与政府相对抗的分离主义运动，教育改革后的伊斯兰私立学校部分反映了这种政策目标与政策结果之间的背离。

（一）宗教政治化与马来穆斯林社会的失衡

自19世纪以来，曼谷政权逐步控制马来穆斯林社会，其权力渗透造成了穆斯林精英阶层的失衡状态，这也是我们在今天理解北大年地区极端事件的大背景。

辰曼（Chen Man）是一位来自泰南马来穆斯林社会的学者，他的研究试图对该社会的内部构成进行观察，为我们理解马来穆斯林社会的转变提供了很有价值的参考。他分析了泰南分离主义运动的结构、意识形态和领导权，认为仅仅通过社会经济项目和军事行动来解决问题，注定会遭受失败。[①] 辰曼指出，穆斯林的宗旨就是要确保自身作为穆斯林乌

---

① Chen Man, W. K., *Muslim Separatism: The Moros of Southern Philippines and the Malays of Southern Thailand*, Singapore: Oxford University Press, 1990, p. ix.

玛（ummah 共同体）的存在方式，这种共同体符合伊斯兰的概念。如何在对伊斯兰的忠诚和现代国家公民身份的要求之间进行调和是一个两难的问题。[①]

针对宗教因素在泰南分离主义运动中扮演的重要角色，辰曼没有简单地将伊斯兰教与极端势力联系起来，而是敏锐地指出，泰国政府过于注重政治控制，北大年马来穆斯林在丧失政治统治权之后，宗教制度被强化。辰曼认为马来穆斯林社会的领导权以穆斯林领袖为中心，这些领袖可以划分为传统的、世俗的和宗教的精英。随着现代国家权力的介入，这三类精英的角色也在发生转变。[②]

所谓的传统精英是指北大年地区原王公贵族的后代。20 世纪初马来贵族领导了早期的抵抗运动，但在后来他们逐渐丧失了政治与经济基础。其中一些曾被曼谷政权任命的地方统治者成为曼谷政权的支持者，这使得他们失去了社会号召力，再加上王公贵族们仍然延续了过去的统治阶级意识，不能亲近民众，因此这一群体在当代丧失了领导权上的合法性。

世俗精英主要指发挥地方政府职能的精英，如教师和村长，他们从政府那里获得薪酬。他们大多是具有泰文化教育背景的马来人，被当地马来人看作政府利益的维护者，无法代表马来人的利益。世俗精英与穆斯林社会之间的隔阂也是政府发展计划失败的重要原因之一。例如从 1964 年到 1974 年，泰国政府采取了一系列农业发展计划，试图改善马来穆斯林地区的经济与社会状况。然而这些计划收效甚微，原因之一就在于泰国政府与穆斯林村民之间缺乏信任。穆斯林村民避免与政府官员打交道，因为担心对方会征用他们的土地或征高额税。[③] 由此来看，世俗精英的动员能力是有限的。

宗教精英在泰南马来穆斯林社会中的地位显得十分突出。穆斯林社

---

① Chen Man, W. K., *Muslim Separatism*: *The Moros of Southern Philippines and the Malays of Southern Thailand*, Singapore: Oxford University Press, 1990, p. 129.

② 关于三类精英的基本概述见 Chen Man, W. K., *Muslim Separatism*: *The Moros of Southern Philippines and the Malays of Southern Thailand*, Singapore: Oxford University Press, 1990, pp. 129 – 132。

③ Yegar, Moshe, *Between Integration and Secession*: *The Muslim Communities of the Southern Philippines*, *Southern Thailand*, *and Western Burma*, Lanham: Lexington Books, 2002, pp. 126 – 127.

区的生活围绕清真寺和波诺展开，几乎所有的村民公共事务都有宗教精英的参与。北大年社会的宗教精英又可分为各府伊斯兰事务委员会（PCIA）的委员、清真寺委员会（CM）的委员和宗教教师。

各府伊斯兰事务委员会是在二战后泰国政府推行政治整合政策的背景中成立的。披汶政府推行的民族同化政策随着1944年披汶政权垮台而结束，后来上台的比里政府意识到，必须重视马来穆斯林高涨的政治意识以及泰国所处的国际环境，因而试图推行政治整合政策。1945年5月3日泰国政府通过伊斯兰教委任令（Patronage of Islam Act），以加强与穆斯林领导权的联系并吸引地方精英，通过将各种穆斯林官员整合到政府的官员网络中来创造归属感，削弱分离主义势力。1947年和1948年的增补条例更进一步确保了对伊斯兰教活动的监督和规范。[①]

伊斯兰教委任令确定全国伊斯兰宗教体系的最高首领朱拉拉差莫日（Chularajamontri）是泰国穆斯林的精神领袖，他由国王依据政府的提名来任命，在关于穆斯林的生活和宗教活动的事务上向国王和政府提供建议。同时，政府在内务部还设立了泰国伊斯兰中央委员会，由从各个地区选出的十名代表组成，朱拉拉差莫日任主席，负责监督和管理穆斯林的宗教生活。[②]

各府伊斯兰事务委员会也随后建立起来。每一个府的伊斯兰委员会都由15名委员组成，他们从伊玛目中选举出来，而伊玛目是清真寺委员会的领导。府伊斯兰事务委员会是政府机构，隶属于内政部的地方管理司和教育部的宗教事务司，为政府在有关伊斯兰和穆斯林福利的事务上提供建议。此外，在南部四府还各自由伊玛目选举两名穆斯林法官卡迪，卡迪由司法部任命后负责协助处理有关穆斯林婚姻和遗产继承的法律事务。

1947年和1949年，泰国政府通过法令，要求每个清真寺都成立清真寺委员会。每个社区的成年穆斯林选举产生清真寺委员会，该委员会通常有7－15名委员。清真寺委员会的领导伊玛目和他的两个助手拥有终身职位，其他委员则以四年为任期。在大多数村庄活动中如祈祷、节日

① Yegar, Moshe, *Between Integration and Secession: The Muslim Communities of the Southern Philippines, Southern Thailand, and Western Burma*, Lanham: Lexington Books, 2002, p. 95.

② Ibid, pp. 95－96.

和人生礼仪中，伊玛目和他的助手发挥着组织作用。清真寺委员会是府伊斯兰事务委员会之下的政府机构，府伊斯兰事务委员会负责监督清真寺委员会的选举。

这样，通过设立穆斯林最高领袖、伊斯兰中央委员会、各府伊斯兰事务委员会以及清真寺委员会，泰国政府建立起全国性的伊斯兰教管理和监督体制。然而，泰南穆斯林不愿接受所谓最高领袖的精神地位，因为这一职位总是由来自曼谷的穆斯林担任。最高领袖提出的法令不被马来穆斯林接受，在伊斯兰法的问题上，马来穆斯林更愿意求助于地方上的宗教法律权威。[①] 在府伊斯兰事务委员会中，大多数委员都发挥不了作用。许多马来穆斯林认为委员会成员受到泰人政府的左右，因而不愿听取他们的宗教建议。同样，伊斯兰法官的作用也很有限，诉诸法院需要花费不少的律师费，因此关于婚姻和继承的纠纷通常由伊玛目和宗教教师来解决。

宗教教师是最重要的宗教精英，他们在波诺、清真寺和祈祷场合（Balaisa）中担任宗教教育者的角色。在当代，宗教教师在马来穆斯林社会中扮演着非常重要的角色，这与当代马来穆斯林社会精英阶层权力失衡的状况是分不开的。当马来传统的政治领袖被废黜之后，宗教人士成为延续伊斯兰认同的重要力量。而随着国家在中央和地方设立伊斯兰教管理和监督机构，各种伊斯兰事务委员会和清真寺委员会的委员开始丧失其民间领袖的身份，成为国家官僚机构的一部分。在这种情况下，波诺和宗教教师在当地人中被认为最能代表穆斯林社会的本质。

在泰国社会中，各种马来穆斯林精英都处于边缘地位，被排除在泰国主流社会之外。在政治权力层面，马来精英缺乏影响力。虽然传统精英与世俗精英都受过泰式教育，但是他们很难获得重要的政府职位。马来穆斯林议员在国会只占据非常有限的议席，而且难以得到政党成员的信任。因为语言障碍和缺乏经济实力，宗教精英很少参与政治选举，他们认为参与泰人政治体制并不符合他们的利益，政府也无意将他们纳入

① Yegar, Moshe, *Between Integration and Secession: The Muslim Communities of the Southern Philippines, Southern Thailand, and Western Burma*, Lanham: Lexington Books, 2002, p. 137.

政治轨道中来。相反，政府把宗教精英视为潜在的叛乱者。[①]

宗教精英在分离主义运动中的作用不断强化。在早期的反叛活动中，贵族是主导群体，宗教精英参与其中。到了披汶时期（1938－1944），政治抗议强化了宗教精英的政治意识和政治动员技巧，宗教精英填补了前王公逃往国外后留下的权力真空。20 世纪 40 年代，由哈吉·苏龙（Haji Sulong）领导的宗教精英和一些世俗民族主义领袖组织了北大年人民运动，使得宗教领袖成为积极的政治人物，被认为在重塑共同体方面具有不可替代的作用。这是宗教精英首次主导穆斯林抵抗运动。随着领导权从传统贵族精英向宗教和世俗领袖转变，解放运动也从与统治精英相联系的有限基础向大众支持的广泛基础转变，其目标从获取统治权转变为北大年的独立或者加入马来亚联盟。辰曼对北大年民族解放阵线（NLAPP）的调查发现，在该组织的重要职位中，宗教精英占据了 61.2%，世俗精英占据了 24.5%，传统精英只占据 6.1%。[②]

辰曼将菲律宾的摩洛穆斯林社会与泰南的马来穆斯林社会进行了比较，他发现摩洛社会由传统精英来领导，而泰南马来社会由宗教精英来领导。这是因为马来贵族被泰国政府废黜之后，宗教精英弥补了权力真空，而泰国政府并没有提供能够吸纳马来贵族的政治机制。在世俗精英团体方面，泰南马来穆斯林的世俗精英通常是职位较低的地方政府公务员，而摩洛的世俗精英包括中层的政府官员；摩洛的世俗精英能够利用各种穆斯林协会和组织来扩展影响，而泰南马来穆斯林的世俗精英很难超越政府对其活动的严格控制。摩洛的分离运动分为四个派别，分别由世俗精英、传统精英和宗教精英来领导；而北大年地区四个主要的武装阵线全部由宗教精英来主导。[③] 我们可以将泰南马来穆斯林社会的失衡状态概括为宗教的政治化倾向，泰南分离主义运动的表现形式需要在此背景下加以理解。

---

① Yegar, Moshe, *Between Integration and Secession: The Muslim Communities of the Southern Philippines, Southern Thailand, and Western Burma*, Lanham: Lexington Books, 2002, p. 133.

② Ibid, p. 136.

③ Chen Man, W. K., *Muslim Separatism: The Moros of Southern Philippines and the Malays of Southern Thailand*, Singapore: Oxford University Press, 1990, pp. 136－137.

（二）波诺、教育改革与暴力

为了更好地理解宗教精英（尤其是宗教教师）在泰南分离主义运动中的作用，我将考察传统的伊斯兰教育机构波诺、泰南马来穆斯林地区教育制度的演变及其与暴力活动的关联。

泰国教育改革与波诺的变迁

在泰南穆斯林当中，传统的教育机构——波诺有很强的生命力。波诺的原义是寄宿学校，是私立的、传统的伊斯兰教教育机构，采用马来语教学，一些高级课程采用阿拉伯语教学。在村庄的地方伊玛目那里学习了一两年之后，许多学生来到波诺继续求学一到十年。波诺没有标准化课程，波诺的名声取决于教师的声望，学生常从一个波诺到另一个波诺跟从特殊领域的专家学习，例如法学、预言书、《古兰经》释义、苏菲主义和神学。波诺的教师被认为是博学之士，通常由到过麦加朝圣或从中东学成归来的学者担任。波诺的学生对于老师非常尊敬和忠诚，因此波诺教师在社区中享有重要的地位。最受尊敬的宗教精英组成了波诺教师和清真寺官员。

北大年地区的第一所波诺建于 1624 年，直到 19 世纪时，北大年地区还是东南亚伊斯兰高等教育的中心。历史上的波诺在伊斯兰和马来教育网络中发挥了重要作用。有学者认为波诺的原型可以上溯到东南亚早期的印度教和佛教文化，在印度教和佛教中，希望获得历练和精神解脱的人将追随精神导师（guru），并在远离尘俗的精神处所（ashram）中学习。当伊斯兰教传入东南亚之后，这些传统文化与制度保留了下来，并被赋予伊斯兰教特征，转变为所谓的寄宿处（pondok，即阿拉伯语的 fondok），亦即教导伊斯兰教教义的地方。伊斯兰学者借用了这一地区先前存在的印度教和佛教的传统制度来拓展自身的影响，因此，波诺是文化融合现象的反映。①

传统的波诺既是宗教机构也是教育机构。波诺具有民间性质和相对的独立性，是培育穆斯林知识精英与社区领袖的摇篮，满足了穆斯林社会延续自身的人才需求。然而，自从曼谷政权控制北大年地区以来，中

① Pitsuwan, Surin, *Islam and Malay Nationalism: A Case Study of the Malay-Muslims of Southern Thailand*, Bangkok: Thammasat University Press, 1985, pp. 175 – 178.

央政府就认为波诺构成了同化马来穆斯林的主要障碍，将之视为伊斯兰激进势力的温床，因此，对波诺的改造成为当代泰国南部同化政策的重要内容。

曼谷政府试图将传统的穆斯林宗教教育机构改造为现代的国民世俗教育机构，取消波诺的民间性质，将之纳入国家的教育规划和管理中，其最终目的是弱化穆斯林认同，培养具有国家认同和泰民族认同的公民。

1898 年，教育公告的发布标志着泰国现代教育体系的建立。除了推动现代化与社会发展之外，现代教育还有另一个目标，即通过教育来促进国家认同，包括同化少数民族。在拉玛六世时期，曼谷王朝提出通过教马来人说泰语来同化马来穆斯林。1911 年泰国教育部第 4 号报告提出：要教会全部马来儿童说泰语。1921 年，泰国政府颁布了《义务教育法案》，要求南部地区关闭伊斯兰教传统学校波诺，强制推行泰语教育。泰南穆斯林指责《义务教育法案》是对马来族穆斯林进行的赤裸裸的泰化措施，引发了抗议泰国政府关闭伊斯兰学校的浪潮。泰南许多穆斯林家长担心公立学校会消灭伊斯兰文化，他们用积极或消极的方法抵制政府的这一做法。结果，在穆斯林占人口大多数的地区，公立学校中只有 15% ~20% 的学生是穆斯林，大部分家长拒绝将子女送进学泰语的学校。①

真正对波诺产生决定性影响的是 1961 年沙立政府在泰南四府实施的“教育促进计划”。“教育促进计划”试图将波诺纳入国家教育体系中，在穆斯林中“创造和增进泰人意识，培养对于国家、宗教和国王的忠诚”。这一计划通过对波诺的财政资助来要求波诺在政府进行登记并引进其他课程，这是国家权力对传统的伊斯兰教育体制的有力渗透。虽然政府允许波诺是私立的，但要求波诺接受国家的直接监督和指导，不愿意这么做的波诺将被关闭。②

1964 年 1 月，政府决定所有注册的波诺停止用马来语教学（之前宗教科目用马来语），而且不再增加新的波诺。1971 年政府规定了波诺注册的最后期限。当时四府有 537 家波诺，十年后有 109 家被关闭。政府

---

① 孟庆顺：《伊斯兰教与泰南问题的形成》，《南昌工程学院学报》2007 年第 2 期，第 20 页。

② Liow, Joseph Chinyong, *Islam, Education and Reform in Southern Thailand*, Singapore: Institute of Southeast Asian Studies, 2009, p. 27.

对波诺进行了财政和师资投入，为超过 40 名学生的波诺提供书本和教学设备。世俗教师被委派到每个波诺，教授泰语和其他世俗科目，所有课程的课本由教育部准备。按照“教育促进计划”，波诺必须采用泰语教学。但教育部门对泰语教育的开展并不成功，最终不得不采取折中方案，即每周教授一定时间的马来语，增加了关于伊斯兰历史和马来人的课程。但是马来穆斯林认为政府试图培养一种与他们的宗教信仰相违背的价值观，在许多马来穆斯林看来，泰语等于佛教，而马来语被认为等同于伊斯兰教。从实际效果来看，“教育促进计划”在很大程度上改变了波诺的传统教学方式，削弱了波诺的宗教色彩。①

从 20 世纪 70 年代开始，泰国教育部试图设立伊斯兰私立学校，将现代知识、职业教育与宗教学习结合起来，从而取代以宗教教育为主的传统波诺。1973 年泰国教育部成立了伊斯兰私立学校促进委员会，1982 年官方创办了伊斯兰私立学校。伊斯兰私立学校试图发展一种同时包括宗教和普通教育的学校机制，为学生提供国家认可的文凭。此外，泰国国家安全委员会还推动伊斯兰高等教育计划，这是解决南部问题计划的一部分。该计划的目标是为伊斯兰私立学校的毕业生提供宗教研究方面的高级教育，以及为非穆斯林的官员提供短期培训，促进穆斯林与非穆斯林之间的相互理解。1998 年泰国政府成立也拉伊斯兰学院，2003 年在北大年成立分校。② 随着伊斯兰私立学校的普及，越来越多的穆斯林学生在接受宗教教育的同时也接受了现代课程的学习，并最终进入了全国性的大学。因为公立学校不设马来语和伊斯兰教育课程，所以泰国南部的公立学校入学率仍然处于全国平均水平。

“教育促进计划”在学校现代化方面获得成功，消解了北大年作为伊斯兰教育中心的地位，伊斯兰学校成为宗教与民族冲突的前线。该计划破坏了以培养宗教学者著称的传统的波诺制度，而政府控制的波诺渐渐衰落，因为它们不能满足马来穆斯林社区对于宗教教育和道德培养的

① Yegar, Moshe, *Between Integration and Secession: The Muslim Communities of the Southern Philippines, Southern Thailand, and Western Burma*, Lanham: Lexington Books, 2002, p. 135.

② Liow, Joseph Chinyong, "Islamic Education in Southern Thailand: Negotiating Islam, Identity, and Modernity", in Hefner, Robert W., ed., *Making Modern Muslims: The Politics of Islamic Education in Southeast Asia*, Honolulu: University of Hawai'i Press, 2009, pp. 141 - 171.

要求。一些马来穆斯林学生只在晚上或周末进入传统波诺学习伊斯兰知识传统。越来越多的年轻人被送到马来西亚、巴基斯坦和阿拉伯国家学习，这些人成为后来分离运动的潜在领导人。①

北大年地区传统波诺的衰落反映了马来穆斯林社会面临的两方面压力，一方面是维系马来穆斯林文化、知识与认同的需要，另一方面是现代化和民族主义的要求。在政府的强制要求下，穆斯林教育制度在转变过程中造成了穆斯林社会与政府之间的冲突。保守的宗教教师和伊玛目认为，波诺在穆斯林社区的政治与宗教生活中有着重要地位，将波诺转变为伊斯兰私立学校的政策侵犯了马来穆斯林认同，破坏了他们的文化、社会与宗教价值；世俗教育侵占了宗教人士的基本权利，而且有可能使得年轻人疏离马来穆斯林的文化遗产。

学校与暴力活动

从表面上来看，泰国政府成功地实现了波诺的现代转型，这一马来穆斯林社会的重要制度逐步丧失了原有的宗教影响和社会功能，马来穆斯林的教育形式不再受到宗教人士的控制。但是，1961 年“教育促进计划”实施之后发生的事实说明，泰南马来穆斯林地区的教育改革政策并没有加强南部对国家的认同，而是取得了相反的效果。20 世纪 60 年代早期出现的民族解放运动在很大程度上就是针对“教育促进计划”而产生的，它的创立者是一名在著名波诺任教的宗教教师，他从波诺和伊斯兰私立学校中招募组织成员。1968 年成立的北大年联合解放组织得到了穆斯林知识分子的支持，他们认为政府的教育政策对于保留马来穆斯林的文化构成了威胁。②

近几年来，泰国国家机构和独立分析家都通过调查发现，泰国南部一些来自伊斯兰私立学校的老师和学生参与了暴力事件。长期以来，研究者们比较关注没有注册的波诺，而忽视了一个事实，即卷入暴力活动中的都是注册过的伊斯兰教育机构。2004 年，泰国军方估计至少有 30 所宗教学校被怀疑卷入了暴力活动，黑名单上的大多数伊斯兰教育机构是

---

① Chen Man, W. K., *Muslim Separatism: The Moros of Southern Philippines and the Malays of Southern Thailand*, Singapore: Oxford University Press, 1990, pp. 97 - 98.

② Liow, Joseph Chinyong, *Islam, Education and Reform in Southern Thailand*, Singapore: Institute of Southeast Asian Studies, 2009, p. 34.

国家资助的伊斯兰学校。[①]

有学者指出，尽管某些伊斯兰学校参与了暴力活动，但是不应在伊斯兰教育与暴力之间建立简单的直接关系。相反，政府应当反思对于伊斯兰传统教育形式的破坏如何导致了穆斯林对中央政府的不满，并激起了宗教领袖的反抗。同时，在泰南伊斯兰地区，“解放者意识形态”而非圣战意识成为主导意识。传统的伊斯兰教育强调北大年的历史和令他们骄傲的伊斯兰教遗产，这实际上减弱了国际圣战运动的影响。此外，合法的伊斯兰教育机构参与暴力活动的事实说明，泰国政府远没有达到成功整合马来穆斯林和有效管理南部冲突的目的。因此，“泰南的波诺不仅是宗教教育机构，还是马来族群认同和历史记忆的储藏库。伊斯兰学校与暴力的关系应当从学校作为马来族群认同的护卫者而非激进宗教意识形态的制造者的角度去看。……为了更好理解泰南的学校、宗教、分离主义和暴力之间错综复杂的关系，超越所谓的马来穆斯林与泰国国家之间的对抗，必须首先去理解马来穆斯林共同体自身的动力，尤其是共同体和宗教教育体系内发生的不断强化的合法性和本真性的冲突。”[②]

泰国民族国家建构的困境与探索

那么，如何才能走出国家与民族整合的困境呢？原有的政策思路——政治控制需要削弱政治精英的权力，宗教控制需要削弱宗教机构的影响力——只会导致控制与反控制、同化与反同化的冲突和斗争。这种试图颠覆穆斯林社会结构的政策很可能造成社会内部的混乱和无序，带来价值失落引发的焦虑，并最终导致极端的报复行动。我试图超越原有的政策思路，提出基于社会整合的民族整合主张，亦即在重建一个充满内在活力和结构平衡的马来穆斯林社会的基础之上进行民族融合。

首先，需要改变马来穆斯林与国家对抗的主流观念，从深层次认识分离主义运动只是马来穆斯林维系本民族文化和生存方式的一种极端方式，只有尊重马来穆斯林的历史和文化，才有可能消除分离主义产生的

---

① Liow, Joseph Chinyong, *Islam, Education and Reform in Southern Thailand*, Singapore: Institute of Southeast Asian Studies, 2009, p. 37.

② Ibid, pp. 41 - 42.

土壤。尽管自20世纪以来，民族国家已经成为世界普遍的政治组织单位，但是世界上绝大多数国家是多民族国家，尊重少数民族的文化选择是多民族国家获得安定的必要条件。泰国将“国家、宗教与国王”三位一体的意识形态作为维护国家认同和政治稳定的方略，这需要进行创造性的转换，以包容不同国民群体在语言、宗教和文化上的多样性。

其次，泰国政府需要认识到只有健全的马来穆斯林社会才可能融入主体民族。很难想象一个政治无能、经济落后、宗教涣散的民族能有面对强大国家和主体民族的自信心。泰南马来穆斯林为北大年王国曾经的历史和文化感到骄傲，不幸的是，这种骄傲情绪成为他们稀有的认同资源，并且与今天北大年地区的情形形成了极大的反差。相反，如果马来穆斯林能够为今天的北大年感到骄傲，那么，他们就不再需要通过强调过去来寻找民族认同和缓解生存忧虑。因此，建立一个健全的马来穆斯林社会是民族整合的最优路径。这意味着该社会在宗教、政治、经济、教育等各方面平衡发展，各项制度都能为作为个体的马来穆斯林提供社会流动的机会并且符合该社会自身的需求。一个健全的马来穆斯林社会将在不同的精英群体之间达成平衡，使他们相互制约和相互配合，推动社会秩序的建立和社会发展。

最后，在社会现代化与社会传统方面，可以用双轨制来代替单轨制，为马来穆斯林提供多样的文化选择，而不是文化强制。在教育方面，传统的宗教教育机构波诺可以作为北大年马来穆斯林的文化遗产继续传承下去，使之仍然发挥培养宗教精英和地方认同的重要作用，吸引青年在本地波诺学习而不是到国外去学习。同时，建立现代教育部门，为青年一代提供接受普通教育的机会。选择波诺还是选择普通学校，应当成为马来穆斯林自己的决定，而不是政府的强制政策。其实，在今天的泰人社会，只有少数男子选择在佛寺学习并成为专业的宗教人士，大多数男孩选择在学校学习，只是在生命的某一个阶段以短期出家的方式来体验宗教学习方式，这其实就是双轨制一个很好的例子。

制度的转变并不难，最难的是主流观念的改变。在今天的泰国，大多数人仍将马来穆斯林视作麻烦制造者和文化、经济的贫困群体，泰南仍被看作神秘的恐怖地点，呼吁文化多样性和少数民族生存权利的声音仍然十分微弱。

2005 年 3 月 1 日，他信政府成立由前总理阿南·班雅拉春（Anand Panyarachun）任主席的民族和解委员会（National Reconciliation Commission，NRC）。NRC 在 2006 年 6 月发布了报告《通过和解的力量来战胜暴力》。报告指出："最为迫切的是采取政治措施，以重建北大年地区以及全国的国家与人民、主体人口与少数人口之间的关系。"报告还提出将北大年马来方言定为该地区的另一种工作语言，将伊斯兰教与国家学校制度更紧密地结合，其中包括引进双语和母语教育。[①] 报告指出，只有创造一个接受族群、宗教和语言多样性并且努力消除歧视的泰国才能获得长期的和平。

NRC 的建议得到了马来穆斯林一些成员的肯定。然而，报告中提出的一些关键性建议遭到前总理炳·廷素拉暖的公开反对，他说："我们不能接受这条建议，因为我们是泰国人。我们的国家是泰国，我们的语言是泰语。……我们应该为泰国人的身份自豪，将泰语作为唯一的民族语言。"[②] 他信政府支持炳的言论。[③] NRC 的工作至今还只停留在建议层面，尚未对政府政策形成实质性影响，它的尴尬处境反映了泰国在民族国家建设中遭遇的两难与矛盾。如果说泰国社会的主流意识形态仍然坚持要马来穆斯林放弃自己的语言和文化，转变为所谓的泰族穆斯林，那么泰南冲突的前景就难以令人感到乐观。

---

① National Reconciliation Commission, *Overcoming Violence through the Power of Reconciliation*, Unofficial translation, http://thailand. ahrchk. net/docs/nrc_ report_ en. Pdf, June 2006.

② "Prem not happy with NRC's idea", *The Nation*, http://www. nationmultimedia. com, 2006 - 6 - 26.

③ "Govt backs Prem against use of Malay in South", *The Nation*, http://www. nationmultimedia. com, 2006 - 6 - 27.

第三章　佛使比丘与泰国佛教的现代转型

自20世纪早期以来，泰国的佛教传统日益遭受到西方文明和现代性的巨大冲击。在这种情形下，现代公民，尤其是处于传统和现代性的矛盾之前端的知识阶层，如何重新塑造自身作为佛教徒的文化身份成为现代泰国的一个重要问题。泰国佛教改革运动的领袖人物佛使比丘对佛教与世俗生活的关系、佛教与政治社会的关系、佛教与其他宗教的关系等问题进行了创造性的解答，一方面为现代泰国公民－文化身份的重构提供了重要的思想基础，另一方面也体现出公民与文化身份之间的张力。

当代泰国佛教的现代转型可以大致分为两个阶段：第一个阶段是19世纪后期开始的佛教与民族国家政治在现实层面的关联，佛教被塑造为与现代国家权力体系相匹配的科层制宗教；第二个阶段是指当代泰国从20世纪30年代以后开启的新佛教改革运动。当代关于泰国佛教的研究基本上围绕这两个阶段来展开。新佛教改革运动可以说是对前一个阶段的反动，它的特点体现为：以国家为中心的僧伽制度建构转变为以社会为中心的思想性介入；以城市（曼谷）为中心的对丛林的规训转变为以丛林为中心的对城市的批判；宗教生活形式从以仪轨为中心转变为以个体实践为中心。

佛教与现代泰国国家政治之间的关系一直受到学者们的关注。有学者分析了1965年之后泰国僧伽参与国家政治现代化项目所导致的结果，即国家利用僧伽的神圣性来增强政府的合法性与权威，而僧伽集团却可能因为直接卷入政治而丧失其社会整合功能和宗教神圣性。[①] 20世纪60

---

① Suksamran, Somboon, *Political Buddhism in Southeast Asia: The Role of the Sangha in the Modernization of Thailand*, London: C. Hurst & Co. Ltd, 1977, pp. 120－121.

年代之后，泰国的佛教改革运动正是对国家权力控制僧伽的反动，并在城市中产阶层中产生了重要影响。有学者将当代泰国都市佛教分为两个体系：一是由国家自上而下设立的正式僧伽等级制度；二是由信徒和佛教改革派自下而上推动的革新运动，它带有强烈的个体主义色彩，同时，宗教改革派的理性主义与政治民主一道构成了替代性意识形态的基本要素。[①]

关于当代泰国佛教改革运动，学者们主要关注三个代表性个案——佛使比丘（Buddhadasa Bhikkhu）、静无忧运动和法身寺。佛使比丘是当代泰国佛教改革思想的集大成者，他的学说被认为是回应了泰国知识精英的现代性要求。[②] 对佛使比丘的研究主要关注其对佛教教义的重释。[③] 关于法身寺和静无忧运动的研究多为对新宗教组织形式和理念的实证研究。静无忧运动被认为是对消费主义社会的强烈批判，体现了在发展资本主义和现代化进程中一部分激进派试图净化个体、社区和社会的努力。[④] 法身寺运动因为将个体禅修与维护资本积累的正面道德价值联系起来而被认为是佛教新教主义。[⑤] 法身寺运动的特点体现为倡导禅修和精神拯救、庞大而有效率的组织结构、教义的混杂性等。[⑥] 有学者发展出对当代泰国都市社会宗教性的探讨，从文化研究的角度分别考察了法身寺运动、佛教艺术、丛林僧人、网络空间等体现出的当代泰国都市社会的宗教性，以及新的佛教文化形式对于历史与传统的合法性所构成的

---

① Taylor, Jim, "New Buddhist Movements in Thailand: An Individualistic Revolution, Reform and Political Dissonance", *Journal of Southeast Asian Studies*, Vol. 21, No. 1, 1990, pp. 135 - 154; Jackson, Peter A., *Buddhism, Legitimation, and Conflict: The Political Functions of Urban Thai Buddhism*, Singapore: The Institute of South-east Asian Studies, 1989, p. 9, p. 55.

② Jackson, Peter A., *Buddhadasa: Theravada Buddhism and Modernist Reform in Thailand*, Chiang Mai: Silkworm Books, 2003, p. 48.

③ Swearer, Donald K., ed., *Me and Mine: Selected Essays of Bhikkhu Buddhadasa*, New York: State University of New York Press, 1989; Ito, Tomomi, *Modern Thai Buddhism and Buddhadasa Bhikkhu*, Singapore: National University of Singapore Press, 2012.

④ Essen, Juliana, *Right Development: The Santi Asoke Buddhist Reform Movement of Thailand*, Lanham, Bouler, New York, Toronto, Oxford: Lexington Books, 2005; Mackenzie, Rory, *New Buddhist Movement in Thailand: Towards an Understanding of Wat Phra Dhammakaya and Santi Asoke*, London and New York: Routledge, 2007.

⑤ Taylor, Jim, "New Buddhist Movements in Thailand: An Individualistic Revolution, Reform and Political Dissonance", *Journal of Southeast Asian Studies*, Vol. 21, No. 1, 1990, p. 154.

⑥ Mackenzie, Rory, *New Buddhist Movement in Thailand: Towards an Understanding of Wat Phra Dhammakaya and Santi Asoke*, London and New York: Routledge, 2007, pp. 56 - 114.

挑战。[①]

本书将分别考察泰国佛教改革派代表人物佛使比丘的主要思想，以及在当代泰国的社会转型过程中发生的佛教改革与社会运动（第四章）。我们在其中可以看到泰国的佛教界领袖如何回应现代性问题，也可以看到丛林作为独特的边缘性和生产性的社会空间，如何对泰国的主流意识形态构成挑战。

20 世纪后期泰国佛教面临的现代性危机

泰国在从古代王国向现代民族国家转变的过程中，佛教徒的文化身份成为现代公民身份不可分割的一部分。曼谷王朝六世王瓦吉拉伍德通过极力宣扬佛教的优越性来鼓舞民族的自信心，并以此树立现代的政治共同体意识，而国王作为佛法的实践者，同时也是佛教的护卫者。六世王所明确的“国家、宗教与国王”三位一体的意识形态决定了现代暹罗公民身份的重要特点：作为现代国家公民的政治身份与作为佛教徒的文化身份是不可分割的。

但是，从 20 世纪早期以来，泰国的佛教传统日益遭受到西方文明和现代性的冲击。“佛教与现代社会渐渐产生了隔阂，大多数僧人失去了知识上的领导权，或者说在泰国社会的现代领域中失去了领导地位。”[②] 这主要体现在以下几个方面。首先，随着传统社会中佛教的诸多社会功能逐渐被现代社会制度取代，佛教与社会产生了分化。在传统社会，寺庙是人们生活的中心，僧人承担了教师、医生、裁决者等社会角色。随着世俗学校、医院、法庭和其他公共机构的出现，寺庙的许多功能被取代。佛教逐渐退守单纯的信仰领域，而与其他社会领域分离。

其次，佛教知识体系受到现代科学知识的挑战，僧人作为知识精英的地位被动摇。僧人在传统社会中被称作“博学之士”，是传承知识的

---

① Taylor, James, *Buddhism and Postmodern Imaginings in Thailand: The Religiosity of Urban Space*, Surrey and Burlington: Ashgate, 2008.

② Phra Rajavaramuni (Prayudh Payutto), *Thai Buddhism in the Buddhist World: A Survey of the Buddhist Situation against a Historical Background*, Mahachulalongkorn Buddhist University, 1985, p. 106.

最重要群体。1898 年，曼谷王朝五世王朱拉隆功开始在外府推行小学教育，委托僧人施行这一计划。当时的僧王瓦持拉延王子希望在佛教与王权的框架内促进王国的发展，并通过支持教育计划来增添宗教的活力，提出了“教育与宗教一体”的设想。[①] 但是，僧人满足不了现代大众教育发展的需要，并最终从现代教育体制中退出。

最后，19 世纪以来逐步确立的僧伽等级制度和佛教教义研究的保守主义倾向遏制了佛教内部的活力。佛教教义研究的保守主义因素表现在两个方面。一方面，正确的实践与正统观念（Orthopraxy-Orthodoxy）分离，轻教义、重仪轨。在暹罗的佛教传统里，僧伽内部的争论往往聚焦于僧伽戒律而非教义，认为正确的行动就会导致正确的结果。另一方面，作为国家意识形态的佛教与政府观念有密切关系，是政治行为的合法化依据。国家对宗教进行直接控制，强调宗教不仅支持王权，还支撑整个国家。僧俗界限分明，禁止僧人参政，否定了宗教对于现实的批评功能，保守主义的佛教知识体系缺少对于现代社会的解释能力。[②] 曼谷王朝五世王颁布的 1902 年僧伽法令建立了以曼谷为中心的全国性的僧伽组织，确立僧伽体系的等级秩序，比丘若想获得较高的学位和僧衔，就必须遵循对经典的正统解释，难以在制度内进行佛教改革或参与敏感问题的讨论。

到了 20 世纪早期，佛教在暹罗面临各种困境。一方面，佛教的多种社会功能被分化和取代，佛僧作为知识精英和精神领袖的地位正在下降；另一方面，僧伽组织变得更制度化和科层化，导致佛教给人一种衰落的宗教形式主义印象。知识阶层开始质疑自身的宗教身份：佛教能否适应现代社会？佛教与科学有什么联系？佛教能为现代生活提供何种价值？佛教应当成为一种避世的个人生活方式，还是应当提倡积极入世的社会活动？[③] 现代的泰国还必须是一个佛教国家吗？作为现代国家的公民还

① Tambiah, S. J., *World Conqueror and World Renouncer: A Study of Buddhism and Polity in Thailand against a Historical Background*, Cambridge: Cambridge University Press, 1976, pp. 219 – 220.

② Jackson, Peter A., *Buddhadasa: Theravada Buddhism and Modernist Reform in Thailand*, Chiang Mai: Silkworm Books, 2003, pp. 17 – 31.

③ Tambiah, S. J., *World Conqueror and World Renouncer: A Study of Buddhism and Polity in Thailand against a Historical Background*, Cambridge: Cambridge University Press, 1976, pp. 406 – 409.

必须是一个佛教徒吗？在这种情形下，如何解决公民－文化（佛教徒）身份内在的紧张关系成为迫切的社会问题。暹罗的佛教传统走到了一个历史转折点，佛教改革派应运而生。

佛使比丘：泰国佛教改革运动领袖

佛使比丘（1906－1993）是当代泰国佛教改革派中最重要的领袖人物。2006年5月28日，在佛使比丘百年诞辰之际，《曼谷邮报》（*Bangkok Post*）刊载纪念文章，称"佛使比丘在重塑泰国佛教并使之适应现代世界方面发挥了最为重要的作用"①。在论述佛使比丘的佛学思想之前，先让我们来了解佛使比丘所处的时代以及他的思想经历。②

佛使比丘原名尔（Ngerm），于1906年出生于泰国南部素叻他尼府猜耶县一个富裕的商人家庭，父亲为华裔。在二十岁那年，他按照暹罗社会的习俗出家，取法号"因陀般诺"（Indapanno，意思为"大智慧"），不久后他对学习佛法和宣讲佛法产生了浓厚的兴趣。1928年，他来到曼谷的帕图孔卡寺（Pathum Khongkha）求学，但没有找到理想的老师。他不满于寺院刻板的教育方式和戒律松弛的风气，于两个月后返回家乡。1929年他成为当地一所寺庙的佛学院教师。他的家人希望他重新到曼谷学习，以获得更高的佛学学位。迫于家庭的压力，佛使比丘于1930年再次来到曼谷，年底通过巴利语三级考试，取得大比丘（Phra Maha）的资格。但是他的兴趣超出了巴利文与典籍学习的范围，他学习了科学、摄像、无线电等。他自学三藏教典（Tipitaka），认为前人对经书的注释与经书的原义相差甚远，他的理解与正统的解释极为不同。1931年，佛使比丘没有通过巴利语四级考试。

1931年底，佛使比丘写信给他的弟弟法使居士，决心离开一度认为适合停留的曼谷，并表明这将是最后一次在曼谷修学。他在信中说："我希望找到一个远离外在与内在干扰的修行场所，让我详细验证曾经学过

① "The Legacy of Thailand's Reformist Monk", *Bangkok Post*, 2006－5－28, p. 5.

② 关于佛使比丘的思想经历，我主要参照佛使比丘年轻时代的自传《解脱自在园十年》（佛使比丘：《解脱自在园十年》，香光书乡编译组译，香光书乡出版社，1994）以及其他相关资料。

的佛法课题，并且希望对佛法多些了解。……从今以后，我将不再随波逐流，我要远离世俗寻求清净，并跟随最近才刚发现的圣人足迹而行。”①

与弟弟达成共识之后，佛使比丘于1931年底回到家乡，独自栖居在森林中一所被废弃的寺庙里，称之为“解脱自在园”（Suan Mokkhabal-arama），这是他试图在僧伽等级制度的体系之外进行佛教改革的开始。他后来在自传中写道：“如果我没记错，我是在一九三二年五月十二日左右搬进去的，同年六月，泰国政体由完全的君主政体变为半君主的民主政治，所以解脱自在园的创始日期刚好可以用一句很短的话来牢记：它‘与政治体系变革同一年’。我们认为这个巧合对我们搬进新的地方是一个好征兆，我们希望借着这个因缘全力修正、改进许多事情。”② 他在佛前发誓：“我誓以今生献给佛陀。我是佛陀的侍者，佛陀是我的主人。因此，我更名为‘佛使’（Buddhadasa）。”

从1932年5月开始，佛使比丘在园内独自悟道长达两年，直到1938年另一位僧人来到这里。此后，他在森林中成立了禅坐中心，并终生致力于向大众推广禅修。从1933年开始，佛使比丘和弟弟法使居士开始出版季刊《佛教》（*Buddhasasana*），这是当时曼谷以外的唯一一份佛教刊物，并很快因为新观念、可读性和洞见赢得了声誉。佛使比丘还成立“法施社”（后来的法施基金会）以帮助人们正确地理解佛法的原则。

佛使比丘是一位学者型僧人。他提倡回到佛法的源头，通过研修巴利文佛教典籍来认识佛法的本来面目，破除在佛法流传过程中掺杂的外道思想。他本人编译了一系列巴利文经典，例如《世尊传》《佛说四念住经》《佛说四圣谛》等。1937年，暹罗著名的佛教大学——蒙固佛教大学将《世尊传》列为教科书，这也显示了佛使比丘对于法宗派的影

① “附录一：佛使比丘给弟弟法使居士的信”，参见佛使比丘《解脱自在园十年》，香光书乡编译组译，香光书乡出版社，1994，第83－84页。该译本译自1990年出版的英文版《解脱自在园十年》（*The First Ten Years of Suan Mokkh*），泰文原本于1943年首度以散文形式刊载在《佛教》（*Buddhasasana*）杂志，是佛使比丘年轻时代写作的自传。泰国语言学家认为本书文字优美，描述生动，是目前最好的泰语文学作品之一。当泰国社会科学协会的大学出版社将泰国文学的经典之作编辑出版时，也收录了佛使比丘的这部作品。参见 Jackson, Peter A., *Buddhadasa: Theravada Buddhism and Modernist Reform in Thailand*, Chiang Mai: Silkworm Books, 2003, p12.

② 佛使比丘：《解脱自在园十年》，香光书乡编译组译，香光书乡出版社，1994，第23页。

响。同时，佛使比丘并不局限于南传佛教的传统，而是以开放的心态向北传佛教和其他宗教学习。他从1937年开始翻译北传佛教经典；从1942年开始，佛使比丘主办的《佛教》刊物开始刊登有关北传佛教的文章；1947年，他将《六祖坛经》翻译为泰文，而且在他的各种论著中屡屡引用北传佛教中“空”的观念。佛使比丘甚至还学习《圣经》，以佛教的眼光来解读基督教经典，宣扬宗教之间的共同精神。正是这种兼收并蓄的学习态度，使他能够突破传统南传佛教教义的解释框架，创造性地引入了新的思想元素。

除了研习和实践，佛使比丘还投入大量精力教授佛法。他的见解通过讲座和广播讲话等形式产生了广泛的社会影响。1940年，佛使比丘在曼谷佛法学会（后改名泰国佛教总会）发表演讲“进入佛道的方法”。从演讲中可以看到佛使比丘成熟的教导风格的主要特点。他的演讲语言平易、理性、清晰，没有繁文褥词。他不绕圈子，集中探讨法，试图显示任何普通人都能够自学和实践真理。在接下来的几年中，佛使比丘继续在佛法协会发表了名为“和平：实现佛法的成果”（1942）、“佛法与和平”（1946）、“佛法与民主的精神”（1947）和“佛法道路中的障碍”（1948）等演讲。通过这些演讲，佛使比丘已经被牢牢地树立为一个创造性的、不惮于表达大多数人所不能接受的观点的自由思想家。[①]

从20世纪50年代开始，佛使比丘频繁在知识阶层中宣扬佛法。例如1956年他在法律工作者学会开示“佛教的核心”，演讲后来结集为《人类手册》[②] 出版，成为他的重要作品。此后，他还多次为司法工作者和法律系学生开示。1961年，佛使比丘在曼谷西利拉医院的佛学社做了三次演讲，记录后结成《菩提树的心木》一书。同年，他还参与在泰国著名学府朱拉隆功大学举行的“大学内的佛学”讨论会，并向大学生做了七次开示。佛使比丘还曾多次在全国教师会议和教师协会的会员大会

---

① Santikaro Bhikkhu, “Buddhadasa Bihkkhu: Life and Society through the Natural Eyes of Voidness”, in Christopher S. Queen and Sallie B. King, eds., *Engaged Buddhism: Buddhist Liberation Movements in Asia*, 1996, Albany, New York: State University of New York Press, 1996, pp. 153 - 154.

② 《人类手册》的中文版名为《人生锦囊》（佛使尊者：《人生锦囊》，郑振煌译，慧炬出版社，1996）。也可参见佛使比丘《人类手册》，香光书乡编译组译，来自 http://www.mba.net.my。

上发表演讲，启发教师如何运用佛法来发展教育事业。通过这一系列努力，佛使比丘使得当代泰国的不少知识精英恢复了对于佛教的兴趣和信心，并促使他们通过实践佛法来解决现代社会的诸种问题。

正如佛使比丘在早年所表明的那样，他要在一个政治体系变革的时代全力改进人们的思想。佛使比丘不空谈经书，而是大胆地针对社会现实，从佛法的角度切入重大的社会与政治议题。在20世纪40年代的战争背景下，佛使比丘在“佛法与和平”的演讲中指出，泰国驱逐日本占领军队将会带来更多的和平。他认为没有对于佛法的正确理解，人类的欲望就会无限制地扩张，导致暴力和压迫，只有当每个人认识到佛法，才会有希望获得真正的和平，佛祖的目标是世界和平。

20世纪70年代，佛使比丘开始了关于社会主义的系列演讲：“民主典范，社会主义”（1973）、“佛教原则中的社会主义”（1974）、“利世的社会主义”（1975）等。这些演讲是对泰国社会政治形势的直接回应。那时，越南战争仍在进行，泰国的进步学生运动和劳工运动要求驱逐美国设在泰国的军事基地，国内的民主政治运动也日益高涨。泰国的右翼政治派别频繁以反对共产主义的名义迫害左翼运动分子，共产主义或者社会主义是相当敏感的政治话题。而佛使比丘却在此时期谈论社会主义，并逐步发展出他后来所说的“法的社会主义”。

20世纪80年代以来，泰国经济快速发展所引发的各种环境问题引起了社会各界的关注，佛使比丘关于自然与环境保护的论说受到重视。佛使比丘主张人类应当向自然学习，那样就不会因为自私而破坏自然。他指出当代社会的悲剧之一在于：“物质进步滋养了自私，自私又滋养物质进步，直到整个世界充满了自私。”① “只有真正的佛教徒（拥有佛法并理解佛祖的人）能够保护自然，而那些名义上的佛教徒却做不到这点。真正的佛教徒能够维护深层次的自然，即精神的自然。虚伪的佛教徒不能保护自然，即使是物质上的自然。当精神上的自然被很好地

① 原文出自佛使比丘的“佛教徒与自然保护”，转引自 Santikaro Bhikkhu, “Buddhadasa Bihkkhu: Life and Society through the Natural Eyes of Voidness”, in Christopher S. Queen and Sallie B. King, eds., *Engaged Buddhism: Buddhist Liberation Movements in Asia*, Albany, New York: State University of New York Press, 1996, p. 161.

保护，那么，外在的物质上的自然也能够受到保护。”[①] 他这些论述尖锐地批评了现代社会的物质主义倾向，为当代泰国的环境保护运动提供了伦理基础。

自 1932 年开始直到 1993 年圆寂，佛使比丘在森林中度过大半生。在他的身上融合了村镇僧人和丛林僧人的传统。他坚持丛林僧人的苦行实践，同时又积极向大众宣法，是一位勤奋的学者、多产的作家和杰出的演说家。在长达六十余年的佛教生涯中，佛使比丘通过自身的禅修实践来体证佛法，通过研习经典来深化对于佛教精髓的理解，同时，他还致力于用佛法来引导大众解决重要的现实问题。20 世纪 80 年代以后，佛使比丘获得了极高的社会声誉：他成为暹罗协会[②]的名誉委员，也是获此殊荣的第一位僧人；尽管佛使比丘只受过十年的正式教育和初级的巴利语教育，却荣获朱拉隆功佛学院等六所大学授予的名誉博士学位；他的著作和演讲记录摆满了泰国国立图书馆的一个展厅。泰国社会中的知识精英，尤其是年轻一代，都深深受到他的教法的启发。我们可以说，佛使比丘是当代泰国成功地在僧伽体制之外进行佛教革新，并最终获得泰国主流社会认可的思想家。

佛使比丘对南传佛教教义的重新阐释

佛使比丘对佛学的重新诠释建立在对时代与社会的关切之上。在我看来，他所要解决的总的问题是如何重塑现代公民的宗教观。佛使比丘力图重新界定三个方面的问题：佛教与世俗生活的关系，佛教与政治社会的关系，以及佛教与其他宗教的关系。他通过一系列阐述以及推广森林禅修运动[③]，不仅试图消解在传统语义中存在的现实与理想、政治与

---

① 原文出自佛使比丘的“佛教徒与自然保护”，转引自 Santikaro Bhikkhu, “Buddhadasa Bihkkhu: Life and Society through the Natural Eyes of Voidness”, in Christopher S. Queen and Sallie B. King, eds., *Engaged Buddhism: Buddhist Liberation Movements in Asia*, Albany, New York: State University of New York Press, 1996, p. 161.

② 暹罗协会（The Siam Society）成立于 1904 年，是由泰国国王资助的学术团体，其宗旨是通过泰国以及国外学者之间的合作来促进对于泰国及其邻近区域的研究。暹罗协会的名誉委员由知名的国内外文化人士和学者担任。

③ 我将在下一章详述佛使比丘推广森林禅修运动的努力。

宗教、入世与出世、社会与个人、现代民主与政治传统、西方与东方等的价值对立，而且还试图表明所有这些对立面都可以经过佛教世界观得以融合，从而为确立现代公民的文化身份提供了现实路径。

（一）佛教与世俗生活：现实的涅槃观

佛使比丘所进行的佛学诠释，最根本的目的是要将佛教从抽象的宗教观念转变为一种能够指导现代世俗生活的思想体系，也就是说，要将宗教当中对于彼岸的终极价值诉求转化为此岸社会的日常实践准则。他十分强调佛教在当代社会中的现实功能，反对将佛法当作与现实相隔离的抽象思想："我们听闻佛法，把它当作药来研究，却不觉得自己生病了。我们学佛只是为了把佛法储藏起来，然后束诸高阁，或者拿佛法当作讨论、辩论或斗争的主题。如此一来，佛法又怎能治疗这个世界呢？"[①]佛使比丘还呼吁："让我们使佛法能够确实裨益社会，而非沦为嘲弄的对象。"[②] 那么，如何才能重新界定佛教与世俗生活之间的联系呢？佛使比丘通过重申佛教的根本教义和破除传统佛教教义中的三世两重因果说来奠定新说的理论基础，并在此基础之上指出了获得涅槃的现实途径。

在当下灭苦：彻底批判三世两重因果说

南传佛教经典一般认为业的轮回是对现实生活产生影响的决定性因素。公元 5 世纪斯里兰卡僧人觉音（Boddhaghosa）法师在他的《清净道论》（Visuddhimagga）中对佛教中的缘起说进行发挥，提出三世两重因果说，即前世是今世的因，今世又是来世的因，人们的道德行为所产生的业将在前世、今世和来世之间轮回。[③] 三世两重说让佛教徒甘心接受现世的命运，并通过布施等行为来谋求改善来世的命运。其消极意义在于，今世的作为不能在今世直接得到果报，命运已经被前世决定因而是无法改变的。

佛使比丘在《人类手册》和《生活中的缘起》等著作中对佛教缘起思想进行了澄清，对三世两重说进行了批判。佛使比丘认为，公元 5 世纪以来一直主导南传佛教思想的觉音法师之三世两重因果缘起说违背了

① 佛使比丘：《菩提树的心木》，郑振煌译，慧炬出版社，1989，第 8 页。

② 同上书，第 8 -9 页。

③ 参见觉音《清净道论》，叶均译，中国佛教协会，1981，第 540 -541 页。

佛教的“无我”思想。说因果将在三世之间轮回，则等于说有作为本体的“我”的存在。佛使比丘指出：“把缘起教导成有个生生世世流转的自我，不但违反缘起法则，也违反佛陀说法的原则——要让人类彻底止息或超越任何一种自我。”①

佛使比丘在著述中多次指出，无我是佛家的基本教义，但是佛教徒对无我的认识不清，在解释“业”和“涅槃”时，误把印度教的教义当作佛教的教法，这种误解使人执着于自我，严重妨碍了佛法的研究、修持和弘传。佛使比丘阐明，佛陀倡导人们抛弃所执着的每一种自我：肉体的自我、灵体的自我和意识的自我。自我不过是无明会和错误观念造出的幻相：“自我只是幻想或幻象的代名词，只要人们执着它，它就存在；当不再执着时，它就会自然消失。”② 他还指出，人类的痛苦正是来源于对“我”和“我所有”的执着：“哪个地方有执着，哪儿就有束缚，不论是正面或负面的束缚，两者同样都会捆绑人。只要执着事物为‘我’或‘我所有’，便产生系缚，而人一旦陷入束缚之中，就好比身陷囚狱一般了。”③ 佛使比丘一再强调佛教的根本教义，即只有“放下自我，才是痛苦止息处”。④

佛使比丘进一步指出，觉音的三世两重说妨碍了人们在此生此世实践佛法。“这种说法最大的损失就是无法自由自主地控制烦恼、业，因为我们和烦恼、业存在不同的时空中，……如此我们就无法从行为（业）中受益了，也就是说，我们没有立即接受业报的自由。当以此种方式解释缘起时，就表示我们无法在今世做任何事，且在今生得到令人满意的果报。”这违反了佛陀所宣说的佛法的原则：直接体证，当下可以得到成果。⑤

---

① 佛使比丘：《生活中的缘起》，香光书乡编译组译，香光书乡出版社，1995，第24页。1971年，佛使比丘著《十二因缘》，中文版译名为《生活中的缘起》。佛使比丘在开篇建议学习者用该书作为学习缘起的基本原则。

② 佛使比丘：《无我》，香光书乡编译组译，香光书乡出版社，1997，第96页。佛使比丘在1939年写成了《无我》一书，最初刊行于法施社出版的《佛教》上。

③ 佛使比丘：《生命之囚》，香光书乡编译组译，香光书乡出版社，1997，第16页。这本小册子是佛使比丘于1988年2月在解脱自在园对前来禅修的外国人讲授课程的译本。这场演讲直指佛教的核心——不执着。

④ 佛使比丘：《无我》，香光书乡编译组译，香光书乡出版社，1997，第114页。

⑤ 佛使比丘：《生活中的缘起》，香光书乡编译组译，香光书乡出版社，1995，第108－109页。

为此，佛使比丘提出“缘起不是三世轮回”的诠释思路，提出在当下的日常生活中来灭苦。[①] 佛使比丘认为：“所谓的轮回，不应该理解为所谓的宿世、今世和来世，事实上这是由‘贪欲’、‘随着贪欲去做’和‘从贪欲的行动所生起的果报’这三种组合而成的圈子。”[②] 佛使比丘还通过区分日常语言与法的语言，重新诠释轮回中的“生”的含义：“‘有’和生这两个字并不是指从母亲的子宫生出来，而是指从执取中生出，且发展出‘我’的感觉，这才是生。”[③] 这也正表示：“有和生来自于受、爱、取，并不需要等到死后投生才产生。有和生随时随地都会发生，在一天之中，不知会发生多少次：一旦存有与无明相应的受，就会产生某种着迷的‘喜’，这就是执着，接着发展出当下的有和生。……就法的语言而言，一个人可能在一天中出生好多次，每一次产生‘我’‘我所有’，就称为一次的有和生，一个月内可能是数以百计，一年中数以千计，一生中则可能是成千上万的有和生。”[④]

佛使比丘还批判了传统佛教教义中的宇宙观与轮回观念。过去，人们一般认为死后将会依据业投生到不同的境地。佛使比丘却认为在善恶之间轮回不是死后的事情，而是发生在现实生活中的。所谓的八趣只是以比喻的方式来说明人们的生存状态。例如比丘、沙弥、在家信徒、居士或世界上任何人，如果因为“我”“我所有”的念头而焦虑焚心，当下他就身处地狱；如若一个人愚痴，那么他就是个驽钝的畜生；任何人任何时刻因为“我”“我所有”等念头产生精神上的饥渴那么就生为饿鬼；如果恐惧、怯懦，就生为阿修罗。[⑤] 因此，人们应当将关注点放在现实生活中，而不是虚幻缥缈的来世，通过专注于当下的触来引生智慧并防止苦的生起：“如果整天都保持醒觉，不令我慢生起，不令‘我’‘我所有’等自我意识、自我主义生起，这才是‘不生’。没有‘我’‘我所有’等念头而且恰到好处地做事，这是一种享受，也正是佛陀教

---

① 吕凯文：《佛使比丘对于缘起思想的反省及其意义》，《法光杂志》，http://www.wuys.com，2010 年 1 月 5 日。

② “不值得拿取，不值得成为”，参见佛使比丘《人类手册》第二章，来自 http://www.mba.net.my。参见《人生锦囊》，第 21－22 页。

③ 佛使比丘：《生活中的缘起》，香光书乡编译组译，香光书乡出版社，1995，第 82 页。

④ 同上书，第 83 页。

⑤ 佛使比丘：《生命之囚》，香光书乡编译组译，香光书乡出版社，1994，第 55 页。

诲的精髓。”[①]

通过彻底批判三世两重说，佛使比丘重申佛教的根本教义——无我，并强调苦的生起及止息的各种成因均存在于当下，因与果均存在于我们所可及的今生今世。在此基础上，佛使比丘提出了新的涅槃观。

空掉自我即可涅槃

佛使比丘深感在瞬息万变的现代社会，人们常常受到烦恼的干扰而导致精神紧张或心理疾病。他提出用佛法解决当代人的精神问题：“如果我们想在此时此地建立一个佛教的社会，就必须先知道它的终极目标，才能够使工作顺利地进行，也就是使佛法能够迅速而直接地治疗精神疾病。”[②] 那么，当代人的精神疾病由何而来，又该如何解决呢？

佛使比丘认为，精神疾病的细菌寄生在“我”和“我所有”的感觉上，因此，只有放弃“我”和“我所有”的观念，人们才可能获得解脱。他依照佛教经典，区分出执取的四种类型，即欲取（对所爱恋的事物执取）、见取（执着自己的见解）、戒禁取（执着戒条和行为方法）以及我语取（执着“我”的观念）。佛使比丘指出，人类的所有痛苦皆来自执取，在生命中的每一天认识到问题的根源——四执取，是最有智慧和最有功德的。[③]

佛使比丘借鉴了中国禅宗空的观念来阐释佛法的精髓，即不执着，心住于空，他强调只要将空当作基本原则就能在当下获得涅槃。[④] 泰国佛教界一般谈论苦、无常和无我，对于空的观念不甚了解。佛使比丘却在他的著作中一再指出，空是佛教的核心和精髓。佛使比丘引用了黄檗禅师的倡言：“空即是法，空即是佛，空即是本心”[⑤]。并具体分析了空的两种特性：第一，空是指一切事物的特性，因为一切事物都没有永恒、独立的实体，因此一切事物都展示了空的特性；第二，空是指心不攀缘执着的特性，也就是在证悟到空的真理以后，所具备的特性。[⑥] 他反复强调，如果空掉了自我和对一切事物的攀缘执着，就可以彻底止息

① 佛使比丘：《生命之囚》，香光书乡编译组译，香光书乡出版社，1994，第61页。
② 佛使比丘：《菩提树的心木》，郑振煌译，慧炬出版社，1989，第8－9页。
③ 佛使尊者：《人生锦囊》，郑振煌译，慧炬出版社，1996，第31－33页。
④ 佛使比丘：《菩提树的心木》，郑振煌译，慧炬出版社，1989。
⑤ 同上书，第17页。
⑥ 同上书，第93－94页。

“我”和“我所有”，从而消除苦并治愈精神的疾病。

依据对于空的阐发，佛使比丘批评了将涅槃视为生命不再轮回的错误理解，而把涅槃解释为每个人都能达到的最高的生命境界。他引用巴利文佛经中的原话“涅槃是至高无上的空”，将之解释为：“不论何时，只要心空掉贪、嗔、痴，当下就没有自我的感觉，这就是所谓的‘空心’。‘毕竟空’称为涅槃，彻底地空掉自我的状态就是涅槃，……见到涅槃是至高无上的空。”[①] 佛使比丘认为，涅槃并不是在死后才能证得，而是在今生此地就能证得；只要人们能够在当下空掉自我，就能在当下涅槃；如果能彻底空掉自我，就能成为阿罗汉，这也就是佛陀所说的“如果所有比丘过正道的生活，世上就不会缺少阿罗汉”。

在获得涅槃的具体路径方面，佛使比丘特别强调个人的内心体验，劝导人们遵从佛陀的教导——向内观照，智者亲自体证。他批判当代泰国信众片面追求布施带来的功德：“寺院中一般人所谓‘供僧’的大功德，实际上只是五欲的追求而已，而真正的大功德是如佛陀所说的——弹指顷修成无常想，这样的功德远超过供僧。”佛使比丘认为，只要人们在今世察觉无常、苦、无我，那么就能获得解脱，因此“乐土在人间”。[②]

佛使比丘倡导人们时时观照心念，不要让自我的观念生起，培养涅槃的习惯。[③] 佛使比丘系统提出了两条修行途径：以自然方式证得观慧和以组织化的训练证得观慧。以自然的方式修行适合每一个人，基本的要求是必须于日常生活中“观察万物是不值得获取和成为的”，如果能够从一向视为“我”和“我所有”的外物获得解脱，人们就会逐渐趋近涅槃。[④] 佛使比丘还介绍了组织化的训练方法，即包含有七个步骤的内观法门（毗钵舍那）。通过内观法门，修习者将解脱一切欲望。[⑤] 佛使比丘关于空即是涅槃和对于涅槃途径的论说，突出了个体的

---

① 佛使比丘：《一问一智慧》，香光书乡编译组译，香光书乡出版社，1994，第 91 - 92 页。1966 年 1 月，佛使比丘在泰国法政大学为学生做了两次演讲，后来结集为《给学习者的法义原则》，中文译本名为《一问一智慧》。

② 同上书，第 130 - 132 页。

③ 佛使比丘：《生命之囚》，香光书乡编译组译，香光书乡出版社，1994，第 50 页。

④ 佛使尊者：《人生锦囊》，郑振煌译，慧炬出版社，1996，第 61 页。

⑤ 同上，第 63 - 73 页。

自主性。

工作就是修行

佛使比丘在早年曾谈到自己的丛林修行体验，并提出了一个问题："不执着应该不仅是因为身无长物，没什么东西可以执着，更是因为对自己所拥有的一切不执着。那么，拥有一些足以利益更多人的东西，却没有执着的负担，可能做到吗？这是很值得尝试的。"①佛使比丘的学说是直切这一主题来展开的，即如何处理现实生活与佛教实践的关系，如何处理财富、地位、声望和尊严与佛法之间的关系。

佛使比丘在关于空的解释中提出，只要空掉贪、嗔、痴，人人都可在当下涅槃，从而将获得解脱的目标和途径拉回到现实的日常实践中。他说："佛法可以在我们的日常生活中实践。没有必要把佛法从日常生活中分离，这是一种非常高层次的修行。如果我们有正念和正定，不仅我们的工作会成功、不会出差错，同时佛法将在我们的心中发展和滋长。'不拥有'和'不获得'将变成心的常态。"② 在此，佛使比丘要解决一个重要问题——空心或涅槃与社会责任的关系，即空掉自我是否意味着出离世间，而清净的涅槃是否又意味着停止行动呢？

佛使比丘驳斥了关于"空就是一无所有"的论断，提出以空心来更有效率地满足生存需求和履行社会职责。他指出所谓过正道的生活，就是以空心来生活："虽然继续要说，要想，要做，要寻找、使用、消耗物品，却不执取其中任何一事一物为'我'或'我所有'，只是持续醒觉地、智慧地去做，亦即时时起观照而行——这就是所谓'过正道的生活'。"③ 佛使比丘试图说明，空心不仅不会妨碍人们的社会活动，相反，以空心来工作的人会取得更多的成果。佛使比丘说："当下不依靠或已没有欲望时，并不等于我们不能再做任何事。相反，我们仍可做一切事务，所不同的是，这是以悲智的动力，而以不想拿取、不想成为的感觉来做事……假如以欲望为出发点，那由始而终，不可否认的必定是一直处在烦躁热恼中。反之，假如是以智慧做事，那由始至终都不会烦躁热恼，

① 佛使比丘：《解脱自在园十年》，香光书乡编译组译，香光书乡出版社，1994，第38－39页。

② 佛使比丘：《菩提树的心木》，郑振煌译，慧炬出版社，1989，第101页。

③ 佛使比丘：《一问一智慧》，香光书乡编译组译，香光书乡出版社，1994，第108页。

成果必然不同。”[①]

佛使比丘多次强调下述观点：“我们切勿认为：没有生就是空得什么感觉都没有。它不是像木桩一般地僵硬站着。相反，证得涅槃的人是非常活跃的。‘生’‘我’的毕竟空，就是拥有圆满的智觉，不管做什么，都一切无碍。……空了‘我’的人，也就是证得涅槃的人，什么都会做，而且不做错。他的行动很多，既快又好。”[②]

在佛使比丘看来，以空的状态来完成工作将是一种乐趣，而且工作本身就是修行：“修行就在工作中，工作自有修行。换句话说，工作而不攀缘执着，就是修行。因此，不管你是在训练你的心不执着，或是在从事某种行业以维持生计，如果你都是出于不执着的、空灵的心，当下就是修行，哪怕你是在办公室、工厂或其他地方，都有如身在道场修行。”[③] 同时，佛使比丘还强调，当工作获得了成果，无论名利，千万不要执着于工作成果，否则将会因为执着于成功的滋味而燃烧心中的欲望。这也就是他所说的：“以一颗空灵的心做一切事，再把一切成果回向虚空。”[④] 佛使比丘还提出“做而无做者”的原则，即“工作是做了，却没有做者；道路是走了，却没有走者”[⑤]，其核心思想是以不执着的心态来履行社会责任和实现生命轨迹。

通过对于以空心来工作的理解，佛使比丘反对将佛教仅仅理解为寻求个人解脱的宗教，而试图将佛教与社会价值的实现联系起来。他在初创解脱自在园的时候就谈到法与社会的问题：“有人错误地认为佛教与社会没有太多关系，或者只有较低程度的关联。一些人误会甚深，说严格遵循佛教原则会使得他们难以实现有利于社会的事情。我认为这些理解不符合真理。然而，我们能够发扬这样一种理解，通过它我们有利于社会的行为能够成为我们自己最高的精神收益。因此，我试图增进社会利益。……此外，我努力指出社会利益和为了社会利益而采取的行动是通

① 参见佛使比丘《人类手册》第二章——“三法印”中“洞察‘拥有’和‘成为’真相”，来自 http://www.mba.net.my。

② 佛使比丘：《菩提树的心木》，郑振煌译，慧炬出版社，1989，第 31 页。

③ 佛使比丘：《何来宗教》，郑振煌译，慧炬出版社，1992，第 53 页。

④ 同上书，第 53 页。

⑤ 佛使比丘：《菩提树的心木》，郑振煌译，慧炬出版社，1989，第 100 页。

向涅槃的前提。”①

总而言之，佛使比丘的上述学说对佛教与世俗生活的关系进行了重新定义。他通过破除三世两重因果说，让佛教徒将人生的关注点放在今世，而不是所谓的来世。佛使比丘认为，精神上的平静状态就是涅槃，每个人都能在此生达到涅槃；在每个人心中都有佛，所有人都可成佛。他还反对佛教中的仪式主义，倡导人们在日常生活中实践佛法，并提出工作就是佛法实践。佛使比丘的论说着眼于信徒如何在世俗生活中完善自我，具有鲜明的理性主义风格。他的思想打破了世俗和神圣的界限，通过树立现实的和平等的涅槃观，为当代公民实现社会价值提供了依据。

佛使比丘对佛教教义的诠释具有潜在的政治意涵。他提出减轻世界痛苦的行为可以通向涅槃，因此，佛教徒有责任为一个更加公正和平等的社会而努力。有学者指出，以佛使比丘为代表的佛教改革派在教义上的创新，对于宗教参与的本质、僧伽的角色和政治理论都有重要的意义。他们倡导的顿悟冥想表达了佛教的民主化大众参与的诉求。佛使比丘对佛教文本的重新阐释形成了对僧伽解集权控制的呼声的基础，面对僧伽与国家的制度化的道德与政治权威，佛使比丘提出的观念维护了个体的道德权威。②

（二）佛教与政治社会：法的社会主义

在泰国民族国家的形成过程中，佛教成为意识形态中的保守因素，这主要体现在两个方面：一方面，僧伽被要求服从世俗权威，不得参与政治，国家在宗教与政治之间划定了鸿沟；另一方面，南传佛教中盛行的三世两重说为传统社会秩序提供思想支持，人们被要求顺从命运的安排，泰国社会中的激进政治力量被斥责为反宗教的和非泰的。然而，在当代泰国，政治参与日益成为公民权利的内在要求。泰国在 1932 年确立

---

① 原文出自佛使比丘的泰文著作《佛教与社会》，转引自 Santikaro Bhikkhu, “Buddhadasa Bihkkhu: Life and Society through the Natural Eyes of Voidness”, in Christopher S. Queen and Sallie B. King, eds., *Engaged Buddhism: Buddhist Liberation Movements in Asia*, Albany, New York: State University of New York Press, 1996, p. 163。

② Phongpaichit, Pasuk and ChrisBaker, *Thailand: Economy and Politics*, Kuala Lumpur: Oxford University Press, 1995, p. 378.

了君主立宪制度，在20世纪70年代经历了现代民主运动的高潮，在这种情形下，如何理解佛教与政治的关系呢？佛使比丘自称为激进的保守主义者，他面对现代社会的政治要求重新塑造泰国佛教。

1973年10月14日民主运动之后的1974年到1975年，是泰国社会吁求民主政治改革的高潮期。在此期间，相当多的知识分子在泰国国内倡导激进的政治变革。在这种情形下，佛使比丘发表了三个关于社会主义的演讲，分别是“民主的社会主义”、“独裁的法的社会主义”和“利世的社会主义”。如果说佛使比丘在此之前关于无我、空和涅槃的学说通过发扬佛教与社会现实的关系以及佛教中的平等观念而具有潜在的政治意涵的话，那么，佛使比丘在这一阶段则明确论述了佛教与政治的相关性。他提出：“政治是一种处理事情的方法，用来处理因愈来愈多人生活在一起所产生的问题，这是政治基本的意义，因此，我们可以确定政治是道德或宗教的。”① 他还说：“宗教与政治有其基本的关联。宗教是最完美的道德，既然政治系统必须是一套道德系统，政治与宗教就具有共同的基础。”② 在他看来，所有的政治问题都是精神问题和意义的问题，而不仅仅是权力的问题。因此，他认为要解决政治问题必须首先解决精神上存在的问题。

佛使比丘借用“社会主义”这一术语来论述他的政治哲学观念。社会主义一般被理解为一种特殊的政治制度，佛使比丘却从佛教教义的角度出发，发掘社会主义作为一种价值原则所具有的普遍意义，并将之概括为“法的社会主义”。他从三个方面来阐释法的社会主义：社会主义体现了无我的精神，是最好的道德；法的社会主义遵循的是自然法则；法的社会主义优于自由主义民主。

佛教与社会主义

在佛使比丘看来，现代社会的主要问题是道德问题，是产生于人心的自私和贪婪，只有去除人们心中不断膨胀的欲望，才可能实现正常的社会秩序。社会主义是一种最好的道德形式，因为社会主义强调的是社

---

① Swearer, Donald K., ed., *Me and Mine: Selected Essays of Bhikkhu Buddhadasa*, New York: State University of New York Press, 1989, p. 182. 译文参照了中文译本佛使比丘《法的社会主义》，香光书乡编译组译，来自 http://www.gaya.org.tw。

② Ibid, p. 183.

会整体的利益，而非个人利益。佛使比丘说："就其理想而言，政治是处理社会合作需求的道德制度，所以基本上，社会主义比其他任何主义更具有道德意义。"①

佛使比丘认为，在道德意义的层面上，佛教与社会主义具有共同点。他将佛教的根本教义"无我"当作社会主义的基本精神，提出社会主义的生活就是以无我的方式生活，也就是不执着于"我"与"我所有"，并顾及他人的生存和感受的生活方式。"当我们信受奉行宗教时，就会以无我的方式生活和思考，不再执着，这样的生活可称为是社会主义的生活，它可以解决社会群体所产生的问题。"②

同时，佛使比丘还认为佛教是社会主义性的宗教，这体现在佛教的基本精神和僧伽的组织形式当中。佛教的基本精神在于，只取个人所需，剩余的供别人使用，这也正是社会主义的最高理想；所有佛陀的教法都含有社会主义的精神，在僧伽组织中能够发现最好的社会主义生活原则。例如僧人不可随其所好地取用食物，不需要吃得太好，不可有多余的财物，如果有的话，必须分予其他僧众，由此创造出一个没有妄求的社会。③ 佛使比丘说："每一个宗教的创始者都希望人们能依照社会主义的原则过活，依社会整体的利益而行，一旦人们将个人的利益摆在社会利益之前时，我们就会被烦恼所控制，也就是说，人们变成私欲的奴隶，尤其佛教的教义更表达出佛教是一种社会主义性的宗教。"④

在佛使比丘看来，佛教与社会主义具有共同的价值准则，都有益于维系社会道德，二者的结合可以称为"法的社会主义"。佛使比丘还进一步论述说，真正的社会主义是由法所建立的，有道德的政治体制就是在奉行佛法。佛教的社会主义理想在"菩萨"的观念中充分表现出来，菩萨是能为他人牺牲自己生命的人，佛教推崇这种理想，是因为整个佛教思想中都含有社会主义的倾向。⑤ 法的社会主义就是团体中互相依存

---

① Swearer, Donald K., ed., *Me and Mine: Selected Essays of Bhikkhu Buddhadasa*, New York: State University of New York Press, 1989, pp. 182 – 183.

② Ibid, p. 180.

③ Ibid, p. 172.

④ Ibid, p. 172.

⑤ Ibid, p. 197.

的方式，和谐平衡是佛法社会主义的特性。[1]

自然法则与法的社会主义

佛使比丘提出法的社会主义来高举社会整体利益。为此，佛使比丘特别强调自然法则，认为真正的社会主义的本质是造福整个世界，它以佛法的真理为本质，也以自然为本质。

佛使比丘多次指出，自然万物之间的相互依存是最深刻的法，是社会主义的基础。“我所说的‘大自然的道德律’是指自然界所呈现的自然状态。在我们周遭常可以看到这种自然、正常的状态，如整堆的石头、沙子、树丛和种种昆虫等，没有任何学说或社会体制规范它们共处的关系，但它们却以单纯、平衡的自然状态生活。在自然中，我们能发现道德完美的本质，这本质就是和谐、平衡与自然的状态，这些都是一体的，而且也是社会主义的基础。”[2] 佛使比丘强调，自然的本质是社会主义，就是没有东西可以单独存在，任何东西都互相依存并处于和谐平衡的状态；自然是社会主义的化身，它的特性、作用或意旨本质上就是社会主义的；纯正的社会主义体制是上帝所创造一切事物的本来面目或原始的自然状态。[3]

佛使比丘在论述政治理想时，曾屡屡以自然界生命之间的相互依存为例证，来比喻人类社会理想的政治秩序，认为那是一种平衡而纯净的状态。佛使比丘认为，当今社会的问题并不在于物质财富的绝对不足，而是在于财富的分配不均。他说：“自然是要我们每个人都只取自己所需之量。多年来，人们忽视自然，而一味地相互竞争，在能力范围内不顾一切地夺取资源，因此，造成今日的问题。”[4] 佛使比丘提出，如果人们在积累财富的时候不是以个人占有为动机，而是以全社会的财富增长为动机，并且将个人多余的财富与他人共享，那么，就能够维持良好的社会秩序。他认为如果当代资本家能够发扬佛教长者的布施精神，回报所

---

① Swearer, Donald K., ed., *Me and Mine: Selected Essays of Bhikkhu Buddhadasa*, New York: State University of New York Press, 1989, pp. 202 - 203.

② Ibid, p. 187.

③ Ibid, pp. 187 - 188.

④ Ibid, p. 174.

有予社会，那么将会化解阶级矛盾。[①]

佛使比丘明确提出法的社会主义所遵循的是自然法则，并提出只取所需，分享多余，以正见、正精进做社会服务。[②] 他试图从道德的层面去解决财富积累与社会不平等之间的矛盾，因而提出："只取自己所需之物，并为整个社会的利益去累积或做更多的生产，这就是依循自然法则的社会主义。"[③] 佛使比丘认为自私导致人与人之间的不平等和贫富悬殊，假如人人都有好的品德，就不会发生剥削他人的情况；道德会建立一个互助的体制，即纯正的社会主义。

佛使比丘一再强调回到和谐平衡的自然状态是社会主义的最终目的。例如他说："由于人们离自然的和谐平衡已经太远，因此不得不为自己建构一套社会主义的体系，以维持人类间的和谐、平衡。"[④] 佛使比丘不赞同暴力革命，而是主张以和平的方式来解决社会矛盾，并有意地将法的社会主义与暴力式社会主义或世俗社会主义相区分。在《解脱自在园十年》中，佛使比丘认为自然界的宁静状态就是社会主义的写照，并认为真正的社会主义不是暴力，而是世间的纯净与平衡："此刻我们坐在森木里，被大自然所环绕，可以感觉到自然的宁静，从这样宁静的境界，升起社会主义者的思维和感受，这是植基于自然的社会主义最深刻的内涵。此时，我们不受暴力和世俗社会主义的影响，所以心灵能保持宁静不受侵扰，可以去体解并感受遍及地、水、火与知觉等身心内外世界的一切事物，这才是真正的社会主义——纯净、平衡的自然的化身，没有期满，没有'我''我所有'的分别，这些完全不存在。"[⑤]

佛使比丘提出防范暴力式社会主义，以佛法的社会主义来取代对抗暴力式社会主义的主张。[⑥] 在当时资本主义与共产主义两大军事阵营紧张对峙的年代，佛使比丘认为，"现在我们正尝到错误行为的果报，由于我们抛弃纯正的社会主义，并创造了互相毁灭的社会主义，这种冲突简

---

① Swearer, Donald K., ed., *Me and Mine: Selected Essays of Bhikkhu Buddhadasa*, New York: State University of New York Press, 1989, pp. 190 - 191.

② Ibid, pp. 174 - 175.

③ Ibid, p. 175.

④ Ibid, p. 188.

⑤ Ibid, p. 202.

⑥ Ibid, p. 198.

直是一种疯狂的行为！……武装冲突不能解决世界的问题，它只会导致无意义且巨大的生命损失，唯一可真正解决的方法是，依事物真正的本质而活。这个本质可称为‘上帝’，它拥有绝对的力量，可维持道德，并能产生养成社会合作的慈悲。”① 他认为造成伤害、愤怒和报复的社会主义是违反佛法的。②

总之，佛使比丘强调用节制、共享的社会主义精神来约束由自私所导致的社会不公正现象，同时还主张用法的社会主义来恢复和谐平衡的社会秩序，消除意识形态对立可能导致的世界范围的冲突，这是自然法则的两重重要含义。

批判自由主义民主

佛使比丘认为法的社会主义不同于暴力式的或世俗的社会主义，同时，他还将法的社会主义与西方式的自由主义民主区分开来。

佛使比丘早年在“佛法与民主的精神”（1947）中，从佛祖的教导和僧伽的起源中探索民主价值——自由、平等和博爱——的重要性。同时，他还探讨了这三种价值的精神含义：从业的法则和隘路中获得自由，实现涅槃的机会平等，精神追求的博爱。民主有一种“自然的精神”，“为了清楚地理解民主，我们必须依赖佛祖的教导。”③ 从这些论述中我们可以看到，佛使比丘试图论证佛法契合于现代民主精神。

到20世纪70年代，佛使比丘关于现代民主的看法发生了重要的转变，他认为法的社会主义不同于自由主义民主，并对后者进行了批判。在佛使比丘看来，社会主义就是这样一种观点和态度，即共同利益优先，社会比个人更重要，社会作为整体的需要优先于个人的需要。因此，社会主义与以自私为根基的个体主义和自由民主形成了对比。佛使比丘认为社会主义优于自由主义：“社会主义注重社会的功用，并且检视、矫正社会的问题；相反地，自由主义却无法提供任何社会功能的基础，因为

① Swearer, Donald K., ed., *Me and Mine: Selected Essays of Bhikkhu Buddhadasa*, New York: State University of New York Press, 1989, p. 198.

② Ibid, p. 199.

③ 原文出自佛使比丘的《佛法演讲集》，转引自 Santikaro Bhikkhu, “Buddhadasa Bihkkhu: Life and Society through the Natural Eyes of Voidness”, in Christopher S. Queen and Sallie B. King, eds., *Engaged Buddhism: Buddhist Liberation Movements in Asia*, Albany, New York: State University of New York Press, 1996, p. 164。

它会使人们更加自私，重视自我利益甚于社会整体的利益。”[①] 佛使比丘认为，如果倡导民主政治，它必须是社会主义式的民主，而不是助长以自我为中心的个人式民主。

佛使比丘提出以“独裁的法的社会主义”来取代自由主义民主。佛使比丘将独裁作为行动的原则，提出独裁的民主政治可以迅速解决问题。他认为个人自由往往会导致社会整体利益的丧失，因此他说：“任何迷恋自由或自由民主政治的人应该谨记一件事，那就是坚持主张个人自由与根本的政治意义相违背。因为个人的自由为烦恼所惑，只会想到个人的利益，而真正的政治应考虑的是全体利益，不考虑社会整体利益的政治是不道德的政治体制。”[②]

在政治体制方面，佛使比丘反对实行西方式民主制度，也反对推翻统治阶级的暴力革命，而是主张由具足“十王法”的统治者来进行有效的统治。所谓十王法是指布施、持戒、解脱、正直、仁慈、克己、亲爱、不杀生、忍辱、不害。君主的德行是佛教“独裁的社会主义”的关键，具足十王法的君主能够真正实现社会主义。[③]

佛使比丘用南传佛教中关于法轮王的理念来解释民主政治的起源：随着人类的分化和道德的没落，产生了各种社会问题。为了解决这些问题，人民选举出有能力和公正的国王来实现社会团结。佛使比丘对泰国一百多年来实行的民主政治提出尖锐的批评。他说：“现代人都接受西方的观念，认为人人平等，受过教育的知识分子则主张每个人都有权利去管理大众的事物，而这就是民主制度。但是，今日民主政治的意义非常模糊。请各位想想看，我国过去一百多年来的民主政治，对我们升斗小民究竟有什么样的贡献？这种世俗民主政治让我们怀疑它的价值。”[④] 同时，佛使比丘也反对阶级斗争。他认为阶级不应被取消，统治的刹帝利阶级必须存在，但它必须以十王法来处理世间的事。[⑤]

总之，佛使比丘认为政治在本质上是道德问题。他将政治理想寄托

---

① Swearer, Donald K., ed., *Me and Mine: Selected Essays of Bhikkhu Buddhadasa*, New York: State University of New York Press, 1989, p. 184.

② Ibid, p. 186.

③ Ibid, pp. 191 - 192.

④ Ibid, p. 192.

⑤ Ibid, pp. 192 - 193.

在善良的君主身上，试图凭借道德来解决社会问题，这反映出佛使比丘在面对激进思潮时的保守立场。佛使比丘提出的法的社会主义，把社会主义抽象为道德观念而非政治制度；他所提出的独裁的法的社会主义试图维护传统的佛教政体，否定了社会主义与制度变革之间的关系。他还多次强调，社会主义以佛法为本质，以自然为本质，提出法的社会主义遵循的是自然法则，强调事物之间的相互依赖与和谐平衡，从根本上反对革命与暴力。

佛使比丘试图阐明佛教教义与现代政治观念之间的联系，赋予佛教在当代社会中可能具有的政治哲学意涵。他反对暴力革命，也反对盲目采用西方的自由主义民主，而是希望在佛教与王权的框架下通过道德约束来化解社会冲突。总之，他试图在佛教、传统政体与现代民主制度之间寻求一条中间道路。

（三）佛教与其他宗教的对话：走向无宗教

佛使比丘的学说主要围绕三个大的方面展开：佛教徒的个人修行、佛教徒的政治观以及佛教与其他宗教的关系。如果说前两个方面主要针对佛教内部的现代转型，那么最后一个方面则是针对全球化背景下佛教的普适性问题。自从 19 世纪中叶以来，泰国就不断经受着西方文明的冲击，如何认识佛教以及佛教与其他宗教的关系成为当代泰国民众必然关心的问题。佛使比丘试图开启佛教与其他宗教的对话，通过阐发所有宗教的共性来论证佛教的普适意义，确立泰国佛教传统在当代世界文明中的地位。

值得一提的是，佛使比丘对于西方宗教（尤其是基督教）的态度在后期发生了巨大的转变，他的思想经过了从批判基督教、借鉴基督教到倡导宗教融合的历程。1939 年，佛使比丘写了一篇名为《答复传教士的问题》的文章，强烈批评人格化的神的观念。那时，佛使比丘对于基督传教士的布道活动不以为然。他认为基督教非常简单且充满迷信色彩，而这些正是他试图在泰国佛教中要克服的。[①] 在早期的《无我》一书中，佛使比丘认为那些主张与上帝有关的观点或教义迫使信徒臣服，不允许

---

① Santikaro Bhikkhu, "Buddhadasa Bihkkhu: Life and Society through the Natural Eyes of Voidness", in Christopher S. Queen and Sallie B. King, eds., *Engaged Buddhism: Buddhist Liberation Movements in Asia*, Albany, New York: State University of New York Press, 1996, pp. 183 - 184.

有独立的思考和行为，一切事情完全依赖上帝，这类观点可被归为低层次的自我教义。佛教不认为这种层次的自我是苦痛的终结，只有放下自我才是痛苦止息处。[①] 总之，在早年阶段，佛使比丘认为基督教与佛教大相径庭，基督教是迷信神的宗教。

然而，佛使比丘在阅读《圣经》之后开始有兴趣加深对基督教的研究，他发现自己过去对基督教的批评有失偏颇。在1957年发表的一次演讲中，佛使比丘反复呼吁宗教之间的相互理解和合作。他写作的两本关于基督教的书已经被译为西方文字：《基督徒与佛教徒》写的是一名佛教徒对于《圣经》的理解；《佛使眼中的基督徒与佛教徒》则论述了佛教徒从基督徒那里能够学到什么，尤其强调爱的主题。[②] 在后来的一系列著作中，佛使比丘多次引用《圣经》中的段落来解读佛法的主题，其中包括对于上帝的含义、善恶观念和自我观念的重新诠释。佛使比丘睿智地指出所有宗教之间的共同点，并由此来论证最高的宗教就是无宗教。

基督教与佛教最大的不同之处在于上帝的观念。佛教是没有造世主的宗教，强调自我救赎，而基督教中的上帝是创造一切的神。那么如何来理解两种宗教之间的差异呢？佛使比丘认为应当从更抽象的层次上来理解基督教中关于上帝的基本观念，不是将上帝作为人格化的神，而是作为世界运行的原则。他提出，如果上帝指的是“支配各种事物的原因或最高原则”，那么可以说佛教也有上帝：“以‘业力的法则’所代表的‘法’，相当于‘上帝’，因为它也具有无所不能和无所不在的性质”，因此，“法具有上帝每一个层面的意义”。[③]

在明了佛法与上帝在抽象层面的共同意义之后，我们就不难理解佛使比丘为何屡屡借用上帝的观念来进行阐述。例如，他在论述社会主义与自然法则时说：“纯正的社会主义体制是上帝所创造一切事物的本来面目或原始的自然状态，人类好几世纪以来都依照这种自然状态生活，直到人们因为无知而违背上帝的旨意后，才丧失了这种自然的社会主义，

---

① 佛使比丘：《无我》，香光书乡编译组译，香光书乡出版社，1997，第142－144页。

② Santikaro Bhikkhu, “Buddhadasa Bihkkhu: Life and Society through the Natural Eyes of Voidness”, in Christopher S. Queen and Sallie B. King, eds., *Engaged Buddhism: Buddhist Liberation Movements in Asia*, Albany, New York: State University of New York Press, 1996, p. 184.

③ 佛使比丘：《何来宗教》，郑振煌译，慧炬出版社，1992，第6页。

罪恶也因此而产生。”[①] 这一论述暗含着这样一种观念，即佛教与基督教在反思人类社会的起源方面拥有共同理解，因此，二者在解决社会问题的路径上也必然有相似的选择。宗教之间的共同点足以消解宗教之间的差异。

佛使比丘还善于借用圣经中的故事来阐释佛教中的基本观念。例如他多次引用亚当与夏娃的故事来表明，所有的宗教在实质上都让人们放弃对于善或恶的执着。他写道：“如果你是基督徒，请深入思索《圣经·创世纪》中的一段经文，上面记载着上帝禁止亚当、夏娃去吃能使人辨别善恶的果实。不要去吃果实，否则它将导致你懂得如何分辨善和恶，如此一来，对于善和恶便会产生执着，于是善与恶就成了囚牢。这段教义非常微妙深奥而且极富睿智，但似乎没有人真正了解它。人们对这段教义不了解且不关心注意，因此无法成为一个真正的基督徒，如果是合格的基督徒，就不会对善恶加以执着。不管是善是恶，都不要把它变为囚牢，别被善的囚牢给拘禁起来。”[②] 他还指出，亚当吃下果子之后开始以相对的观念来思考，开始产生精神上的执着，这意味着精神的死亡，也就是快乐和安详的结束。这与佛教所强调的放弃我执的观念息息相通。[③]

佛使比丘还引用了《新约·哥林多前书》的一小段经文：“有妻子的，要像没有妻子；哭泣的，像不哭泣；欢笑的，像不欢笑；购置的，像未拥有什么；享受世上财富的，像没有尽情享受。”他指出，这段看似奇怪的基督教经文体现了佛教的精髓，即不要执着于我和我所拥有的，每个宗教之所以被公认为宗教，本质上就是教导如何做到不自私。[④]

在佛使比丘看来，所有的宗教都有一个共同的敌人——物质主义。他引用《新约·马太福音》中的故事来说明基督教反对物质主义的精神：撒旦对耶稣说，如果耶稣真的是上帝之子，那么就把石头变成面包，让人们活下去；耶稣回答说，这没有必要，因为人们不只是靠面包才活下来，而是由于服从上帝的命令才发现生命。佛使比丘认为，这个故事

---

① Swearer, Donald K., ed., *Me and Mine: Selected Essays of Bhikkhu Buddhadasa*, New York: State University of New York Press, 1989, pp. 187 - 188.

② 佛使比丘：《生命之囚》，香光书乡编译组译，香光书乡出版社，1994，第32-33页。

③ 佛使比丘：《何来宗教》，郑振煌译，慧炬出版社，1992，第51页。

④ 佛使比丘：《生命之囚》，香光书乡编译组译，香光书乡出版社，1994，第62-63页。

要说明的是，依赖于食物的生命是一种物质主义的生命，而遵从上帝的训令，行为端正，才能求得真实的生命。这是物质主义与非物质主义的很好说明。[①]

佛使比丘在晚期特别强调要放弃对于价值观的执着，因为执着价值会造成嗔恨与贪欲，他还提出“真正的道德是驾驭价值观的能力”。[②] 宗教是价值观的系统表述，若人们执着于宗教，就很有可能造成人与人之间的误解和相互伤害。因此，佛使比丘提出对所有宗教一视同仁，无宗教才是最高层次的法的语言。[③] 他说：“一切都空掉‘自我’——没有‘我’没有‘你’，没有‘他’没有‘她’，没有‘我们’没有‘他们’——没有佛教，没有基督教，没有回教，因为既然已经没有‘我们’，没有‘他们’，没有‘任何人’，这些宗教怎么可能存在呢？只有法——恒常在流逝的净法，只有清净的现象在不断流逝而已。”[④]

佛使比丘的论述开启了当代泰国佛教界与其他宗教的对话，倡导文明之间的相互理解。佛使比丘提出，宗教的最终目的是让人们舍去我执，和平共存，宗教的真正境界应当是无宗教。他指出了三条出路：帮助每个人认识到他们所信奉的宗教的核心；促进宗教之间的相互理解；所有的宗教应当为了人类的福祉而携手，将世界从物质主义中解放出来。现在，解脱自在园成为一些基督徒和传教士的造访之地。他的思想甚至激发了菲律宾的天主教改革运动。[⑤]

综观佛使比丘的佛学诠释，开放佛教是他的学说的最大特点，即向现实生活开放，向政治社会开放和向世界开放。他所提倡的佛教世界观在秉承佛学“去除人类痛苦”的基本宗旨的同时，融入了对于现代社会个人精神追求的体察，对于社会与政治问题的思考，以及对于文明间关

---

① 佛使比丘：《何来宗教》，郑振煌译，慧炬出版社，1992，第9页。

② Swearer, Donald K., ed., *Me and Mine: Selected Essays of Bhikkhu Buddhadasa*, New York: State University of New York Press, 1989, p. 164.

③ 佛使比丘：《何来宗教》，郑振煌译，慧炬出版社，1992，第45页。

④ 同上书，第65页。

⑤ Santikaro Bhikkhu, “Buddhadasa Bihkkhu: Life and Society through the Natural Eyes of Voidness”, in Christopher S. Queen and Sallie B. King, eds., *Engaged Buddhism: Buddhist Liberation Movements in Asia*, Albany, New York: State University of New York Press, 1996, pp. 183 - 184.

系的理解。因此，我们可以说佛使比丘的学说使得南传佛教在适应现代社会或者说在现代转型的道路上迈出了重要的一步。

佛使比丘的学说和他所创立的解脱自在园对于当代泰国社会产生了重大的影响。当代泰国的知识阶层和中产阶层尤其受到佛使比丘的影响，许多进步的社会团体也将佛使比丘作为他们在社会改良道路上的精神导师。佛使比丘所推动的南传佛教的现代转型提升了佛教在当代泰国社会中的地位。他试图通过阐释和宣扬佛教世界观来提升个人与社会道德，也就是从精神层面来解决社会与政治的根本问题，发挥佛教独特的社会作用。他的研究和实践树立了当代泰国学者型僧人的典范，并产生了一定的国际影响，从而在一定程度上恢复了僧人的知识领袖地位。更重要的是，佛使比丘开启了佛教对于现代社会的提问方式，旗帜鲜明地主张用佛教来解决当今社会的重大问题，增强了佛教对于意义问题的解释能力和佛教本身的活力。正是通过佛使比丘的努力，佛教在当今泰国不再被认为与现代社会格格不入，相反，佛教被认为是解决重大问题的思想源泉。

佛使比丘的佛学诠释试图让人们更好地适应现代世界，让他们从传统的佛教理念中获取精神解放的途径，从而在一定程度上缓解了现代社会中公民－文化身份之间的矛盾。他提出的“在当下涅槃”的观念，为现代人在世俗生活中寻求生命的意义提供了新的理解思路。现代社会所崇尚的财富累积、社会地位和工作效率等价值理念不再作为佛教价值观的对立面出现，相反，佛使比丘认为个体通过佛教实现的道德修养有助于达到这些目标，同时却不会因为执着于物质世界而产生现代的精神疾病。佛使比丘提出的“人人皆可涅槃”的观念打破了传统佛教与社会等级制度之间的内在关联，具有潜在的政治含义，为新社会力量实现社会平等提供了价值支撑，因而有学者认为宗教改革派的理性主义与政治民主一道构成了替代性意识形态的基本要素。[①] 同时，佛使比丘还试图论证佛教与其他宗教的共同精神，从而为当代佛教徒融入世界文明奠定学说基础。总之，佛使比丘的佛学诠释试图打破神圣与世俗、传统与现代、西方与东方、宗教与社会、公民与信徒等不同价值体系之间的藩篱，从

---

① Jackson, Peter A., *Buddhism, Legitimation, and Conflict: The Political Functions of Urban Thai Buddhism*, Singapore: The Institute of South-east Asian Studies, 1989, p. 55.

而为现代泰国公民－文化身份的重构做出了重要贡献。

同时，我们也可以看到，在佛使比丘的身上仍然体现了现代政治理念与佛教所代表的传统文化理念之间的紧张关系，这一点集中反映在佛使比丘关于佛教与政治社会的论述中。他批判当代泰国的社会现实，却反对革命和制度革新，而是把政治问题定义为纯粹的道德问题；他对社会贫富差距和阶级矛盾感到担忧，因而希冀通过资本家发扬布施精神来解决社会矛盾；他反对以公民政治权利为基础的大众民主，而是将实现社会公正的希望寄托在具有崇高道德的君主身上。佛使比丘后期关于佛教政治哲学的论述与他前期关于新涅槃观的论述相比，显得更为保守，传统佛教观念与现代政治制度之间的张力也表现得更为明显。可以说，如何将佛教政体中关于法轮王的观念融入现代民主制度当中，仍然是当代泰国没有解决的问题，也仍将是当代泰国佛教界需要继续讨论的重要命题。

无论如何，佛使比丘以非凡的勇气和智慧应对当代泰国的佛教危机，在重塑当代泰国公民－文化身份方面做出了重要贡献。他对于近一个世纪以前确立的“国家、宗教与国王”三位一体的意识形态进行了创造性升华，从这个意义上说，佛使比丘是一位激进的保守主义者，是在佛教框架内对现代国家与现代社会进行意义解释的思想者。

第四章　社会变动之“林”：当代泰国公民身份的重构

pa在泰语中的意思为“森林”、“丛林”，它也有“野生的”、“山林的”形容意味。pa是一个边缘性的地理空间：它与文明相对，是未开化的蛮荒之地；它远离国家的中心平原，大部分位于北部、东北部或南部贫穷的边远省份。不仅如此，pa在泰国构成了一种独特的社会、文化与政治空间，它既是高僧远离尘俗的悟道场所，也成为人们逃遁权力和资本支配时的栖息地，人们在此酝酿对于意识形态、主流政治力量和经济发展模式的反思、批判与挑战。因此，探究丛林，或者说进入泰国社会思潮及社会运动中的丛林部分，将有助于我们理解当代泰国社会变迁的力量来源和趋向。

当代泰国的公民身份困境与重构动力

公民身份建构是现代民族国家的永恒主题。雅诺斯基（Janoski）对公民身份（citizenship）的外延做了定义：“公民身份是个人在一民族国家中，在特定平等水平上，具有一定普遍性权利与义务的被动及主动的成员身份。”他的这一定义强调了公民身份的四个制度性特征：公民身份确定为一民族国家的成员身份；公民身份包含着主动的和被动的权利与义务，是被动的生存权利以及现有的和未来的能影响政治的主动权利；公民权利是已载入法律而且供所有公民行使的普遍的权利，而不是非正式的、未载入法律的或仅供特殊群体行使的权利；公民身份是平等的表述，其权利与义务在一定限度之内保持平等，这一平等主要是程序性的。[1] 这一定义突出了公民身份的两个维度：一方面是由民族国家自上而下赋予的被动的制度性权利和义务，另一方面是公民自下而上主动争取的制度性权利和义务，这两个维度之间是相互影响和相互建构的。

现代国家的外部环境和内部社会条件的不断发展变化，将表现为公民身份建构过程中遭遇的各种挑战和重构实践，它意味着人们按照对于共同体的新的理解来表述他们所未曾表述的，并通过积极的社会行动吁求新的公民权利，因此，我们可以说社会变迁是一个重构公民身份的过程。公民身份内在的普遍性要求和处于不断发展中的动态态势，决定了公民身份绝不是一个凝固的权利体系，而是在权利诉求与权利扩展的动态过程中实现的。萨默斯就认为公民身份是“一种已牢牢嵌入制度的社会实践（institutionally embedded social practice）。这些实践由强调成员资格、普遍权利及义务的关系网络与政治观念构成，而不是一个国家准备给予的权利体系。……公民权利只是一种国家成员规则的潜在结果，这些规则通过国家法律和制度来规范化和转化，但是是否被转变为实际的普遍权利取决于活动的社会的和政治的地方背景”[2]。

包容性是公民身份的应有之义。有学者提出：“各种排斥机制将社会内的某些团体置于弱势公民或者非公民的境地，这些群体通过斗争来重新定义、扩展和转变关于权利、义务和公民身份的已有观念。因此，从被排斥者的立场来看，我们更能够理解包容性公民身份意味着什么。”[3] 包容性公民身份被总结为四个方面：公正（justice），即人们何时被同等对待的正义以及人们何时被差别对待的正义；承认（recognition），即承认所有人类固有的价值，也承认他们之间的差异；自我决定（self-derter-mination），即人们有能力适当地控制自己的生活；团结（solidarity），即认同他人并为了正义和获得承认共同行动。[4] 如何包容社会边缘群体并

---

① 托马斯·雅诺斯基：《公民与文明社会——自由主义政体、传统政体和社会民主政体下的权利与义务框架》，柯雄译，辽宁教育出版社，2000，第12－13页。

② Somers, Margaret R., “Citizenship and the Place of the Public Sphere: Law, Community, and Political Culture in the Transition to Democracy”, in *American Sociological Review*, Vol. 58, No. 5, 1993, p. 589.

③ Kabeer, Naila, “Introduction”, in Kabeer, Naila, ed., *Inclusive Citizenship: Meanings and Expressions*, London and New York: Zed Books, 2005, p. 1.

④ Ibid, pp. 3－8.

发展出对于公民身份的创造性理解和实践，是现代民族国家面临的重要命题。

我试图通过对于当代泰国重构公民身份的若干社会过程的考察，探讨公民身份重构的社会动力和社会机制，并就如何建设包容性公民身份进行讨论。

直到19世纪中期之前，暹罗仍是一个传统的以王权为中心的封建王国。从19世纪中期开始直到20世纪早期，曼谷王朝的统治者们实施系列改革，自上而下地推行国家观念、国家认同和中央集权的国家官僚体系，暹罗逐步从一个封建王国转变为民族国家。在泰国的现代化过程中，公民作为佛教徒的文化身份被放到了极为重要的位置，作为臣民的以服从为特征的政治义务和以义务教育为重要内容的社会权利也得到了强调。然而，进入20世纪中期以来，现代泰国的公民身份面临重重困境与挑战。除了本书第三章提到的佛教和现代公民的文化身份面临现代性冲击之外，公民的政治身份和社会权利也受到了挑战，其具体体现为等级社会受到平等主义意识形态的冲击，对于政治参与的要求挑战政治服从，以及国家资本主义遭到质疑和抵抗，公民的社会权利得到伸张。

在政治领域，20世纪兴起的共产主义运动对泰国以王权为核心的等级制度构成了巨大的挑战，这一挑战在20世纪70年代达到顶峰。泰国政府在1952年通过了《反共产主义法》，共产主义思想和运动一直处于被压制状态；《反共产主义法》还将共产主义者定义为非泰的，也即通过公民的政治身份来区分“泰”与“非泰”。1973年10月14日，泰国学生发起要求修宪和政治权利的大游行，迫使当时的军人政府下台，这次运动被认为是泰国历史上民主政治发展的里程碑。1975年，泰国的周边国家如越南、老挝、柬埔寨、缅甸等国社会主义运动高涨，美国最终从越南撤军，使得泰国的精英统治者感到前所未有的政治压力。在这种压力的驱使下，1976年10月6日泰国右翼分子对国内的学生运动和其他左翼人士进行了镇压，幸存的激进学生逃往泰老边境的丛林，加入泰国共产党。1979年以后，随着政府赦免泰共分子和泰共的解体，许多当年的激进学生回归到主流社会，但是他们的政治理想仍然以其他形式在发挥作用，影响着人们对于政治权利的理解和实践。

在社会发展领域，1961年泰国政府开始实施第一个国家经济与社会发展五年计划，泰国进入一个经济高速发展的阶段。泰国经济发展的主要特点是以出口为导向，大量吸引外资以及对能源和自然环境的高度消耗。经济发展的模式引发各种社会问题，例如农民土地保有权问题、环境问题和贫富差距扩大等，社会弱势群体对生存与发展权利的要求日益成为主流社会关注的问题。从 20 世纪 80 年代开始，随着过去的激进学生分子投身于非政府组织，泰国在扶贫、环保、教育和农村发展等各个领域的社会运动方兴未艾，并对国家政策产生了一定影响，公民的社会权利得到伸张。

总之，20 世纪中后期以来，泰国作为一个现代民族国家面临着各种挑战，宗教、政治和社会各个领域都发生了变革与转型，泰国社会对于公民身份与公民权利的理解发生了极大的变化，同时，不同的社会主体通过社会实践积极地重塑对于公民身份的认同。在这个社会过程中，丛林成为当代泰国重构公民身份的重要的社会空间。泰语中的“森林、丛林”被称为 pa，它也有“野生的、山林的”形容意味。在当代泰国，丛林是一个边缘性的地理空间：它与文明相对，是未开化的蛮荒之地；它远离泰国的中心平原，大部分位于泰国北部、东北部或南部贫穷的边远省份。不仅如此，丛林在泰国构成了一种独特的社会、文化与政治空间，它既是高僧远离尘俗的悟道场所，也成为人们逃遁权力和资本支配时的栖息地，人们在此酝酿对于意识形态、主流政治力量和经济发展模式的反思、批判与挑战。斯科特在《逃避统治的艺术：东南亚高地的无政府主义历史》当中强调远离国家政权的山民采取独特的生计方式、社会结构和文化来选择无国家状态。[①] 那么，面对 20 世纪后半期以来国家权力对高地或丛林地区的日益渗透，我们应当如何理解民族国家与高地之间的共生关系呢？如何理解高地或丛林作为独特的空间类型对于国家权力所产生的影响？探究丛林，剖析丛林当中所发生的社会实践对于主流社会的挑战及其导致的社会变迁，或者说进入当代泰国社会思潮及社会运动中的丛林叙事，将有助于我们理解当代泰国社会变迁的力量来源和趋向。

---

① Scott, James C., *The Art of Not Being Governed: An Anarchist History of Upland Southeast Asia*, New Haven: Yale University Press, 2009.

我选取了从边缘看中心的视角，着重探讨当代泰国的丛林社会如何构成了对由国家自上而下定义的公民身份的挑战和社会变迁的动力。这一部分将从三个方面来描述和分析丛林社会与当代泰国公民身份的重构。第一，佛教改革运动的代表人物佛使比丘通过丛林修行产生的佛教思想影响深远，并对传统的宗教和国家意识形态构成了挑战，他的思想是当代泰国知识群体重构公民－文化身份的依据。第二，1976 年十月惨案后在泰国边境丛林加入泰国共产党的学生运动分子，他们中的部分人在 20 世纪 80 年代之后回归主流社会并成为当代泰国激进的思想家，他们试图重新建构公民的政治权利。第三，从 20 世纪 90 年代以来受到关注的社区森林法案（Community Forest Bill）运动向我们展示了国家主导的资本主义发展模式如何遭遇地方社区和公民社会的抵抗，人与土地的天然联系被建构为公民的政治、社会与文化权利。值得注意的是，丛林并不是一个与主流或现代文明隔绝的空间，相反，二者之间的对话、妥协和相互激荡正是社会活力的来源。我试图通过来自泰国的个案探讨丛林的象征意义、社会变迁机制和包容的公民身份等问题。

我采取个案分析的方法，即选取代表性人物或代表性事件进行分析。对于代表性人物，我试图将他们的丛林经历与他们的思想表述结合起来分析。对于代表性事件，如社区森林法案运动，我将通过社会过程分析来把握。

丛林修行传统的复兴

佛使比丘通过对佛学的再诠释和推广森林禅修运动，对佛教与现代生活的关系、佛教与政治社会的关系、佛教与其他文明的关系以及实践佛教的方式等问题进行了创造性的解答，从而为现代暹罗（泰国）公民－文化身份的重构提供了重要依据。我已在第三章论述了佛使比丘对于南传佛教教义的重释及其主要论点，在此我将着重论述佛使比丘所倡导的丛林修行实践在佛教改革思想中的重要意义。

佛使比丘不仅通过宗教体验与佛学诠释来澄清佛教与现代生活的关系，而且还试图推广禅修这种佛教实践方式。1932 年，他在给弟弟的信中写道：“我们希望在这属于佛教世纪的关键期，能为佛法的发扬光大尽一份力量。……希望这项志业至少能引起佛教徒的注意或思维，并激发他们对推广禅修产生兴趣，或使他们本身更喜欢禅修。”① 到了 20 世纪 40 年代，不少佛僧和居士都慕名前往解脱自在园进行禅修。1944 年，为了容纳更多的修习者，佛使比丘搬到另一所较大的被废弃的寺庙，从此，这里成为泰国著名的禅修圣地。

（一）佛使比丘：丛林佛教与当代泰国公民－文化身份的重构

从 20 世纪 30 年代开始，佛使比丘在森林中成立了禅坐中心，是后来的解脱自在园（suan Mokkhabalarama）的前身。佛使比丘自 1932 年开始直到 1993 年圆寂，大半生都在森林中度过。佛使比丘在《解脱自在园十年》等早期作品中详细记述了独自在森林禅修的经验。佛使比丘所推崇的森林禅修实践具有以下指导原则：第一，接近自然，向自然学习；第二，修持内观，培养定力；第三，通过一无所有的考验，来达到无我的境界。基于森林独处的体验和对于人与自然的关系的深刻认识，佛使比丘在后来提出了自然法则等思想。

接近自然，向自然学习

佛使比丘最初在森林修建的简陋居所完全被大自然所拥抱：“这间寺至少已八十年无人看管，茂密成荫的老树枝桠横展，已侵占到这寺的周界。除了我的小茅舍，及这间供奉佛像的小屋，外面就是一片幽密的森林了。在我来以前，这是一个可怕的无人地，许多大男人因害怕鬼神或精魅，即使大白天也不敢单独来到这儿，因此这里长满了大树及爬藤类植物。附近除了五百米外一座供我取水用的破石井外，其余都是天然的景物。”②

在森林中独处的经历成为佛使比丘修习经历的新起点。他一再提到要向大自然靠近，向大自然学习。在“大自然给我的教诲”一节，他以传神的笔法描写了森林的节律以及他所经历的欣喜和痛苦：

“在一个明月高挂的深夜里，我突然被邻近短促而尖锐的声音吵

① 佛使比丘：《解脱自在园十年》，香光书乡编译组译，香光书乡出版社，1994，第 22 页。

② 同上书，第 25－26 页。

醒，一面仔细聆听，一面慢慢坐起来，推开窗户，往声音的方向看去，发现屋外七八公尺远的地方，有四只野猪在一起吃东西，那时我一点也不惊慌，反而有一丝喜悦：它们一定就是某个清晨我推开房门时，吵吵杂杂跑入森林的那群野猪。老友重逢的感觉真好！

傍晚时分，即使是一只鼷鹿带着它的小鹿，一只鹌鹑和尾随在它身后的幼鸟，都显得非常可爱；各种鸟儿轮唱起歌来，让人以为它们白天或夜晚都出现；有些鸟儿则美得叫人几乎不敢不相信它们是神创造的。夜晚下雨时，出现最多的就是地洞里的蝮蛇，被这些蛇咬到的人，脚会剧痛、腐烂，甚至脚趾脱落，但每晚最多的还是蚊子。以上这些自然环境给我许多永不厌倦的教诲。”①

佛使比丘更多的是通过白描的手法来表现他在森林中的感受。联系到佛教当中的苦行传统和佛使比丘的思想论述，可以将“大自然的教诲”大致总结为两个方面：一方面，在几乎无所庇护的森林里，修行者将面临各种挑战和肉体上的痛苦，这将使得修行者用心去体会生命中的痛苦的本质，毕竟，佛教的教义就是以人生中的痛苦为核心展开的；另一方面，在克服了对于大自然的恐惧之后，修行者将认识到，自然万物是相互依存的，所有的生命都值得尊重。佛使比丘在论述政治理想时，曾屡屡以自然界生命之间的相互依存为例证，来比喻人类社会理想的政治秩序，认为那是一种平衡而纯净的状态。

佛使比丘还建议在生活中与自然亲密接触，尤其是还没有被人类的贪婪、愤怒和幻想改变的自然。通过亲近自然，我们更接近法而且更容易理解法。自然是最好的老师和最好的教室，“那些具有深刻意涵与难题的情景，只有未经人为改变的大自然才能提供。”②

享受沉思，克服恐惧，培养定力，修持内观

森林，作为与城市和文明相隔离的自然区域，既能够断绝外界俗物对于修行者的干扰，又能够使修行者在心理上克服对外界的依赖，从而获得禅定。佛使比丘在《解脱自在园十年》中以生动的笔触描述了森林

---

① 佛使比丘：《解脱自在园十年》，香光书乡编译组译，嘉义：香光书乡出版社，1994，第32－33页。

② 同上书，第33页。

修行的种种体会。佛使比丘认为，修法必须选择自然的环境，森林是心灵全新感受的泉源："一旦身心安适于森林的环境，人的心力就更容易集中，达到像小孩子游戏时全神贯注的机会也大增。……谁都会相信，要品尝各种不同的、全新的心灵滋味，在曼谷那种人烟稠密的地方是绝对不可能的，在那样的地方，风气就是一种障碍，因为弥漫在高密度环境中的意识之流，总是与森林中的完全相反。所以，修法的地点也很重要。关于这一点，我曾说过，由于必须直接向大自然学习，我们只有尽量设法住得愈靠近自然，才愈可能达到这种理想。"①

作为丛林僧人，其面临许多在外界看来艰苦，实际上却给人带来自由的种种环境和条件。因为外界的干扰较少，丛林修行者有更多的机会享受沉思：他们只以四处托钵化缘的方式满足最基本的生存需要，不在居士家吃饭，也不必参与各种宗教仪式；他们藏身于茅屋，不必花时间和精力去维护它；在寂静的夜晚，修行者的心灵将保持清醒的状态，观察世间万象。总之，去除了世俗的欲望之后，丛林修行者能够有更多的时间处在清凉的状态，以更高的效率研习佛经。

更重要的是，神秘的森林令普通人敬畏，观察内心恐惧的生起并止息它将使修行者获得大无畏的心境和智慧。佛使比丘在森林中经历了巴利文经典《怖骇经》（*Bhayabherava-Sutta*）中所描述的恐怖场景，并通过克服恐惧和惊吓来培养自己的定力，获得心的解脱。他在书中写道："在寂静的夜晚，独处于隐僻处的滋味，实在无法用语言叙述清楚，也无法向一个不曾居住于森林中隐僻小屋的人说明白。一旦你意识到将独处于没有任何庇护的地方时，似乎立刻就有一股力量把你的意志攫走，所以当突然的干扰或喧嚣第一次发生时，你会无法避免地受到惊吓。但是，随着个人意志力的增强、觉察速度的加快及对情况较熟悉后，所有的意外将渐渐化为平常。……渐渐地，我们将发现自己几乎脱胎换骨，我们越精进，惊吓对集中心志所造成的障碍就越脆弱。最后，障碍会消失，这时我们就可以在寂静的深夜里独坐于旷野，除衣服之外，没有任何的保护，并且能随心所欲集中精神于自我训练。"② 战胜恐惧实际上就是战

① 佛使比丘：《解脱自在园十年》，香光书乡编译组译，香光书乡出版社，1994，第35－36页。

② 同上书，第28－30页。

胜自我，通过这种训练，修行者才能够断绝心灵对于所谓保护物的依赖，使得心灵获得自由、平静和足够的意志力。这是修行的前提。因此，佛使比丘说“惊吓只是无谓的幻觉”，他提出必须给自己最少七天的时间练习对抗恐惧，直到有满意的结果。[①]

无我：通过“拥有”和“一无所有”的考验

佛使比丘的思想核心是他所提出的“无我”的概念，也就是让人们破除执取。他认为人类的痛苦就在于人们不愿意割舍，执着不弃。那么，如何才能做到不执着呢？森林修行的经验使佛使比丘通过“拥有”和“一无所有”的考验。

佛使比丘进入森林时，可以说是孑然一身，他所有的家当只有化缘钵、饮水用的钵盖、提水的桶子、少量的衣物和一盏椰子油灯。他可以在任何时间去任何地方，不必锁门，也不必交代任何人，不必为任何东西或者任何人负责。他写道：“我认为自己相当渺小，却像鸟儿一般的自由。我的思路通畅无碍，但也可以一无所思，内心只有难以形容的轻安，充满愉悦而且从不厌倦，就像啜饮非常清冽的水一般。打从我出生那天起，从未感受到依循这种方式生活时所得到的轻安，好像身体完全不存在了。”[②]

然而，后来因为要出版《佛教》杂志，佛使比丘的家当多了起来，对于某些重要物件的牵挂打破了他内心的平静状态。至此，佛使比丘通过一无所有时的轻安经验，进行更深层次的追求，即“不执着应该不仅是因为身无长物，没什么东西可以执着，更是因为对自己所拥有的一切不执着。那么，拥有一些足以利益更多人的东西，却没有执着的负担，可能做到吗？这是很值得尝试的。”[③] 对于大多数信徒来说，进行森林禅修可以让他们体会孑然一身、无所牵挂的心理状态，也促使他们认识到所拥有的一切都不值得去执着，从而在现实生活中本着一种拿得起、放得下的心理去对待所持有的一切。

---

① 佛使比丘：《解脱自在园十年》，香光书乡编译组译，香光书乡出版社，1994，第29页。

② 同上书，第37页。

③ 同上书，第38－39页。

自然法则与人类的道德理想

佛使比丘在关于森林禅修经验的论述中，一再强调向大自然学习，在大自然的拥抱中悟道，打破了人与自然、心灵与身体、精神与物质之间的区隔。不仅如此，佛使比丘还总结出关于自然法则的重要观点。他指出，在巴利语当中，佛法（dhamma）指的就是构成自然（dhammajati）的一切事物。佛法包括四个方面，即自然本身、自然法则、人类依据自然法则而行动的责任以及人类遵循自然法则所得到的益处。[①] 在佛使比丘看来，一切皆是自然，法就是自然，自然是所有的现实。通过亲密接触自然，我们将更容易理解法。

佛使比丘还认为自然也应当成为个人的道德状态，因为道德指的是正常或事物的本来面貌。“自然把人的心灵置于均衡健全且正常的幸福中，但我们不晓得去重视它，直到我们精神受到烦恼的扭曲才了解它的重要。……根据自然法则，道德的价值意味着自然要求人们具有一种均衡健全、中道且满足的道德特性。不幸的是，一般人只对口腹等肉体的需求价值感兴趣，而这些东西会增加我执，造成人与人之间的竞争、剥夺和世界性的灾难。凡夫根据自己身体和物质的需求而定义价值，这虽是价值的意义之一，但真正的价值是基于更深刻、更奥秘的自然需求。”[②] 所谓自然需求指的是满足人类社会和谐共处的需求，也包括人类与自然和谐相处的需求。佛使比丘十分强调无私是内在的自然，它与自私的物质主义相对立，因此真正的佛教徒能够保持内在（精神）的自然，也能够守护外在的自然。[③]

总之，佛使比丘通过自身的丛林禅修实践，倡导人们在宗教体验中回归自然和佛法的本源，通过内观来获得对于“无我”和自然法则的认识。这种佛教实践路径摆脱了宗教教条和僧伽制度体系的束缚，成为当代泰国佛教改革运动当中的重要支点。

---

① Swearer, Donald K. (ed.), *Me and Mine: Selected Essays of Bhikkhu Buddhadasa*, New York: State University of New York Press, 1989, p. 128.

② 佛使比丘：《法的社会主义》，香光书乡编译组译，来自 http://www.gaya.org.tw。

③ Santikaro Bhikkhu, “Buddhadasa Bihkkhu: Life and Society through the Natural Eyes of Voidness”, in Christopher S. Queen and Sallie B. King, eds., *Engaged Buddhism: Buddhist Liberation Movements in Asia*, New York: State University of New York Press, 1996, pp. 160 – 161.

（二）现代禅修林：重塑公民－文化身份的社会空间

早在20世纪40年代，佛使比丘的追随者之一、泰国著名的左翼政治家比里·帕侬荣（Pridi Banomyong）曾试图在家乡阿瑜陀耶府成立解脱自在园的分部，尽管这一计划因为比里遭受流放而破灭，但解脱自在园对于当代泰国社会的重大影响并没有因此而受阻。当代泰国诸多的佛教人士、知识分子和进步团体都曾在解脱自在园聆听佛使比丘的教导，体验丛林禅修所带来的精神启示。佛使比丘生前全力推动的最后一个计划是建立“国际佛法修习中心”，力图实现三个目标：开授课程，让人们认识佛法中的自然真理，引导他们修行佛法；召集各宗教代表召开会议，促进彼此的了解，共同推进世界和平；邀请世界各地佛教徒集会讨论，拟出“佛教的中心要旨”。[①] 直至今天，解脱自在园每个月都开设为期两周的禅修班，接受国内外的信徒来此进行冥想，体会佛使比丘倡导的“向自然学习”的宗旨。

丛林禅修已经逐渐成为当代泰国社会（尤其是中产阶层）一种重要的宗教实践方式，禅修林也成为创造公民－文化认同的重要社会空间，这体现在实践者通过丛林禅修来强化自身的佛教徒身份，这种身份不是通过烦琐的佛教仪式，而是通过内观来实现的；丛林修习实践倡导人们回归简单而真实的生活，抵制复杂的现代社会带来的物质欲望的扩张；丛林禅修倡导人们通过向自然学习来培养定力，通过体悟自然法则来反思当代社会。

有意思的是，在当代泰国，重新建构现代公民的文化身份方面的努力，最终不是在国家建立的僧伽制度内部获得成功，而是在僧伽制度之外的边缘性社会空间和非正统的宗教实践方式中取得成果的。如本书第一章所述，在泰国历史上一直存在丛林僧人与村镇僧人的不同传统，佛使比丘的修行经历可以看作丛林僧人传统在当代的复兴。坦拜尔（Stanley J. Tambiah）考察了历史上和当代的泰国丛林僧人。他认为，泰国政体与僧伽的关系可以分为三个方面，即王权与行政僧伽体系的关系、王权与丛林僧人的关系，以及村镇僧人与丛林僧人的内部对话。在古兰纳

① “附录：一位将生命献给佛陀的比丘——佛使尊者”，参见佛使比丘《解脱自在园十年》，香光书乡编译组译，香光书乡出版社，1994，第103－104页。

王国，[①] 国王通过支持丛林僧人来挑战既有的信仰形式，“净化”和“复兴”宗教传统，这一点在近代的曼谷王朝四世王那里也得到了体现。[②] 然而，佛使比丘所代表的丛林派传统的复兴不是由王室或者中央政权主导的，而是由来自僧伽体制之外的革新力量挑战传统的宗教与政治权威所带来的实践，其在社会领域产生的广泛影响使得当代泰国的禅修林成为公民-文化身份再生产的重要空间。

从十月青年、丛林战士到公共知识分子

现代泰国的历史呈现不同于大多数亚洲国家的特点：它是为数不多的没有直接遭受殖民统治的国家，也是为数不多的没有经历革命运动的国家。传统的佛教王国通常被表述为泰国的独特特性，这其中蕴含着对于历史连续性的假设和对于政治服从意识的强调。然而，在西方民主政治思想和国际共产主义运动的影响下，当代泰国的知识分子开始重新思考、诠释和吁求现代泰国公民的政治权利。我将着重论述有过革命经历的20世纪70年代泰国学生运动分子如何重新定义当代泰国的政治公民身份。在展开论述之前，我将简略介绍20世纪前半期泰国激进改革家和思想家的影响。我们将看到，政治参与权利是20世纪早期以来泰国激进知识分子的重要诉求，但是，直到20世纪70年代之后，这一诉求才逐渐摆脱意识形态指控并成为公民政治中的合理要求。

（一）现代泰国社会的政治异端

在19世纪中后期，随着英法等西方殖民者的到来，曼谷王朝的统治者们在生存忧患当中开始现代化改革。建立有效的国家机器和现代化军队，就必然要求大批受过良好现代教育的人才进入国家官僚机器，接受高等教育不再是王公贵族的特权。1898年，曼谷王朝五世王朱拉隆功开始在外府推行小学教育，从1921年开始，暹罗王室开始在全国推行义务教育。许多优秀的年轻人被送往西方国家学习现代科学知识，比里·帕

---

① 13世纪，孟莱王（Mangrai）在今天的泰国北部建立兰纳王国。19世纪末期，兰纳王国被暹罗吞并。

② Tambiah, Stanley Jeyaraja, *The Buddhist Saints of the Forest and the Cult of Amulets*, Cambridge: Cambridge University Press, 1984, pp. 66 - 72.

依荣就是其中的一位。

比里于1900年出生于泰国中部阿瑜陀耶府的一个商人家庭，1919年获得司法部的奖学金赴巴黎学习法律，并最终获得巴黎大学的法学博士学位。然而，比里的政治理想不是维护绝对君主制，而是希望建立立宪君主制度。1927年，比里与其他留学生和文官创立了民党，提出了维护民族独立团结、发展经济和教育、保证公民平等和自由等六条原则。1932年6月24日，民党中的少壮军官发起了一场不流血的政变，促使暹罗君主接受了立宪君主制度。比里曾说：“社会之所以存在得益于所有成员的参与，能够使得大多数人合法地影响决策并推动社会进步的社会制度就是民主。”① 比里同时致力于推动政治民主和社会经济的发展。1933年，比里提出的“二十点经济计划”被总理披耶·玛奴巴功·尼蒂塔达（Phraya Manopakorn Nititada）等保守派攻击为“共产党计划”，比里随后遭受驱逐。1934年，比里回到泰国并在此后的十余年中度过了动荡的政治生涯。1947年，比里因为曼谷王朝八世王被谋杀事件受到牵连，再次被迫流亡直至1983年在法国去世。

如果说比里代表了20世纪前半期泰国的政治改革家，那么青年思想家吉·普密萨（Jit Poumisak）则代表了那时的激进政治思潮。吉于1930年出生于底层公务员家庭，在朱拉隆功大学学习期间参与过激进的学生运动。他受到马克思主义的影响，并试图用马克思主义的社会进化论来解释泰国的古代历史。在1957年出版的《今天泰国封建主义的真面目》一书中，吉通过重新解释泰国历史上的碑文来证明泰国历史上存在过奴隶制度，并从素可泰王朝开始进入了封建时代。吉全面批判了暹罗封建社会的经济、政治、文化制度；通过将泰王国传统的萨克迪纳制度与欧洲的封建制度进行比对，吉试图消解泰国历史的独特性，挑战将王权与佛教作为与泰性相联系的永恒社会制度的历史观，这体现了新一代知识分子的历史意识。②

① Sivaraksa, Sulak, translated by S. J., *Powers that be: Pridi Banomyong through the Rise and Fall of Thai Democracy*, Committees on the Project for the National Celebration on the Occasion of the Centennial Anniversary of Pridi Banomyong, 1999, p. 79.

② Reynolds, Craig J., *Thai Radical Discourse: The Real Face of Thai Feudalism Today*, Studies on Southeast Asia No. 3, Cornell University, 1987, pp. 72–75, 47–61, 168–169.

1958 年 10 月，政治保守的沙立政府利用 1952 年通过的《反共产主义法》逮捕吉，1964 年底吉终被释放。吉在 1965 年进入泰国东北部的丛林地区，据说泰国共产党吸收他为成员。1966 年 5 月，吉在一个山区村庄寻求食物时，被当地村民当作泰共危险分子开枪打死。然而，吉的早逝并没有导致其影响力的衰亡。《今天泰国封建主义的真面目》一书在 1973 年再版，1977 年被当局封禁，又在 1979 年重印。吉的著述被认为是当代泰国政治激进思潮的重要组成部分，后人对于吉的建构成为当代泰国“后 1973 意识”的一部分。

比里和吉代表了 20 世纪前半期泰国的激进政治人物。他们所倡导的经济政治改革和对于泰国社会的政治性批判，都曾被冠以“共产主义”的危险罪名。保守政治势力利用冷战时期的意识形态话语，试图维系公民的政治服从模式。20 世纪 70 年代之后，新一代人的政治参与和对于泰国公民政治的反思逐步改变了泰国公民政治权利的内涵。

（二）政治批判理性的合法化

1973 年 10 月 14 日，泰国大学生领导的大游行最终推翻了自 1958 年开始的军事独裁政权，开启了泰国历史上前所未有的民众政治热情高涨时期，民主思想和进步团体空前活跃。但是随着美国从越南撤军和周边国家共产主义革命的推进，泰国的保守政治势力感受到前所未有的共产主义的威胁。[①] 1976 年 10 月 6 日，泰国的右翼分子策划了对法政大学学生的暴力镇压事件。从 1975 年到 1978 年，泰国国内的恐怖政治气氛促使数千名青年学子加入边境丛林中的泰国共产党游击队。然而，许多学生运动分子对泰国共产党内部的官僚作风和泰共完全依赖外援的现实感到不满。当 1978 年泰国政府宣布赦免泰共人士时，曾经加入泰共的大学生们纷纷回到城市。他们中的一部分人继续完成学业，并成为知识精英。现在泰国知识界将曾经卷入 1976 年十月事件的大学生称作“十月青年”。

1973 年 10 月发生的民主运动和政治冲突改变了学术界对于泰国作为一个稳定和保守的佛教王国的整体判断。在泰国国内，历史研究的范式被撼动，历史研究作为国家合法性的意识形态来源的角色发生了

① 本尼迪克特·安德森：《比较的幽灵：民族主义、东南亚与世界》，甘会斌译，译林出版社，2012，第 179－225 页。

转变。[1] 政治参与的正当价值逐步得到泰国主流社会的认可。1973 年十月事件因为其所塑造的新的政治观与历史观成为当代泰国政治发展史上的重要分界线。同时，历史的迂回曲折也使得有过丛林革命经历的十月青年们经历了理想、幻灭和彷徨，他们在回归主流社会之后，试图通过对于泰国社会的反思来重塑对于公民政治身份的理解。从十月青年、丛林战士到公共知识分子，这个批判理性合法化的历程也是当代泰国重构公民政治身份的过程。在此我将特别提到法政大学政治学院的格贤·特加皮让（Kasian Tejapira）教授的人生经历与著述。[2]

格贤是十月青年中的一员。他于 1957 年出生于一个华人家庭。他在 20 世纪六七十年代接受基础教育，这正是在国家绝对主导的发展计划下不平等的资本主义经济快速增长的时期，同时泰国正与美国进行政治和军事联合，对付中国和印度支那地区的共产主义解放运动。1975 – 1976 年格贤成为法政大学的学生运动分子。在 1976 年的十月事件之后，他逃往东北部泰柬边境的丛林。他于 1976 – 1978 年在柬埔寨避难，在 1978 – 1981 年成为泰共游击队成员。1981 年泰共解散后，格贤回到法政大学继续学业，于 1983 年获得国际关系专业的学士学位并获得一等奖，留校任教。有趣的是，格贤在十月事件前后的 1975 年和 1984 年两次获得普密蓬国王奖学金。1982 – 1985 年，回到法政大学不久之后，格贤就开始参与学术刊物的编辑工作，如《政治经济学研究》和《政治学研究》等。1985 年，格贤获得康奈尔大学东南亚项目奖学金，他在 1992 年获得康奈尔大学的博士学位，主修比较政治学，辅修政治理论和东南亚研究。格贤从美国学成回国后留任于法政大学政治学院。1992 – 1994 年，他再次成为《政治学研究》的编辑；1993 – 1994 年，他还是《法政大学学报》

---

① 1973 年之后，泰国历史研究有四个方面的趋势：批评传统的历史书写，马克思主义经济史学派，非线性早期历史研究以及地方史的兴起。参见 Winichakul，Thongchai，“The Changing Landscape of the Past：New Histories in Thailand Since 1973”，*Journal of Southeast Asian Studies*，Vol. 26，No. 1（March 1995）.

② 关于格贤的简历见 http://www.nidambe11.net/person/biography/kasian_tejapira.htm。他在自己的论文中也提及人生经历，参见 Tejapira，Kasian，“De-Othering Jek Communists：Reviewing Thai History from the Viewpoint of the Ethno-ideological Other”，in Siegel，James T.，and Audrey R. Kahin（ed.），*Southeast Asian over Three Generations：Essays Presented to Benedict R. O'G. Anderson*，Southeast Asia Program Publications，Cornell University，2003，pp. 248 – 249。

的助理编辑。格贤还通过为报纸、期刊和电视撰写专栏或剧本，成为一名活跃的公共知识分子。他曾发表过1932年政变纪念日的“6·24”演讲。

格贤在著作中研究了马克思主义和共产主义进入泰国之后如何被泰化，重建和分析了国外的马克思主义或共产主义与泰国的文化的、政治的实践如何互动及相互转化。他认为泰国的马克思主义－共产主义在20世纪50年代作为文化政治的现实出现，而且它在经历了军人政权15年的残酷镇压之后，作为后来泰国激进分子反对独裁和反对资本主义的文化资源被发掘、再生产和循环。①

作为一名华裔和思想激进分子，格贤从边缘的角度对泰国的主流话语进行了批评和反思。他在文章中提出，泰国官方民族主义意识形态由以下几个方面构成：泰民族是一个和谐的村落或民族共同体；国家组织产生于从家庭到社区再到国家的传统阶序上；警惕并反对“政治和意识形态他者”与“体制外者”，用激进或族群术语将之标识为“非泰的”；将社会问题的起源转向个人道德层次；作为民族宗教的佛教使得泰民族性（Thainess）在文化上是独一无二的。②

他批判了泰官方民族主义构成的两个要素：种族化和保守的服从模式。从19世纪晚期开始，大量进入泰国的中国移民主导着泰国的现代经济部门和都市社会，他们对于泰国经济如此重要，以至于泰国官方不能够驱逐他们。但是泰国官方民族主义建立了种族化的话语体系，在泰族国家与非泰资本和社会之间建立和再生产不平等的权力关系，并在此基础上实践国家代理主义。泰官方民族主义的另一个维度在于向广大民众灌输保守的、忠于王室的服从模式，强调“泰国是服从领导者的国度”。③ 20世纪70年代早期的激进学生和大众运动为非泰的华裔、印度

① Tejapira, Kasian, *Commodifying Marxism: The Formation of Modern Thai Radical Culture, 1927－1958*, Kyoto: Kyoto University Press, 2001.

② Tejapira, Kasian, "The Post-Modernization of Thainess", in Yao Souchou (ed.), *House of Glass: Culture, Modernity, and the State in Southeast Asia*, Singapore: Institute of Southeast Asian Studies, 2001, p. 156.

③ Tejapira, Kasian, "De-othering Jek Communists: Reviewing Thai History from the Viewpoint of the Ethno-ideological Other", in Siegel, James T., and Audrey R. Kahin (ed.), *Southeast Asian over Three Generations: Essays Presented to Benedict R. O'G. Anderson*, Southeast Asia Program Publications, Cornell University, 2003, p. 248.

裔、老挝裔等提供了大本营。1973 年 10 月 14 日的事件推翻了军人独裁政权，他们创造了想象中的泰民族共同体：以民主、民粹主义和平等的民族气质来替代威权主义、精英主义和歧视性的种族意识形态。

格贤提出，他将在学术层面分析泰族的谱系并解构它，从而完成对泰民族的重新想象。他从历时和共时的角度分析了泰国官方民族主义话语中的泰/中概念。统治精英将政治形态族群化：泰族有王权、军队和庇护文化，而激进的左派被称为共产主义，以至于任何持异议者都被认为是共产主义者。作者采取从中心看边缘和从边缘看中心的方式，解构族群－意识形态话语。占支配地位的族群意识形态决定了边缘的文化政治，而后者试图颠覆和转变前者，同时却以微妙的方式维系和内化了意识形态：泰国共产党试图成为“泰人”的政党，再生产泰族族性；激进话语的泰化扩展和突破了泰国文化政治的局限，“泰”被激进化。[①]

从热血沸腾的十月青年、丛林战士，到冷静的公共知识分子，格贤等十月青年的人生经历与思想为当代泰国社会提供了反思的空间，他们的回归为主流社会带来了思想活力。十月事件及其催生的“后 1973 意识”在解构泰族族性与政治服从的对应关系的同时，建构起新的对于民族国家和政治权利的关系的重新认识。政治参与权利不再被排斥在公民身份之外，而是成为公民身份的内在要求。20 世纪 80 年代之后，部分十月青年在回归泰国主流社会后创建或加入了各种与社会发展相关的非政府组织（Non-Government Organization，NGO），促进了泰国公民社会的成长。在经历了动荡的 20 世纪 70 年代之后，泰国的国家与社会试图在公民政治权利的框架下探索社会发展与革新的道路。

少数族群的权利与社区森林运动

2009 年 8 月 6 日，《曼谷邮报》（*Bangkok Post*）刊载了一则名为《僧人抗议关闭森林隐修处的计划》的消息。消息说，丛林僧人将向林

① Tejapira, Kasian, “De-othering Jek Communists: Reviewing Thai History from the Viewpoint of the Ethno-ideological Other”, in Siegel, James T., and Audrey R. Kahin (ed.), *Southeast Asian over Three Generations: Essays Presented to Benedict R. O'G. Anderson*, Southeast Asia Program Publications, Cornell University, 2003, p. 248.

业部请愿，抗议政府将他们逐出森林。来自罗勇府的一位住持说，林业部的计划给那些需要在森林中冥想的僧人带来了困难，而林中冥想是佛祖时代以来的传统，他将在本周召集僧人讨论这一问题。林业部计划强制关闭全国保护区内5529个森林修习处中的68个。这位住持还质疑政府为什么不关闭保护区内的商业性度假地，那些商业机构将森林变成了摇钱树。他说："我再次声明，国家机构误解了我们，作为佛教修习者，我们从未毁坏森林，相反，我们一直在保护森林。"国家佛教办公室主任提请林业部向丛林僧人发布明确的信息，以免制造社会冲突。①

上述新闻再次将森林引入了公共视线。近二十多年来，保护森林的权利成为泰国社会一个不断引发争议的问题。泰国林业部先后负责实施1960年的《野生动物保护法》、1961年的《国家森林法》和1964年的《森林保护法》。由于泰国森林面积覆盖率的急剧下降，1989年泰国开始实施全国禁伐令，森林保护区政策也随之成为引发社会矛盾的焦点之一，问题在于，如何处理森林保护区内森林与当地居民的关系。国家计划将保护区内的人民迁出保护区，将保护区构造为一个无人居住的自然区域。然而，国家的努力遭到地方民众与知识群体的反抗。在这一部分，我将描述20世纪90年代以来的社区森林立法事件在促进少数族群的社会权利与文化权利方面所具有的意义。

（一）谁来保护森林：《社区森林法案》的两个版本

在暹罗的传统社会里，森林（pa）无论从地理空间上还是从社会制度上都是外在于城镇（muang）的，代表着超出人类控制的超自然的神秘区域。居住在森林里的大多是一些特殊人群，例如未开化的山民、丛林僧人和隐修士。森林标志着野蛮的、难以驾驭的边缘地带。到了19世纪中期，森林的概念发生了重要的变化——从外在于城镇的神秘区域转变为国家的珍稀资源。随着英国殖民者进入泰国北部的林区，柚木成为高价商品。1896年9月18日，暹罗政府成立了林业局，隶属于内务部，这标志着国家代替地方头人开始控制森林资源，以增加政府的收益。同年，国家通过了一系列法令来控制柚木砍伐，这是国家为了剥削森林资

① "Monks fight plan to close forest retreats", *Bangkok Post*, http://www.Bangkokpost.com, 2009-8-6.

源而建立法律机制的第一步。森林以商品的形式进入现代暹罗。① 在中央集权对森林资源的控制下，自然的国家资本化成为现代化的一部分。柚木贸易时代直到二战结束后才终止。此后，20 世纪 60 年代出口导向的农业使得过去的特许砍伐区域转变为经济作物的种植区。同时，商业采伐成为林业剥削的主要形式，直到 1989 年政府颁布禁伐令。

1989 年，在一次冲突事件中公众首次认识到社区森林的概念。泰国北部山区某社区的村民与一家从林业局租用森林的私人公司发生了冲突，村民奋起维护他们利用森林资源的权利。这导致了一场广泛的关于谁拥有森林的辩论，并挑战了传统的认识，即林业局是最终的森林管理者。此后，包括人类学家在内的学者们认为，建立在地方智慧之上的社区森林保护将优于泰国政府采取的西方式森林管理方法，NGO 和学者在森林管理方面的公共参与促成了森林管理政策的新原则。从 1990 年开始至今，社区森林法案运动成为泰国社会多方参与、在国家与社会之间多次协商的重要议题。这一运动可以大致分为两个阶段。

《社区森林法案草案》的形成阶段（1990 - 1996 年）

从 1990 年开始，NGO 和社区村民开始就国家森林保护区内的土地纠纷向国家森林政策委员会提出解决办法；1990 年政府为此设立了一个分支委员会，来考虑社区森林工作的指导方针。分委会会议提出了一个明确的原则：“如果没有地方民众的参与，森林管理难以取得成功。为了使林区附近的地方民众参与森林管理并从中收益，森林管理已经成为所谓的‘社区的社会森林’的行动。”②

1991 - 1993 年，在森林管理的社区知识和社区森林管理的适当管理形式方面，NGO 与分委会进行了合作研究。研究认为社区管理森林的能力——无论在保护区还是在非保护区——都清楚地在生活方式和生产文化中得到了体现。1993 年，NGO 起草了一份《社区森林法案》，并交给了分委会。1995 年班汉（Banharn Silpa-archa）总理的政府开始启动了

① Laungaramsri, Pinkaew, “The Politics of Nature Conservation in Thailand”, in Noel Rajesh, ed., *After the Logging Ban: Politics of Forest Management in Thailand*, Bangkok: Foundation for Ecological Recovery, 2005, p. 57.

② Kaiyoorawong, Sayamol, “Conserving Thailand's Forests: Legal Perspectives”, in Noel Rajesh, ed., *After the Logging Ban: Politics of Forest Management in Thailand*, Bangkok: Foundation for Ecological Recovery, 2005, p. 103.

《社区森林法案》的起草，由林业部与另外两个政府部门——地区增长分配委员会和国家经济社会发展委员会共同负责，焦点集中在公共参与上。问题主要在于“社区权利”以及“人与森林共存”的框架，即是否承认保护区内的地方社区具有保护森林的权利，以及是否认为山民能够可持续性地利用和管理森林。1996 年 4 月 30 日，政府原则上通过了《社区森林法案草案》，1997 年举行了公共听证会，听证会决定法案可以成立。

根据 1996 年提请泰国国会审议的《社区森林法案草案》版本，[①] 所谓社区森林是指公众共同使用的森林区域或者公共用地，或者按照民事与商业法令无人居住的荒芜的森林区域、通过内阁决议的红树林、国家禁止使用的森林、国家森林保护区、野生动物保护区或禁止捕猎区，或者按照其他法律社区组织希望设立为社区森林的区域。法案的宗旨是鼓励那些生活方式与森林相关并居住在社区内的公民，参与到环境的保护和发展中来，让社区公民可持续地管理和利用森林资源。这一政策通过承认公民的传统，肯定他们保护、利用和发展森林的各种方式，让公民意识到他们是森林资源的主人，这将鼓励各方在保护生态系统和环境，减少森林退化，监督、利用和恢复森林方面开展合作，改善社区内公民的生活质量。

《社区森林法案草案》有四大原则：这一法案是环境保护与发展的依据，而不能被用来界定土地的所有权；它是保护森林生态系统、可持续利用自然资源的框架；促进社区在保护、利用和用传统方式发展森林方面发挥作用，承认和鼓励在保护、利用和发展森林资源方面的各种社区传统；促进国家和社区在支持国家发展过程中的合作。法案规定社区代表、村民委员会、乡委员会或者乡自治机构等群体或组织可以拥有管理社区森林的权利，并成立社区森林委员会。同时，法案要求应当有一个府一级的社区森林委员会来审查和批准成立社区森林的申请，并监督和评估社区森林管理，也可废除已经设立的社区森林。

《社区森林法案草案》的出台具有里程碑意义。然而在 1997 年，四个环境保护组织对于法案的概念和内容提出了异议：他们认为社区森林

① *Thailand's Community Forest Act Draft*, http://www.grain.org, 2007-9-10.

不得在保护林区和分水岭区域设立；对于社区森林的剥削应当禁止，尤其是在保护林区和分水岭区域要禁止放牛、打猎和砍伐；除非社区在该区域被设立为保护林区时就已经存在，而且必须卷入保护社区森林的活动中来，否则不允许在保护林区设立社区森林；府一级的监督委员会的资质一定要被检查。这些不同的声音表明，社区森林法案运动不仅反映了国家与公民社会之间的协商历程，而且也呈现了泰国公民社会内部的多元化特点。

《社区森林法案》的立法运动阶段（1997 年至今）

1997 年修订的泰国宪法首次使得 5 万名以上公民倡议法案成为可能。同年，5 万名公民联名倡议《社区森林法案》，并在 1997 年将该法案提交国会讨论。1997 年，《社区森林法案草案》在国会审议通过后却没有获得参议院的批准。2000 年 3 月 1 日，人民版本的法案草案被直接呈交给国会主席。2001 年 9 月，他信总理任命工作小组以解决北部地区的土地和森林冲突，并计划修改相关法律。工作组秘书说，修改法律十分必要，因为北方七府的许多农民生活在林区。他说：“至少有五万户家庭与林业部有冲突，林业部宣称这些家庭非法占用了林地。但事实上，在林业部将这些地区划归为保护区之前，他们就已经住在那里。”[①] 这些农民中的许多人团结在非政府组织联盟——北方农民联盟的旗帜下。2001 年 11 月，《社区森林法案》进入参议院一审。这项法案的草案，将允许生活在 8000 个森林社区、超过 200 万的人口参与保护区的管理。2002 年 3 月 15 日，参议院的裁决结果与四年前如出一辙：虽然国会在原则上通过了草案，但是参议院对某些关键性条款进行了否决，被删除的第 18 条要求在国家公园、野生动物保护区成立之前就居住在区域内的人民能够在登记后继续管理和可持续利用森林。107 名参议员反对该条款，说这可能导致森林退化，另有 58 名投了赞成票。赞成者认为，这一条款是法案的核心，将会是自然资源管理解集权化的里程碑。[②] 此后，被删除了关键性条款的《社区森林法案》版本被称为“官僚版本”，而最初的《社区森林法案》版本被称作“人民版本”或“草根版本”。

---

① *Amend Forestry Laws*: *Panel*, http://www.nationmultimedia.com, 2001 - 9 - 24.

② *Forest Bill*: *Senators Vote to Gut Legislation*, http://www.nationmultimedia.com, 2002 - 3 - 16.

《社区森林法案草案》遭到否决在泰国引发了激烈的社会大讨论和社会运动。2002 年 5 月，来自全国各地的商业人士、学者与村民一同发起社会运动，包括组织全国性的公共集会，组织参议员和下议员进行社区访问，以及组织媒体发起签名活动。泰国一些著名的学者和社会批评家也参与到这场运动当中。著名的公共知识分子尼题·耀斯翁（Nithi Eawsriwong）认为参议员否决法案是为了取悦中产阶级，他们不相信人类能够与森林和谐共处。布拉维·瓦司（Prawes Wasi）认为法案是唯一能够避免政府部门与地方居民在森林资源管理问题上引发暴力冲突的途径。他说："不幸的是，参议员和公众没有认识到法案不仅是控制森林管理的法律，而且是一个学习的过程，一场真正的关于改革和解集权化的教育。"① 清迈大学为此举行了圆桌讨论，阿南·甘加纳潘（Anan Kanchanaphan）教授说，泰王国在管理自然资源方面处于一个十字路口。一个多世纪以来，泰国的森林保护受到美国野生区域管理方式的影响——由国家控制并排除了地方人民，"我们是继续尾随西方人，还是走出一条由林区社区管理森林的新路?"

关于社区森林的争论集中于一个关键问题：如果法律承认村民管理森林资源的权利，能否相信村民会看护好国家目前仅有的森林。持相反意见的双方谁也说服不了谁。为此，在亚太区域社区森林培训中心（the Regional Community Forestry Training Centre for Asia and the Pacific），由宋飒·素翁（Somsak Sukwong）博士领导的林学家提出建立一个参与机制，以创设评估森林生态系统健康状况的系列指标。他们将组织林学家、村民和环保主义者共同走进森林，然后讨论在评估健康森林的指标方面的共识。关键是，这些指标由各方共同制订，并被大家接受。指标体系将成为有效的监督工具。这既能用来解决分歧，又是可持续森林保护的工具。挑战在于，林学家和其他关注方是否会走进森林并加入村民的行动中，以发展出动态的检查 - 平衡机制。②

在 2002 年的大讨论之后，地方社区、知识界和行动分子仍在不断要求地方社区参与森林管理的权利，下面是几则代表性的事例。

---

① *ForestBill: Villagers Get More Support*, http://www.nationmultimedia.com, 2002 - 5 - 11.

② *Towards Rational Forest Development*, http://www.nationmultimedia.com, 2002 - 5 - 16.

2004 年 10 月，一个克伦族社区和国家公园的官员闹纠纷，后者将让 55 个家庭失去他们的农地。国家公园和野生动物与植物保护部门宣布，克伦人目前耕种的 5000 亩地成为一个将要设置的占地 375000 亩的国家公园的一部分。官员们认为一些土地是森林，但是村民坚持说那是农地，尽管它看上去像是森林。克伦人传统上进行轮种，他们会抛荒一些土地让土地恢复肥力。但是官员们毁坏村民的标记的举动激怒了村民。“我们用这些土地来种植，但是不是用毁坏性的方式”，一位村民说，“如果官员坚持从我们手中夺走这些土地，我们会进行大的抗议活动。”①

2005 年 9 月，一群清迈的学者、艺术家和地方居民集会，反对一项禁止在某些保护林区（包括国家公园、野生动物保护区和某些分水岭）设立社区森林的提案。清迈大学的秉盖·乐让斯（Pinkaew Lerngaramsri）博士说，这项提案没有考虑现实，他代表 1142 名学者进行抗议。他说空中照片显示，在过去的 10 年中，在地方居民的努力下林区面积在逐步增加。如果提案被批准，全国 5000 多个位于林区的家庭将为《社区森林法案》而斗争。②

2005 年 11 月，99 名北部农民从清迈开始“为了《社区森林法案》长途步行”，他们的目的地是曼谷。本着印度甘地非暴力运动的精神，村民说他们将耐心地走完这一旅程，以向议员们施压，让他们保留法案的最初版本。清迈大学的法学讲师颂猜·斯拉巴查古（Somchai Silapapreechakul）说，徒步行走最有意思的方面在于，村民们想把社区森林变成一个公共问题，引发关于重要社会问题的公共讨论。③ 2005 年 12 月 13 日，徒步 760 公里的北部农民到达曼谷，与“社区森林网络”组织一起在国会进行抗议。④

2007 年 11 月 12 日，泰国国家立法委员会就《社区森林法案》进行

① *Karen Battling to Save Their Farms*, http://www.nationmultimedia.com, 2004-10-17.

② *Move to Ban Communities from Forest Areas Opposed*, http://www.nationmultimedia.com, 2005-9-14.

③ *Villagers on Long Trek to Save Bill*, http://www.nationmultimedia.com, 2005-11-13.

④ *Northern Villagers Arrive in City to Cut down Forest Plan*, http://www.nationmultimedia.com, 2005-12-13.

投票，关键问题在于法案是否批准在保护区成立社区森林，即便如此，这些社区是否能从中受益。最终，《社区森林法案》通过了国家立法委员会的审议，但是，删除了某些条款，例如将居住在保护区外的村民排除在外，否认他们可持续利用和发展并保护自然环境的权利。有舆论认为："泰国最终通过了《社区森林法案》，虽不完美，却是经历 15 年的争论、抗议、示威、请愿、游说和四次向议会提交草案之后的一次重要的胜利。这一法案展示了支持森林保护和管理的草根运动、NGO 和一个成熟的市民社会的成就。"[①]然而，许多 NGO 认为获得通过的官僚版本的法案并没有真正保护社区权利。国家人权委员会成员布恩通·斯若塔斯若（Buntoon Srethasirote）同时作为国家立法委员会成员同意这种说法。他说，条款规定保护区内的社区森林必须在保护区成立之前的十年以上就存在，还规定禁止在保护区域内砍伐树木，这些都违背了宪法中关于社区权利的规定。[②] 直至目前，"草根版本"或者"人民版本"的《社区森林法案》仍未获得立法机构的通过。

（二）社区森林：少数族群的政治权利、社会权利与文化权利

在争取社区森林立法的过程中，地方民众、学者和 NGO 之间结成了联盟，他们共同对国家的支配性权力和现存的社会发展模式发起了挑战，人与森林的相互依存关系被建构为实现公民的政治权利、社会权利和文化权利的重要途径。《社区森林法案》被认为是解除国家在公共资源管理方面的集权化模式，赋权给人民的重要一步，是边缘群体谋求社会发展权利的依据，是地方社区的生活文化和地方知识得到全社会认可的重要标志。

《社区森林法案》：民主改革与赋权的实验

社区森林法案运动被认为是泰国民主政治进程中的代表性事件。2001 年 10 月 10 日，泰国前总理阿南·班雅拉春（Anand Panyarachun）在纪念 1997 年宪法四周年的座谈会上发表演讲，其中提到《社区森林法案》在泰国政治改革进程中的意义。

---

① *Community Forest Bill Passed Thailand*, http://www.bangkokpost.com, 2007-11-13.

② *Assembly Passed Many Key Laws*, http://www.nationmultimedia.com, 2008-1-20.

“（1997年）宪法的核心是政治改革。为了确保政治改革，宪法寻求改变政治结构和重新组织以三个基本原则为基础的政治进程。第一，它通过增进和保护人民的权利和自由，使他们更积极地参与政府决策，寻求削弱‘政治家的政治’并促进‘人民的政治’。第二，它寻求净化政治，使得政治更加‘诚实’和‘透明’，从而增加人们对于政府合法性的信心。第三，它寻求增进政治稳定性和在解决国家问题方面的效率。”他还说，在宪法生效的四年以来，进步体现在几个领域，例如立法，由五万名公民发起的《社区森林法案》已经由议会提交审议。他同时指出民主仍存在四个主要的障碍：“第一，人民需要更好地组织起来运用政治权利约束政府；第二，人民参与政府决策必须建立在由宪法建立的根本规则之上；第三，人民参与政府决策和解决冲突必须通过建立在科学依据之上的理性的公共讨论来实行；第四，政府官员需要改变他们的态度，更加尊重人民在政府决策过程中的作用。”①

在《社区森林法案》引发的公共讨论中，知识界和政界人士发出了解集权化与赋权于民的呼声。例如法学家博沃萨·乌瓦诺（Borwornsak Uwanno）引用《社区森林法案》的例子提出，消除贫困只是空谈，除非赋权于贫困人群；泰国社会最需要的是实实在在地赋权给穷人；穷人的权利是关键，法律将会帮助他们获取脱离贫困的工具——法律能够创造权利。② 前国家人权委员会主席萨内·加玛瑞（Saneh Chamarik）教授则指出，我们必须将《社区森林法案》看作通向自然资源管理解集权化的大门。他说：“《社区森林法案》不仅是解决长期存在的人与森林的问题的重要手段，而且是解集权化的重要基础。”如果我们不信任人们在森林管理方面的效率，我们就不应再谈论解集权化。③ 正如一则编者按所指出的，森林应当从国家垄断性资源转变为公共资源：

至少两个世纪以来，王国的森林先后被地方贵族和拉玛五世

① *Progress for the Constitution*, http://www.nationmultimedia.com, 2001-10-13.

② *Empowerment Key to Tackling Poverty*, http://www.nationmultimedia.com, 2001-11-25.

③ *Should People Be Allowed in Forests*, http://www.nationmultimedia.com, 2002-2-9.

(1868－1910年在位）创立的以曼谷为基础的皇家林业部控制，他们负责发放伐木许可证。直到1989年实行全国范围的伐木禁令，森林是“木材”的同义词。《社区森林法案》是我们看待和管理森林的方式的重要的范式转变。与以往的法案不同，此法案在观念上将“作为国家财产的森林”转变为“作为公共资源的森林”。它动摇了几个世纪以来森林管理的旧的国家垄断体制。在这一法案下，社区成员将在管理他们赖以生存的森林的事务中发挥重要作用。为了获得这些权利，他们必须制订保护和利用森林的计划。由政府、社区、非政府组织和其他公民社会部门组成的府一级的委员会将对计划进行认真的评估和监督。这也将在管理方式上把作为商品的森林转变为作为非木材生产和支持社区自给自足的森林。[①]

自然资源利用、社会正义与社会发展权利

独立研究者杰萨达·加克比瓦（Jedsada Chotkitpivart）在2002年4月6日的深度报道中对于国家的经济发展战略及其引发的资源战争进行了批评：

“宽泛地说，如今贫困人群面临的各种问题在一定程度上是由历届政府不正确的发展思路和实践的长期影响造成的。自从沙立时代从世界银行那里受到西方思维的强烈影响，实施第一个国家经济和社会发展计划以来，事实尤其如此。国家经济与社会发展委员会推进的计划旨在将泰国由农业社会转变为工业社会，奉行的是现代化、繁荣、发展和文明的优势话语，结果是战胜自然、改变自然和物质主义的胜利。……利用自然资源的方式的转变加剧了竞争，爆发了政府权力部门、投资者和社区之间为了控制自然资源而开展的战争。从社区那里攫取自然资源的行为利用法律来主宰社会，为政府提供了伪装的正义，但它侵犯了人权和社区的权利，不尊重地方知识和智慧的价值。政府成为资源的唯一管理者，把自然资源说成社会的

① *EDITORIAL: A Landmark Law to Manage Forests*, http://www.nationmultimedia.com, 2001－11－18.

> 共同财产，或者说为了国家有必要做出牺牲，但是一旦控制了资源，政府帮助少数投资者而不是人民获取利润。国家被消费者文化主导，这意味着以剥夺的方式而非可持续的方式利用资源。”①

在泰国的经济发展过程中，森林作为国家资源发挥了巨大作用。但是，在经济发展为中上阶层带来好处的同时，林区的居民不仅难以从中受益，反而成为环境退化的承受者。在很长一段时间里，林区居民甚至被认为是环境的破坏者。正如学者指出的那样，将林区居民塑造为环境威胁者是国家发展的意识形态的一部分。②

在关于《社区森林法案》的争论中，有知识界人士认为，社会必须改变对林区居民的看法，并由此引申出对于社会公平与社会正义的呼唤。下面是一则编者按：

> 泰国官方在40年前开始推行森林保护。1961年，为了解决森林面积加快缩小的问题，沙立实施国家公园法案。政府很快成立了第一家国家森林公园。40年后，有超过100片的保护林。过去我们常常谴责那些为了生计而伐木的农民为森林破坏者。今天，我们谈论他们在森林保护方面的努力。敌人变成了朋友。……事实上，国家公园的概念在社会效应方面包含了双重标准：将社区排除在外的时候，它却欢迎来自城市的游客。国家公园的功能是娱乐和自然教育。政府投入大量资金用于修建道路和旅游设施。但是，生活在那里的人却什么也没有得到。过去，森林公园的地位确实阻止了许多破坏性的水坝和开矿项目。因此，我们仍然需要这一法令，但需要强调社会平等的更宽广的视野。在国家首个森林保护法律40周年纪念日，挑战来自于我们如何在管理森林的时候保持社会现实与可持续生态之间的平衡。③

---

① *Thaksin's Vision and the Reality Are at Odds*, http://www.nationmultimedia.com, 2002-4-6.

② Laungaramsri, Pinkaew, "The Politics of Nature Conservation in Thailand", in Noel Rajesh, ed., *After the Logging Ban: Politics of Forest Management in Thailand*, Bangkok: Foundation for Ecological Recovery, 2005, p. 61.

③ *EDITORIAL: A New Paradigm for Nation's Forests*, http://www.nationmultimedia.com, 2001-12-27.

在《社区森林法案》中所体现出来的结构性问题，例如资源的有限性与发展的资源需求、经济发展与社会公平、国家权力与社区权利之间的矛盾成为公共讨论的焦点。泰国社会中的多种力量呼吁澄清林区农民在后来被设为保护区的区域内开垦土地的权利，要求承认他们参与森林保护或者实施《社区森林法案》的权利，这是对于当代泰国的经济发展模式和社会公正问题进行反思的结果，是对于弱势群体的社会发展权利的伸张。

文化权利和多样化的资源管理方式

《社区森林法案》的宗旨是维护林区居民在管理和可持续利用森林方面的权利，这是对于山地族群不同于现代农业的生活方式的肯定，因此也是对于山民轮耕和采集的生产生活方式的法律维护。在森林里按照可持续的方式生活成为山民的文化权利，并被认为可以有效利用和保护森林。这一点在公共辩论中得到《社区森林法案》倡议方的强调。

2001 年，众议院通过《社区森林法案》，即允许森林保护区被认可为社区森林。然而参议院否决了第 18 条中规定的地方民众管理森林保护区的权利，再度引发了争论。对第 18 条持反对意见的参议员大多是法律专家，他们认为法案存在漏洞。他们担心村民获取管理权之后会利用林区的肥沃土地种植经济作物，并导致森林退化；他们还担心外来者会滥用法案，进入森林保护区并要求获得社区森林的管理权。赞成第 18 条的参议员则认为反对者对于村民与他们赖以生存的林地之间的关系缺乏理解。来自地区社区森林培训中心的彭萨·玛卡让皮若（Pirmsak Makarapirom）说他不奇怪法律专家的想法，因为研究法律的人不把文化看作社会准则，而文化规则也从来不被认为是社会和谐的工具。他说：“对于村民来说，能够拯救森林的是他们的文化、传统和信仰。他们向来尊重森林，但是从未被包括在城里人制定的森林保护法律当中。”作为参议院审查委员会成员，彭萨提议组织参议员进行实地考察，以让他们理解人民有能力管理森林。[①]

在争取《社区森林法案》立法的过程中，知识界也在倡导对于生活

① *Forest Dwellers to Remain in Limbo*, http://www.nationmultimedia.com, 2002-3-27.

方式的多样性的理解，以取代标准化的线性思维。有所节制地利用自然，保护自然，人与自然和谐相处的生活方式相对于一味攫取自然，将人与自然设为对立双方的生活方式更具有可持续性和道德优越性。文化与地方知识的理性与正当性被凸显出来。

清迈大学人类学教授阿南·甘加纳潘利用文化的概念作为主线，以北部泰国社区森林的实践为例表明，地方农民认为森林是一个复杂的整体的文化体系。森林不仅为森林社区提供物质利益，还为他们提供存在于权力和道德意识形态之中的文化意义。村民们说，进入森林意味着从国家权力中获得解放，或者获得最后的生存机会；生活在森林中就是置身于神灵的控制之下。这些观念形成了村民控制和管理森林共同资源的习惯权利的道德基础。在实践中，对于土地和森林的地方控制意味着，社区建立起习惯性规则来保护和利用资源，赋予成员专门的权利和义务，只有那些保护森林的人才能从中获益。这一原则强调共同利益而非个人利益。虽然这些权利和义务是非正式的，但是它们在地方组织的工作中卓有成效。社区森林的发展将取决于对习惯性土地保有权的法律承认，以及地方组织作为有权控制森林资源的法律实体的强化。① 社区森林法案运动将过去被视作落后的族群及其文化建构为维护人与自然的和谐关系的积极因素。对于参与式自然资源管理权利的要求，也成为少数族群维护自身文化权利的出发点。

持续近二十年的社区森林立法事件已经成为一场引人注目的社会运动。在这场运动中，公民社会与国家之间的对话和互动取得了许多成果：尽管直至目前法案的人民版本尚未成为正式法律，但是国家立法部门和管理部门已经部分接受了社区森林的概念，在有限的程度上承认了民众参与公共资源管理的权利，这相对于过去的资源集权化管理是一个很大的进步。同时，我们可以看到，《社区森林法案》在公共领域激发了许多深入的讨论，不同的社会理念和观点不断交锋，理性化的公共辩论促进了对于社会公正问题的思考以及对于未来泰国社会发展道路的构想，因此，这些讨论是卓有成效的。此外，社区森林的概念向主流社会展示

---

① Ganjanapan, Anan, *Local Control of Land and Forest*: *Cultural Dimensions of Resource Management in Northern Thailand*, Chiangmai: Regional Center for Social Science and Sustainable Development, 2000.

了生活方式的多样性以及人与自然的和谐关系模式，使得人与自然的关系成为公民政治权利、社会权利和文化权利的重要组成部分，在与国家权力对抗和协商的过程中，山地族群、NGO 和知识群体不断创造和深化对于公民权利的新的理解。

社会变迁与构建包容性的公民身份

（一）重构公民身份的社会空间：丛林的象征意义

通过前文的描述，我们见证了重要的社会空间——丛林——在当代泰国社会具有的特殊意义。丛林具有多重的象征意义：相对于人类文明，它是充斥着神秘力量的荒野；远离保守、正统的国家权力，它酝酿着发起挑战的社会力量；与人类凌驾于自然之上的现代社会体系不同，丛林令人敬畏，同时也体现了人与自然之间和谐相处、相互依存的关系。

丛林是社会的另一面镜子，它的勃勃生机可以照见社会当中陈旧腐朽的一面；丛林是酝酿变革的摇篮，希冀推动社会进步的人们在这里沉思并获得思想上的灵感，在这里实践并获得真知；丛林还是庇护所，那些看上去有着各种古怪想法、不为主流社会容纳的人们栖息于此，在这里磨砺他们的意志，铸造出新的思想。总之，丛林永远是一个不同于主流社会的空间，它令人类对之充满复杂和矛盾的情感——恐惧、赞叹、尊敬和依恋。

丛林象征着文明内部的他者。他者对于文明的挑战并不总是能获得成功，但是，这为社会变迁提供了可能性。佛使比丘只是众多丛林比丘中的一位，他的思想却在一定程度上改变了现代泰国主流社会对于佛教的理解；20 世纪 70 年代的激进学生运动分子在丛林里经历了革命失败后的痛苦，这为反思和重新寻找泰国社会的发展道路提供了机遇；而社区森林法案运动正在改变着泰国社会对于自然和现代文明的关系的理解。这些事例说明，社会变迁过程中产生的危机必然会导致来自他者的挑战，这为调整社会变迁的方向提供了机会。因此，他者对于文明是不可缺少的。

耐人寻味的是，从 19 世纪后半期到 20 世纪早期，丛林在暹罗知识界被认为是野蛮的、脱离正统秩序的空间，而城市代表文明或进步的方向。但是，20 世纪末期以来，在文明话语中丛林与城市的关系发生了急剧的变化，城市被看作现代性的堕落的表现，而丛林被视为生命的源泉和文明的未来。[①] 由此可见，丛林作为文明社会中的他者，与文明的关系发生了转变，也正是这种文明与他者之间的相互转化为社会的变迁与进步创造了动力。

（二）社会变迁的机制：中心与边缘的互动

当代泰国在向现代社会迈进的过程中，遭遇一系列困境，其中既包括思想逻辑的困境，也包括行动逻辑的困境。如何为一个转变中的社会提供思想支持以及如何创造一个新的社会是当代泰国知识精英关心的核心问题。关于这些问题的解答有各种答案，其中有许多声音来自社会边缘。

佛使比丘关于佛法的大胆诠释打破了长期以来佛学因循守旧、与社会现实相隔阂的局面，尽管他曾经被视为异端，但最终还是被精英阶层接受，成为当代泰国的精神领袖之一。在政治参与层面，20 世纪 70 年代受到马克思主义和毛主义影响的热血青年与保守的国家意识形态相抗争，随着国际国内环境的变化，这些青年最终不得不与国家妥协，但他们还是在各个领域延续理想主义热情和对现实的强烈批判态度，而他们的经历本身扩展了人们对于政治权利的理解。社区森林法案运动不仅反映了国家权力与地方权利之间的矛盾，还直接推动了国家与社会之间的不断对话。从社区森林概念的提出到后来的立法过程，政府、社会活动界、知识分子和地方社区都参与其中。虽然在《社区森林法案》的具体条款上还存在争议，但是，社区森林的理念已逐渐为人所知。

值得注意的是，无论是曾被僧伽集团视作异端的佛使比丘，还是激进的左翼政治思想家以及争取生存权的少数族群，最后都逐步为主流社会包容并改变着公民身份的思想与制度构成。因此，丛林并不是一个与主流或现代文明隔绝的空间，相反，二者之间的对话、妥协和激荡是社会活力的来源，社会变迁也正是在中心与边缘的互动当中实现的。

---

① Winichakul, Thongchai, “The Quest for ‘Siwilai’: A Geographical Discourse of Civilizational Thinking in the Late Nineteenth and Early Twentieth-Century Siam”, *The Journal of Asian Studies*, Vol. 59, No. 3 (Aug., 2000), p. 529.

（三）构建包容性公民身份

来自泰国的三段丛林故事表明，现代民族国家的公民身份无论从制度框架来说，还是从思想构成来说，都处于不断动态变化的过程中。佛使比丘对于佛教教义的诠释使得公民的宗教生活更加契合现代社会的要求。作为佛教徒的文化身份转化为公民身份的内在组成部分，这既是佛教思想的创新，也是公民身份在思想资源方面的创造性转换。而近三十年来，在政治权利、社会权利和文化权利方面，社会参与方式、权利内涵以及制度建设都发生了令人瞩目的改变，扩展了当代泰国的国家与社会对于公民身份的理解和实践。

公民身份的包容性还体现在，如若在公民身份的框架下包含不同于主流的对于公民权利的理解和实践方式，来自社会边缘的群体往往能够带来完善公民身份的动力。因此，对于社会边缘的包容不仅不会减损公民身份的普遍性和有效性，相反，它会在更大范围和更深层次加强对于公民身份的认同。因此，包容性既是公民身份的内在要求，也是其不断发展的重要动力。

第五章　当代泰国都市里的修行实践与身体技术

泰国的现代社会转型催生出佛教改革运动，并对城市中产阶层的信仰实践产生了重要影响。一方面，佛教改革运动强调个体作为道德行为主体的地位，因而强化了宗教实践的个体化色彩；另一方面，佛教改革运动又产生出新的宗教组织形式、新的世界观和新的公共话语，试图回应当代社会在转型过程中所面临的挑战。当代泰国城市中产阶层在佛教修行中强调宗教经典语言、空间纯洁性、身体技术和个体在当下的解脱，截然不同于且被认为高于以世俗道德话语、富丽的宗教空间、集体欢庆和追求来世功德为特征的乡村或底层社会的佛教，从而成为一种充满日常实践感的“高级”佛教，并在宗教生活层面构成了中产阶层文化亲密的来源之一。对个体修行实践的强调发展出对于身、心、法的关系的深入体验和一系列身体技术。个体通过多样化的修行路径选择，达到从不定、定到内观的不同层次的身心状态。个体修行者关于“感知自身在当下的存在”的表述，暗含着身体技术所造就的自我认同的时空维度，并可能成为个体与社会关系再生产的出发点。

宗教的现代转型是当代世界面临的普遍问题，也是宗教人类学与宗教社会学的重要研究课题。在现代化和全球化进程中，宗教是被世俗化取代，还是表现出新的宗教形式？针对上述问题，西方学者以当代欧美社会的宗教形态为出发点，提出了世俗化和宗教个体化等理论，试图解答当代社会的宗教转型问题。这些理论开启了国际学界的相关讨论，但是也受到欧美社会经验的局限，尤其缺乏来自全球视角和来自世界其他区域的个案研究的检验。关于当代泰国城市中产阶层佛教信仰与实践的研究，将为检验和丰富现有的宗教研究理论提供有益的个案。

宗教在现代社会的遭遇和新的表现形式是当代宗教研究领域的核心

问题，20世纪后半期以来，关于这一问题的探讨发生了一个重要的理论转向，即转变了把宗教仅仅当作集体行为或集体组织形式来进行研究的视角，而从信仰者个体的角度来理解宗教，并由此产生了认识个体与宗教关系的各种理论范式。

二战后兴起的经典世俗化理论提出，资本主义工业理性导致了世俗化过程，即“社会和文化的一些部分摆脱了宗教制度和宗教象征的控制”，由此而导致“宗教被置于社会日常生活的私人领域内，不可能创造一个共同世界而维护经济、政治制度的高度理性化秩序”。[①] 宗教的衰落表现为在私人领域和公共领域的分离或两极分化，即“宗教表现为公共领域的修饰和私人领域的德行。换言之，就宗教是共同的而言，它缺乏‘实在性’，而就其是‘实在的’而言，它又缺乏公共性”，宗教的传统任务彻底分裂。[②] 世俗化还导致了一系列后果，诸如各个宗教传统的非垄断化和宗教多元主义，以及宗教主观化——宗教日益成为自由的主观选择问题。[③] 还有学者提出，当代宗教生活的特征之一在于个体宗教性建构的“去制度化”，或者说宗教的私人化。[④]

继世俗化理论之后，新世俗化理论从多个角度揭示了世俗化与宗教变迁之间的复杂关系，对个体与社会层面的世俗化进行了区分。一方面，世俗化被看作宗教在社会、制度和个体三个层面上的演变过程，而不同层面的演变过程之间并不具有某种必然的联系，也就是说，社会与制度层面的世俗化并不必然导致个体世俗化[⑤]；另一方面，学者们充分注意到个体如何通过新的信仰方式来创造性地回应现代性，因此，教会权威的衰落并不等于宗教衰落，信仰的制度形式的世俗化并不伴随个体世俗化[⑥]。

① 彼得·贝格尔：《神圣的帷幕——宗教社会学理论之要素》，高师宁译，何光沪校，上海人民出版社，1991，第128、158页。

② 同上书，第159页。

③ 同上书，第160、192页。

④ 卢克曼：《无形的宗教：现代社会中的宗教问题》，覃方明译，中国人民大学出版社，2003。

⑤ Dobbelaere, Karel, *Secularization: An Analysis at Three Levels*, Brussels: P. I. E. - Peter Lang, 2002.

⑥ Dekker, Gerard, Donald A. Luidens, Rodger R. Rice, *Rethinking Secularization: Reformed Reactions to Modernity*, Lanham, New York, London: University Press of America, 1997, pp. 279 - 282.

基于以上两个方面的假设，当前的宗教研究面临一个由此延伸出来的问题：如何看待宗教在当代所扮演的公共性角色。美国社会学家贝拉分析了美国宗教当中的两极——激进的个人主义宗教和保守主义宗教，认为二者的局限都在于“无法获得一种真正能够在自我、社会、自然世界和终极现实之间充作媒介的语言”。[①] 贝拉倡导在个体的精神世界、宗教团体的凝聚力和对社会重大问题的积极回应之间建立有机的联系，从而在今天的美国建立一个有效的“公共教会”[②]。

德国社会学家贝克则认为有必要区分个体主义和自我中心主义。贝克以当代欧洲的宗教现象为例指出，“世界化开启了宗教转型的外在方面，个体化开启了宗教转型的内在方面”。[③] 与信仰某种特定宗教，归属于某个教会的宗教信仰形式不同，当代的宗教体现出个体化和世界主义的新特点，即以信仰者个体的灵性体验为中心，从世界各个宗教当中择取符合个体精神需求的元素，从而创造出“自己的上帝”。另外，宗教世界主义的特点在于“承认宗教上的他者成为它的思维方式、行动和社会存在的座右铭；文化与宗教差异既不是被纳入等级组织中也不是被消解，而是被接受和被承认；他认为宗教的他性（religious otherness）既是独特的也是普适的”[④]。在贝克看来，个体化与世界主义宗教并不是把个体与外界隔绝起来，相反，它创造了个体与外部世界连接的更多可能性。

以上理论都是在当代欧美社会宗教变迁的背景下提出的。在当代亚洲社会例如泰国，宗教与社会变迁呈现出哪些特点将是我希望探求的主要问题。关于当代泰国佛教的社会学、人类学研究的主要不足在于：大多数研究者偏重对宗教人物或宗教组织的研究，而忽略了对信仰者及其实践的研究。上述研究没有将宗教经验放置在信仰者的日常生活中进行整体性理解，难以反映宗教生活与经济生活、政治生活之间在实际运作中的联系，并在理解信仰者个体与佛教的新公共角色之间的关系时脱节，由此得出的结论难以逃脱主观臆断的嫌疑。

---

① 罗伯特·N. 贝拉：《心灵的习性：美国人生活中的个人主义和公共责任》，周穗明、翁寒松译，中国社会科学出版社，2011，第314页。

② 同上书，第321－326页。

③ Beck, Ulrich, *A God of One's Own: Religion's Capacity for Peace and Potential for Violence*, Cambridge and Malden: Polity Press, 2010, p. 82.

④ Ibid, p. 71.

我将采取当代信仰者的视角，从日常生活的层面描述和解释佛教的现代转型，探讨信仰者如何策略性地回应现代性需求，探讨个体在宗教的现代转型中所发挥的创造性作用及其历史局限性。我也试图在关于信仰者个体的微观研究、关于佛教与泰国社会转型的中观研究和关于宗教与现代性问题的宏观研究之间寻找概念性的突破。

泰国都市里的佛教景观

2013 年暑期，我来到曼谷开展关于城市中产阶层佛教信仰的实地调查。以往的研究更多地侧重宗教机构的组织形式以及宗教领袖的影响，而我对于城市中产阶层的宗教生活更感兴趣。近几年来，我阅读了泰国佛教改革派代表人物佛使比丘的著作，自以为对当代泰国的佛教改革运动的精髓有所把握。然而，当我在不同道场接触到信徒时，人们更多地对我强调修行实践而非教义的重要性，并向我描述修行的方式、感受以及修行带给个人生命的改变。更有意思的是，在我对修行感受的追问下，好几位报道人都说“如果你要理解修行带来的生命的改变，就必须亲自实践”。也就是说，佛法实践成为我真正进入修行团体的必要条件。

“实践”一词在泰语中叫作 patipad，在佛教当中意味着按照佛祖教导的方式去修行。修行（phawana）的具体内容包括持守戒律、培养定力和运用智慧，这都是需要在日常生活中遵循和实践的。持守戒律的结果是让我们的生活处于正常状态，而定力与智慧却可以使人们从痛苦中解脱。在许多人看来，我们需要不断地锤炼自己的身心，使之产生定力与智慧。此次调查中我感受到的最大震撼在于，仅仅了解佛教改革派的教义以及信徒的世界观是不够的，对个体修行实践的高度重视已经成为佛教改革运动的核心，并对个体生命产生了深刻影响。

对于身体的理解以及如何通过身体技术来达成对自我的重新认识，是修行实践中的要点之一。在当代泰国，包括佛使比丘在内的诸多高僧都以教授修行的独特方式而闻名。例如佛使比丘在《呼吸内观法》一书中将实践过程分为十六个步骤，其中控制自己的呼吸是前四个步骤的重点，然后通过观察感触、情绪的升起与消逝来感悟无常与无我，最终达到内观——看清自己的心的目的。佛使比丘推崇的内观被认为是修行实践当中高于定的境界。此外，还有高僧推崇通过有节奏地走步的方式或者手势动作达到定的状态。一位在泰国石油公司总部工作的中年男子告诉我，一定要坚持不懈地训练自己的身心。他早晚练习走步已经十几年了，通过练习他获得了心灵的平静，并能以从容的心态对待竞争激烈的工作环境。我从其他报道人那里听到了类似的表述。通过对身体和心的训练，他们获得了对自我与对他者的新的认知，并部分消除了现代生活中的紧张感。如何理解修行实践以及修行技术所包含的深层意义——身、心、法之间的关系，如何理解修行与自我认同、修行与社会关系的再生产等，是我在田野调查中加以探究的重要内容。

考虑到曼谷在泰国的政治、经济、教育和大众文化方面所占据的中心地位，我主要选取在曼谷生活的中产阶层群体作为研究对象。泰国城市中产阶层被认为是当代泰国社会的革新力量。在泰国，20 世纪 60 年代以来随着现代工商业的迅速发展和高等教育的普及，出现了以专业人士、知识分子、私营业主和公司职员等为代表的新城市群体，他们是处于保守的社会精英（包括贵族、军人集团）和广大农民之间的中产阶层。[①] 在当代泰国城市中产阶层仍然是一个相对宽泛的范畴，对它的界定既取决于某些具体指标，如受教育程度、经济收入和社会地位等，也取决于当事人的自我定位。因此，对研究对象的界定既要考虑客观的衡量标准，也要考虑被研究者的主观认知。在曼谷，佛教实践中心已经成为新兴的、与传统寺庙有所区别的个性化宗教空间，修行者通常会跨越生活社区的界限，根据自己的喜好来选择导师和修行场所。信众参与的冥想和诵经等修行实践已经成为部分都市道场的礼佛活动的组成部分，有别于完全由僧人主导的传统礼佛仪式。

我采取人类学田野调查和文献分析的方法来开展实证研究。我于 2013 年 7 - 8 月在曼谷进行了一个月左右的预调查，后又于 2015 年 1 - 2 月在曼谷开展了一个月的正式调查。在两次调查中，我通过参与观察和个人访谈获得了关于曼谷中产阶层佛教信仰状况的第一手资料，这构成

---

① Koanantakool, Paritta Chalermpow, The Middle-class Practice and Consumption of Traditional Dance: "Thainess" and High Art, in C. J. W. L. Wee (Ed.), *Local Cultures and the "New Asia": The State, Culture, and Capitalism in Southeast Asia*, Singapore: Institute of Southeast Asian Studies, 2002, p. 219.

了研究的经验基础。

我曾经在泰国中部的乡村做过长期田野调查，对于泰国的乡土社会及其宗教生活方式有一定的了解。而此次田野工作的主要地点选择在曼谷，希望从城市中产阶层的宗教信仰方式出发来理解当代泰国的社会变迁。在田野进入路径、田野工作方式、宗教语言学习和深入的参与观察等方面，我都面临新的挑战。

我事先通过在泰国和中国的一些朋友建立了自己在曼谷的初级人际网络，并依托曼谷的佛使比丘档案馆（英文简称 BIA）来开展田野调查。如前文所述，佛使比丘（1906－1993）是当代泰国宗教改革派的领军人物。2010 年 8 月，坐落在曼谷一处公园内的佛使比丘档案馆正式对外开放。尽管该馆负责人声称他们并不是佛使比丘生前所在寺院解脱自在园的分部，而是独立的档案馆，但是当地人都称之为“解脱自在园曼谷分部”，而非“佛使比丘档案馆”。此外，人们通常是在英语语境中或者在与外国人（例如我本人）交谈的时候，才会用档案馆的英文简称来指称该场所。

佛使比丘档案馆的经理 K 先生让我把自己的研究提纲和个人简历发给他，以便他们更好地配合我的调查。在研究提纲中，我开放式地列举了自己感兴趣的三个方面：档案馆的宗旨、活动和影响；参与档案馆活动的人群及其佛教实践；通过档案馆和相关人群理解变迁中的泰国社会。此后，佛使比丘档案馆成为我两次调查当中访问次数最多的场所。我先后与档案馆的核心人物——档案馆主任 B 先生、多名项目管理人员、多名志愿者及到访者进行了接触，对档案馆的主要活动形式有了一定的认识。

档案馆主任 B 先生年近六旬，出生于呵叻府，曾是一名医生。他于 28 岁的时候在解脱自在园出家，后来还俗。他说早在佛使比丘还在世时，就有了建立档案馆的计划，筹建档案馆大概花了二十年的时间。档案馆的宗旨是发展佛使比丘的教导，帮助人们通过身体和心灵的锤炼获得理智和智慧，并回报社会。该馆的首要任务是保存佛使比丘的资料，并以现代手段进行传播；其次，为了使活动取得成功，需要通过多样化的形式吸引公众参与。为此，档案馆主要开展以下几类活动：一是档案利用；二是利用书籍和其他媒介在大众中发展和创造对于佛法的理解；

三是各部门开展的实践活动。他说，有一个专业的评价小组每年都对档案馆的主要活动的过程和影响做出评估。在我看来，该馆的活动内容超出了档案馆的范畴，除了保存与佛使比丘相关的档案资料之外，它还举办各种法会和公益性的佛教实修活动，成为人们的精神社区。通过结合颇具现代气息的建筑风格与活泼多样的活动形式，档案馆试图将佛使比丘的教导更好地融入当代泰国社会和年青一代的生活当中。

佛使比丘档案馆的具体活动可以从他们每月的活动简报上了解，大致上可以分为两类。一是佛法学习，帮助人们解读和理解佛法；二是采取寓教于乐的形式例如音乐冥想、瑜伽、太极、手工制作等来促进人们的实践。档案馆倡导佛祖教导的观呼吸的实践方法，同时，还会吸收其他高僧发展出来的实践方式，或者采用现代的冥想方式帮助都市人修行。档案馆还成立了国际项目，致力于向国际社会推广佛使比丘的精神遗产。国际项目包括用英语开展讲法和实践活动、翻译著作、维护该馆的英文网站、建立国际合作关系，等等。

佛教术语和教义也对我以往的语言和知识基础构成了挑战。在泰国乡村，巴利文和高深的佛教教义似乎是僧人的专门知识，然而，佛使比丘所倡导的佛教改革要求信徒摆脱仪式主义的束缚，真正理解佛教的本源，因此，佛教术语及教义的普及成为佛教改革派的任务之一。在参与人们的佛教活动时，语言成了我在调查过程中面临的一大挑战。有幸的是，我在到达曼谷的第二天就结识了一位来自解脱自在园的女居士，她与我进行了两次谈话，向我普及了佛使比丘基本教义中的关键词。对于教义当中的关键词的把握，为我和其他信徒的交流奠定了知识基础。我总感觉做田野就是“摸着石头过河”，语言和文化中的关键词就是散布在河中的石子。对于研究者而言，掌握当地语言始终构成挑战，但也正是通过学习语言，田野调查才能够得以进行和深入。

为了感知修行实践带来的身心体验，我于2013年7月专程赴泰国南部解脱自在园的女子修行处进行了为期五天的修行实践，其间我进一步了解到与修行实践相关的宗教语汇和身体技术，而最切身的体会来自长时间打坐带来的身体疼痛。赫兹菲尔德曾就民族志研究者的身体姿势与文化亲密之间的关系进行过讨论。他说：“身体姿势的这些方面，尤其是身体姿势与社会空间之间的交汇，决定了民族志知识的生产。它们标志着我称之为‘文化亲密’的领域，而这正是大多数民族志者所期冀的。”[①] 在我的这项研究中，修行实践当中的身体技术成为我与研究对象之间形成文化亲密的重要基础。

在2015年初的第二次调查中，我将调查范围扩展到各种类型的修行实践中心，包括一家位于市中心繁华地段、由个人开设的实践中心BA，位于闹市区的PW寺庙，规模较大的全国青年佛教协会，1997年成立并发展较快的“心的力量基金会”，以及被称作“上层阶级俱乐部”的STS道场。我参与的修行活动类型包括：巴利语原典课程、佛使比丘著作研讨、个体实践技术（手势法和走步法）培训、青少年手工修行、女子修行训练、病患者修行活动、健康饮食培训和小组讨论会等。在培训活动中，导师会强调通过身体体验来控制对世界的感受，从而控制自己的内心与情感。此外，我还参与了修行者的小组讨论，并对部分修行者进行了访谈。在调查的过程中，人们集中讨论和试图解决的问题浮现出来，即“什么是痛苦，为什么有痛苦，以及如何从痛苦中解脱”。有多名访谈对象宣称“佛教是关于苦的科学，它能让人们产生智慧”，认为修行实践方法是科学的方法，不论人们信仰什么宗教，都可以通过实践来获得解脱。然而，如果说修行实践能够止息个人的痛苦，那么，社会之苦如贫困问题和政治冲突又该如何面对呢？在倾听的同时，我适时抛出一些问题，就心中的困惑与修行者共同探讨。

下面的民族志部分将以宗教语言、宗教空间和身体技术为重点，描述和分析曼谷中产阶层的修行实践活动。这一叙述包含一条暗线，即与修行实践形成对比的传统佛教仪式活动。我曾于2003－2004年在泰国乡村开展田野调查，泰国乡村的佛教活动与曼谷中产阶层的修行实践形成了鲜明的对比。正是因为有了乡村佛教作为参照，我才能更好地理解泰国都市中产阶层修行实践的内涵与特质。

修行实践中的语言、空间与文化亲密

强调个体遵照佛教原典进行的修行实践活动成为当代泰国引人注目

① Herzfeld, Michael, “The Cultural Politics of Gesture: Reflections on the Embodiment of Ethnographic Practice”, *Ethnography*, Vol. 10 (2－3), 2009, p. 133.

的宗教现象，研习巴利文原典、冥想和内观等修行方式为处于“精神饥渴”当中的中产阶层[①]提供了替代性的宗教生活形式。学者们对城市中产阶层的佛教修行实践进行了多角度的解读，例如学者们曾普遍认为修行实践强调个体的宗教主体地位，尊崇游离在正统僧伽体系之外的高僧，体现了泰国佛教界去集权化（decentralization）和强调个体宗教性（personality-focused religiosity）的发展趋势，与政治民主化一起构成了替代性的意识形态；[②][③] 以佛使比丘为代表的泰国佛教改革派倡导理性的、科学的佛教，吸引了当代泰国的政治、经济与文化精英，将佛教价值观从来世的超越转向针对现实世界的行动，为社会发展和追求更美好的世界提供了精神动力。[④] 如果说佛教改革和修行实践运动曾经对于国家权力控制下的正统僧伽体系构成了批评和挑战，那么，今天泰国城市中产阶层的佛教实践活动已经逐渐被吸纳到正统的僧伽体系之中。尤其是1997 年的亚洲金融危机之后，佛教修行实践受到泰国主流社会的普遍认可，被认为是回归泰人族性（Thainess）、对抗全球资本主义和消费主义的重要精神财富。[⑤] 时至今日，各种修行活动不再被泰国正统佛教界斥责为旁门左道，且逐渐被官方塑造为体现泰国传统文化价值的宗教活动方式。

我认为，仅仅从国家与社会的二元视角对当代泰国中产阶层的修行实践活动进行分析是不够的，我们还应当关注民间社会内部的分化。事实上，已经有学者从阶级分化的角度对泰国乡村的做功德行为进行分析，提出做功德可能成为弱者的武器，作为慈善的跨阶级、单向的给予形式，在复杂社会的社会政治建构中，对于调和霸权与抵抗的过程具有重要作

① Chalermsripinyorat, Rungrawee, Doing the Business of Faith: The Capitalistic Dhammakaya Movement and the Spiritually-thirsty Thai Middle Class, 7th International Conference on Thai Studies, Amsterdam, 4 - 8 July, 1999.

② Taylor, Jim, “New Buddhist Movements in Thailand: An Individualistic Revolution, Reform and Political Dissonance”, *Journal of Southeast Asian Studies*, Vol. 21, No. 1, 1990, pp. 135 - 154.

③ Jackson, Peter, *Buddhism, Legitimation, and Conflict: The Political Functions of Urban Thai Buddhism*, Singapore: The Institute of Southeast Asian Studies, 1989, p. 9, p. 55.

④ Jackson, Peter A., *Buddhadasa: Theravada Buddhism and Modernist Reform in Thailand*, Chiang Mai: Silkworm Books, 2003.

⑤ Cook, Joanna, *Meditation in Modern Buddhism: Renunciation and Change in Thai Monastic Life*, Cambridge: Cambridge University Press, 2010, pp. 35 - 40.

用，因此，阶级斗争同时也是价值观的斗争。[①] 如果说在泰国乡村社会做功德行为带有很强的阶级属性，那么，当代泰国的都市社会已经演化出不同于做功德的另一套宗教话语和实践。我将对两种不同的宗教话语——追求来世功德和追求当下解脱——进行考察。我在曼谷开展调查时，来自乡下的一些朋友会对我说："城里人大概都不做功德，他们只忙着挣钱"；而当我在曼谷的佛教实践中心开展访谈时，有不少实践者对我说："乡下人只知道为来世做功德，却不懂得如何修行，不懂得佛教的真谛是在当下止息痛苦。" 傍晚，我既可以在佛教实践中心与城市白领一起体验和讨论冥想带来的身心感受，也可以在曼谷唐人街的一所大型寺庙看到外来务工人员排着长队为僧人奉献钱财求取功德的情景。通过修行来获取当下的解脱，还是通过做功德来获取来世的幸福，这两种宗教行为业已成为当代泰国不同人群宗教分化的标志，二者之间存在较为明显的张力。人们会习惯用受教育水平、社会阶层和生活方式的差异来解释不同群体的宗教行为，但是，究竟存在哪些差异？这些差异又如何构成整个社会图景中的一部分？

我试图描述和分析当代泰国城市中产阶层的佛教修行实践以及宗教领域的双符制现象。迈克·赫兹菲尔德早在 1982 年的著述中就提出扩展社会语言学中的双言制（diglossia）概念，用双符制（disemia）来概括日常生活现实当中人们对于高与低、内与外的符号划分，并认为双符制现象体现了社会群体外在的自我呈现（self-presentation）和内在的自我知识（self-knowledge）之间的张力。[②] 他指出："双符制的概念扩展了双言制的狭隘语言学框架。它并不忽视语言，但是却将它作为一个符号连续体当中的一部分而使之情境化。这一符号连续体包括沉默、手势、音乐、建筑环境，以及经济的、公民的和社会的价值。"[③]

赫兹菲尔德在一系列论述中对双符制概念进行了发展、运用和修正，打破了对符号二元化的僵化理解。以语言为例，他认为在官方的和平民

① Bowie, Katherine A., "The Alchemy of Charity: Of Class and Buddhism in Northern Thailand", *American Anthropologist*, Vol. 100, No. 2 (Jun., 1998), pp. 469 – 481.

② Herzfeld, Michael, "Disemia", *Semiotics 1980*, Michael Herzfeld and Margot D. Lenbart (eds.), New York and London: Plenum Press, 1982, pp. 215 – 216.

③ Herzfeld, Michael, *Cultural Intimacy: Social Poetics in the Nation-State* (Second Edition), New York and London: Routledge, 2005, pp. 14 – 15.

的文化形式之间，存在着社会语言学家所说的“双言制”现象，“即一种民族语言被分裂为两个语域（register）或者社会方言：为了官方目的而运用的正式的且通常是文言的成语，以及日常生活中的普通语言。在双言制的情况下，具有较高价值的语域常常需要稀缺的教育资源与之匹配，成为社会、政治和经济排斥的工具”[①]。同时，赫兹菲尔德不赞同对二元分化的符号体系的本质化理解，而是强调现实世界中人们如何通过对符号本身的实际运用来确立自身对于权力和卓越品质的占有。[②] 因此，研究者不仅应当关注双符制现象的存在，还应当探究行动者主体在社会互动和相互竞争中采取的编码过程，以及他们在运用符号时所受到的历史进程的影响。[③] 赫兹菲尔德尤其强调需要打破官方和非官方之间的符号划分，关注官方符号与非官方符号之间的融合及其如何成为大众讽刺的来源。[④][⑤]

官方与民间之间的符号划分以及行动者对于符号的创造性运用构成了赫兹菲尔德提出的另一个重要概念——文化亲密（cultural intimacy）的核心要素。文化亲密是指“某一群体认识到的某一特定文化身份的诸多方面，其外在表现令人尴尬，却为群体内部提供了维持公共的社会性的保证。文化亲密，虽然与私密和尴尬相联系，但也可能在公共生活和集体的自我呈现中喷发”。[⑥] 赫兹菲尔德认为，民族国家的正式运作依赖于这种文化亲密的实现。对国家或精英文化予以批评和谴责是文化亲密的主要表现方式，但这同时也使得国家权力得以界定，其权威性也得到认可。民族国家甚至是从文化亲密这一层面得以建构的。国家和平民是结构性的共谋关系，共同构建了文化亲密的不同层面。[⑦]

---

① Herzfeld, Michael, *Cultural Intimacy: Social Poetics in the Nation-State* (Second Edition), New York and London: Routledge, 2005, p. 14.

② Ibid, p. 15.

③ Ibid, p. 19.

④ Herzfeld, Michael, *Anthropology through the Looking-glass: Critical Ethnography in the Margins of Europe*, Cambridge: Cambridge University Press, 1987, pp. 95 - 122.

⑤ Herzfeld, Michael, *Cultural Intimacy: Social Poetics in the Nation-State* (Second Edition), New York and London: Routledge, 2005, p. 227.

⑥ Ibid, p. 3.

⑦ Herzfeld, Michael, *Cultural Intimacy: Social Poetics and the Real Life of States, Societies, and Institutions* (Third Edition), London and New York: Routledge, 2016, p. 8.

文化亲密概念已经成了研究民族国家和集体认同形成的关键性分析工具。例如石汉（Hans Steinmuller）运用文化亲密的概念来分析中国乡村生活中与国家构造过程有关的官方表述和地方实践之间的张力。他认为，在关于风水、丧礼和地方腐败的故事中显现或隐藏着尴尬、讽刺和犬儒主义的姿态，这些姿态指向一个亲密的自我知识空间，可称之为“共识社群”（communities of complicity）。[①] 学者们试图在原有的理论模式上开展比较性的民族志研究，并对文化亲密的概念及其基本假设提出修正意见。例如有学者指出，虽然共同体认同在此理论模式中至关重要，但是，对亲密性的违背可能产生其他不同于尴尬的反应。自我的展演、局内人和局外人的区分、社会互动的私人与公共领域，都是文化亲密理论模式的基本前提，用来探讨社会认同的制造。但是，在全球化的世界，文化亲密概念中标示的指向私人共享领域的内向运动面临着挑战。他提出用公共亲密（public intimacy）的概念来关注亲密性不断地从私人的/内向的领域移位到公共的/放大的社会性（amplified sociality）当中。放大的社会性的广泛影响和后果及其对全球空间的形塑，需要我们超越对文化亲密的狭隘定义。[②]

在此我将运用双符制和文化亲密的概念进行民族志分析，并对这两个紧密联系的概念做出以下调整。首先，赫兹菲尔德多次提到，官方（高）/民间（低）的符号二元划分是文化亲密得以形成的基础。我则强调双符制和文化亲密不仅可以应用在对平民的“较低”文化符号领域的分析中，也可以用于对社会精英的“较高”文化符号的分析当中。作为民间社会的一部分，社会精英的文化符号并不一定低于（甚至高于）官方的文化符号。其次，我关注文化亲密的公共性维度，关注本案例中行动者在公共领域的展演，以及行动者在文化亲密的形成过程中不同于尴尬的情感体验（比如获得某种优越感）。我还试图展示公共亲密如何构成中产阶层认同的来源。最后，我试图强调，我们应该避免对民间社会的笼统概括，而应该关注民间社会内部的差异性和高/低符号划分，在不

---

① 石汉：《共识社群：简论中国乡村中的国家构造与地方社会》，廖佩佩译，《民族学刊》2014 年第 6 期，第 1－10 页。

② Soysal, Levent, “Intimate Engagements of the Public Kind”, *Anthropological Quarterly*, Vol. 83, No. 2, 2010, pp. 373－399.

同社会团体的话语竞争中和社会阶层关系的动态变化中讨论国家权力问题。[①]

当代泰国的各种佛教实践中心并不是整齐划一的。他们的参与者存在一定的年龄、性别、职业和受教育水平差异，他们采取的修行技术路线和活动内容也各有不同。例如曼谷的解脱自在园吸引了不少知识水平较高的公务员、大学老师和企业管理人员，拥有国际项目部，组织各种形式的小组讨论活动，位于一楼的宽敞明亮的书店也暗示着它内在的学院风格。位于闹市的 BA 实践中心常在傍晚和周末开展活动，参与者中很多是在市区上班的白领，在这里每周都有僧人开示、手势法培训和巴利语培训。全国青年佛教协会主要培训七岁以上的青少年，拥有设备完善的大型封闭式集体宿舍，邀请较有名望的僧人授课，该协会的管理者半开玩笑半认真地对我说“这里就像一个培训工厂”。“心的力量基金会”的培训班成员中有不少是中老年人，培训班提供授课教材，并有正式的结业考试，学员们还可以通过六个月的培训获得修行导师的资格。而 STS 道场的培训活动主要针对女性和家庭，环境温馨优美，活动形式较为活泼。

尽管存在一定的风格差异，这些佛教实践中心拥有某些共同特点，我将之初步总结为三个方面，即强调专门化的宗教语言，崇尚素净的宗教空间和追求个体化的身体技术实践。贯穿这三个方面的核心主旨是在当下获得解脱。这些特点与传统乡村佛教当中世俗化的宗教语言、富丽堂皇的宗教空间、集体欢庆和对来世功德的追求形成了鲜明的对比。由此，佛教修行者们通过对语言、空间和身体的应用，构建出一种充满日常实践感的“高级”佛教，并在对外展示的过程中形成了一种带有优越感的文化亲密。

（一）宗教双言制：法的语言与日常语言的区分

回想当年在泰国乡村调查时，我在寺庙询问村民所诵经文的具体含

---

① 赫兹菲尔德本人注意到了这个问题。他曾经说，对于民族国家的集中关注并不意味着文化亲密的概念局限于此，这一概念也可以用来分析个体的或者集体的人格（selfhood）展演（Herzfeld, Michael, *Cultural Intimacy: Social Poetics in the Nation-State* (Second Edition), New York and London: Routledge, 2005, p. 34）。《文化亲密：民族国家内部的社会诗学》一书在 2016 年再版时，赫兹菲尔德将书名的副标题改为“社会诗学与国家、社会和组织的真实生活”，也表明他注意到了民族国家内部的复杂性问题。

义，他们笑了，告诉我说“这是巴利语，不是泰语”。大多数村民尤其是没有出家经历的妇女，并不确切懂得巴利语经文的字面含义。他们通常将经文与仪式对应起来，比如这是礼拜佛三宝时的经文，那是洒水时将功德送给亲人时的经文。在泰国乡村，巴利语和高深的佛教教义似乎是僧人的专门知识，然而，当代泰国的佛教改革派主张信徒摆脱仪式主义的束缚，真正理解佛教的本源，因此，佛教术语及教义的普及成为佛教改革派的任务之一。在最近两次的田野调查当中，专门化的宗教语言成为我面临的一大挑战。有幸的是，我遇到了几位很有耐心和思维敏捷的修行导师，他们向我普及了基本教义中的关键词。此后，我也参与了佛教实践中心举办的巴利语佛教原典的学习。

我用宗教双言制来指称当代泰国佛教徒所接受和使用的宗教语言的分化现象，即乡村的佛教徒通常接受的是由僧人解释过的世俗化的宗教语言，他们对于巴利语经文十分陌生，诵经活动通常与仪式活动结合，他们并不特意去了解巴利语经文的字面含义；而都市的修行实践者们选择诵读带有泰文翻译的巴利语经文，兴起了学习巴利语和经典教义的潮流，试图穿透文字的藩篱来切实把握佛教教义，我将之称为宗教语言的专门化。

如果我们了解泰国佛教改革运动的领袖佛使比丘关于法的语言与日常语言的区分，就可以更好地理解宗教双言制的内涵。佛使比丘在他的论述中批判了三世两重因果说，认为那只是僧人为了讲法方便而将法的语言转化成了人们的日常语言，并造成了种种误解，即前世是今世的因，今世又是来世的因，人们的道德行为所产生的业将在前世、今世和来世之间轮回。佛使比丘通过区分日常语言与法的语言，重新诠释轮回中的“生”的含义：“有和生来自于受、爱、取，并不需要等到死后投生才产生。有和生随时随地都会发生，在一天之中，不知会发生多少次：一旦存有与无明相应的受，就会产生某种着迷的‘喜’，这就是执着，接着发展出当下的有和生。”① 在我的调查过程中，我多次听到访谈对象向我

① 佛使比丘认为在善恶之间轮回不是死后的事情，而是发生在现实生活中的。佛使比丘重申佛教的根本教义——无我，并强调苦的生起及止息的各种成因均存在于当下，因与果均存在于我们所可及的今生今世。在此基础上，佛使比丘提出了新的涅槃观。参见佛使比丘《生活中的缘起》，香光书乡编译组译，香光书乡出版社，1995，第24页。

解释轮回的含义："人的心思总是摇摆于天堂与地狱之间，当欲望生起时人们就处在轮回当中了，因此人在一天之内可以轮回许多次，而如果我们止息欲望，那么在当下可以灭苦和涅槃。所谓业在今世和来世之间轮回的说法，那只是人的语言（phasakhon），而不是法的语言（phasaThamma）。"

修行实践当中很重要的一个活动就是诵经，不仅诵读巴利语经文，还逐句或逐段诵读相应的泰文译文；不仅诵读佛教仪式当中常用的礼拜佛三宝、求戒等经文，还诵读一些体现佛法精髓的篇章。解脱自在园的法施基金会从 1954 年开始刊印早晚诵经经文的双语（巴利语和泰语）版本。在序言中，编译者指出，此书的使用方法有三：成年人用来学习佛法，用来礼佛诵经，用于佛法教育。① 这一双语版本的诵经经文已经成为许多寺院和修行实践中心的通用经书。我在曼谷的多家寺院见到，一些市民在傍晚来参加专门的诵经活动，在整个活动中，由僧人主持的仪式非常简短，而信众的诵经活动会占用半小时以上甚至一小时的时间。诵经活动可以由僧人带领，也可以由某一信众带领。在这种情形下，诵经不再是礼佛仪式的附属部分，而成为最具实质性的礼佛活动。

从下面的经文中，我们可以体会诵经如何成为佛法学习的重要环节。为了行文的简便，这里略去了巴利文部分，只摘出了泰文经文，并翻译成中文：

> 与自己钟爱的事物别离，是苦；无法得到想得到的事物，也是苦；简而言之，五蕴是痛苦，蕴来自于执着，五蕴即色蕴、受蕴、想蕴、行蕴、识蕴；佛祖教导我们：色非永恒，受非永恒，想非永恒，行非永恒，识非永恒；色非实存，受非实存，想非实存，行非实存，识非实存；……我们每一个人都受制于生老病死；悲哀、伤心，身体的痛楚和心的困窘，都使人陷于痛苦……②

① ทำวัตรเช้าเย็นและสวดมนต์พิเศษบางบทแปลไทยของสำนักสวนโทกขพลารามไชยาพิมพ์ครั้งที่เก้าสิบสามพ.ศ.๒๕๔๕，序言部分，第 7－8 页。

② ทำวัตรเช้าเย็นและสวดมนต์พิเศษบางบทแปลไทยของสำนักสวนโทกขพลารามไชยาพิมพ์ครั้งที่เก้าสิบสามพ.ศ.๒๕๔๕，正文部分，第 9－10 页。

诵经的核心主题可以概括为什么是痛苦和如何止息痛苦。如果人们参加某些道场组织的佛法学习班，还可以进行更为系统的教义学习。2015 年 1 月，我在 BIA 参加过两次佛法学习小组的活动。这个学习小组有十一名学员，每周二晚上学习，课程为期三个月。授课人 W 是一位四十岁出头的环境工程师，志愿担任学习小组的负责人，这已经是第十届学习班。W 和学员们对待深奥佛教义理的专注和认真态度，让我有些吃惊。W 准备了非常详细、图文并茂的幻灯片，系统地介绍佛学概念，如四圣谛（苦、集、灭、道）、六界（地界、水界、火界、风界、空气界和识界）、五蕴，等等。在 W 的讲解下，学员们试图努力记住这些繁复的佛学术语，并运用这些术语来分析生活中的现象和个人感受。例如，W 提到四念处，即观身不净、观受是苦、观心无常、观法无我。当学员自己心绪烦乱的时候，如果能够观察自己所想，就能停止想，让心平静下来；当身体有痛苦时，如果能够观察身体的痛苦，看苦的生起与消逝，就能减轻自己对痛苦的感受。W 所说的“懂得痛苦是一种能力”令我印象深刻。

在我的调查过程中，好几位受访者都援引佛使比丘的话，说宗教应该不止于且高于道德，做一个好人并不意味着没有痛苦，只有真正遵循佛祖的教导并进行实践才能从当下的痛苦中解脱。修行实践者们通过专门化的宗教语言来强调关于“苦”和如何去除痛苦的佛教教义，以此来代替世俗化的强调功德积累的道德话语，形成了高于日常语言的法的语言。

（二）崇尚素净的宗教空间

在泰国乡村的佛寺中，寺庙的殿堂通常装饰得金碧辉煌，华丽的色彩、繁复的雕刻图案和象征须弥山的尖塔，都与平凡的日常生活空间形成鲜明的对比，暗含着出离于世间的天堂的意象。在盛大的节日期间，村民前往寺庙礼佛前通常也会穿上色彩亮丽的泰装，以表达内心的喜悦。而在我拜访过的曼谷的佛教实践中心，大多数活动场所都布置得很简洁，类似于会议厅的大厅内通常只摆放一尊小佛像，显得十分空旷。前来参与佛教实践中心各种活动的人们无论男女几乎清一色地身着白色上衣，营造出一种肃穆的氛围。我曾对此不解，有信徒解释说“白色代表纯洁，也表明自己对佛教的严肃态度”。我不止一次在僧人开示中听闻正确的礼佛态度是观看自己的内心，在当下得以解脱，过分注重自己的外表毫无意义。

食物在寺庙的集体礼佛活动中是不可缺少的。在曲乡，我见到村民们将家中最丰盛的菜肴、佳果和甜品带到寺庙布施，场面蔚为壮观，布施仪式之后大家可以分享美食。在曼谷的各个佛教实践中心和解脱自在园女子修行处，我所接触到的饮食都比较清淡，以素食为主，有机食品也得到了特别的强调。一方面，人们通过对待饮食的态度来反对当代社会中的物质主义倾向，例如女子修行处的导师强调要培养正确对待食物的态度：饮食不是为了感官享乐，而只是为了满足身体的需要，让身体不会因为饥饿而产生其他感受；修行人吃饭就如同父母吃孩子的肉，不会产生美味的感觉；食物的好坏在一定程度上取决于人们的内心。在实践中心，人们各自用一个大碗取食，吃多少取多少，不允许剩下，饭后人们需要各自将碗洗净，这有别于泰国传统的用碗碟分装各类菜肴甜品和集体清理碗碟的方式。据说这源于佛使比丘推崇的饮食简约方法，既节省食物，也节省时间。另一方面，一些佛教实践中心还倡导信徒通过选择有机食品和掌握健康饮食方法，来抵御现代社会中的食品安全风险。例如 STS 道场定期开展关于健康饮食的培训；在 BIA 志愿者开展的癌症病友修行会上，有志愿者分享如何通过正确的饮食方法来抵御病患。

崇尚素净的宗教空间已经成为当代泰国都市佛教实践中心的鲜明特色。简约素净的空间布置、着装风格以及对待食物的态度，从不同方面体现出佛教实践者对于宗教纯洁性的理解。

（三）追求个体化的身体技术实践①

在泰国乡村，做功德是佛教徒们主要的仪式行为，通过向僧人奉献，人们为自己消除孽障，积累善业。在各种节日庆典中，做功德是集体欢庆活动的重要组成部分，而在泰国都市的修行实践中心，功德的重要性被个体在当下的解脱所取代，人们更注重通过身心锤炼获得关于世界和自身的新的认知。追求个体化的身体技术实践是修行实践者们建构集体认同的重要方面。

① 关于身体技术实践的详细描述和分析，可以参见本章的后半部分。

在当代泰国，包括佛使比丘在内的诸多高僧都以教授修行的法门而闻名。例如佛使比丘在《呼吸内观法》一书中将实践过程分为十六个步骤，控制自己的呼吸是前四个步骤的重点，然后通过观察感触、情绪的生起与消逝来感悟无常与无我，最终达到内观——看清自己的心的目的。佛使比丘推崇的内观被认为是修行实践当中高于定的境界。此外，还有高僧推崇通过有节奏地走步的方式或者手势动作达到定的状态。个体的修行实践路径具有高度的选择性，人们可以依据自身的体验和喜好来选择修行方式，其最后的目的都是为了从痛苦中解脱。呼吸、走步、诵经等方式都可以增进定力。专注或者定是内观的基础，心定才能见苦和真理，才能见心的各种状况，才能灭苦因和欲望。正如 BIA 项目管理员所说，不管采取哪种方法，取得的成果是一样的。

身体成为修行者最重要的工具，修行者通过对身体的控制以及细察身体感受来达到对心的状态的了知以及对苦、无常和无我的深入认知。身体技术与修行之间的密切联系突出了个体作为宗教行为主体的地位，因而强化了佛教实践的个体主义色彩。我本人在参与打坐冥想时，半莲花坐姿坚持不到二十分钟就因为疼痛和麻木有些受不了，而导师说疼痛的时候应当忍耐，疼痛就像世间所有的事物一样，不断生起又消失，应当通过观看疼痛来明白无常的意义。在团体性的修行实践中，人们通过身体技术的共享来形成宗教亲密，正如赫兹菲尔德所说："身体处于两个极端，它既是身体隐私也是展演的首要场所"①。

虽然修行法门各有不同，但是修行者们通常会在日常生活中进行身体实践。许多受访者告诉我，他们有每天打坐、走步、练手势或者做瑜伽的习惯，甚至在一举一动中观察内心情绪的生起；他们倡导在日常生活中修行，将佛教塑造为一种充满日常实践感的宗教。此外，他们对于身体体验的表述具有很强的一致性。例如他们都认为对身心状况的观察能使人领悟到无常和无我；他们都强调修行能给人带来全新的对于世界的理解，人们可以在日常生活和工作中通过修行来获得定力，提高效率；他们也都强调修行实践是科学，超越了宗教，不论人们的信仰如何，只

① Herzfeld, Michael, *Cultural Intimacy: Social Poetics in the Nation-State* (Second Edition), New York and London: Routledge, 2005, p. 21.

要坚持实践就能获益。正是基于这样的表述，修行实践者们形成了集体认同：他们通过修行来实现在当下的解脱，并与以“做功德”为终极价值的其他佛教群体区别开来。

综上所述，当代泰国城市中产阶层在佛教修行中强调专门化的宗教语言、崇尚素净的宗教空间和追求个体化的身体技术实践，将个体在当下的解脱设立为佛教实践的最终目标，与以世俗道德话语、富丽的宗教空间、集体欢庆和追求来世功德为特征的乡村佛教形成了对比和内在的张力。当修行实践者强调宗教不止于且高于道德时，他们透露出内心的优越感，他们所践行的佛教因此成为一种“高级”佛教。正如 BIA 志愿者 W 所说的“懂得痛苦是一种能力”，对这种能力的认可在宗教生活层面构成了中产阶层文化亲密的来源之一。

我通过对泰国城市中产阶层佛教实践的民族志描述与分析，试图揭示出当代泰国佛教的宗教双符制特点，即乡村或底层社会的佛教徒崇尚为来世积累功德，而城市中产阶层崇尚在当下解脱。城市中产阶层通过区分法的语言与日常语言、打造素净的宗教空间和用身体技术重塑宗教行为主体，确立起“我们是真正的佛教徒”的认同，并向外界公开展示这一形象。这一个案为我重新思考宗教双符制、文化亲密与国家权力之间的关系带来如下启发。

首先，宗教双符制和文化亲密的概念不仅可用于对社会底层的分析，还可用于对中产阶层甚至社会精英的分析。在本个案中，当代泰国城市中产阶层通过对语言、空间和身体技术的应用，创造出一系列特征鲜明的宗教符号，并围绕如何在当下解脱的核心议题形成了内部的文化亲密。在其向外展示的过程中，伴随而来的不是尴尬的情感体验，而是基于自身宗教行为能力的优越感。

其次，文化亲密不仅指向民族国家与社会的关系，也指向民间社会内部不同群体之间的竞争性关系。在本案例中，修行实践者通过对佛教经典、宗教纯洁性和修行方法的科学性的强调，确立起不同佛教话语的价值等级。在接下来的一章，我将考察权力是如何在不同社会群体的话语竞争和政治互动中实现的，以及在这个过程中，符号编码和文化亲密的公共展示都成为权力的生产过程的一部分。

身体技术、自我认同与社会关系再生产

当代泰国的佛教改革运动在个体实践方面发展出对身、心、法的关系的深入体验和一系列身体技术。十六步呼吸内观法、有节奏地走步和手势定力法等身体技术为个体提供了多样化的修行路径，修行者由此达到从不定、定到内观的不同层次的身心状态。个体修行者关于“感知自身在当下的存在（安住当下）”的表述，暗含着身体技术所造就的自我认同的时空维度，并可能成为个体与社会关系再生产的出发点。

（一）什么是实践与修行？

过去我在乡村开展田野调查时，常听人们提到功德，而在此次调查中，人们在不同场合向我介绍实践或修行的内涵，虽然不同的人对于实践的内涵的理解有些许差异，不过总的来说，实践强调的是在日常生活中身体力行，践行佛法。狭义地说，实践专指专注于身心锤炼的修行。这种实践观也体现在改革后的佛教仪式中。

实践按照途径分为施、戒、修，做功德只是实践的一部分。修行即“改善自我”，是较高层次的实践，其所要达成的理想状态包括定（samathi）和内观（wipadsana）。呼吸法是重要的练习方法

S是解脱自在园的女居士，正回曼谷探亲。S步履轻盈，思维相当清晰，很难想象她是一位年近八旬的老人。我与S有两次长谈，她向我介绍了与佛法实践相关的核心概念。她几乎教我每个术语的拼写。虽然一些佛教术语的中文词汇对我来说并不陌生，但是泰文词汇我确实是第一次听到。S说，教我这些基本教义之后，我就可在解脱自在园与他人对话了。后来我才知道，S在解脱自在园担任女子修行处的培训导师多年，有着丰富的讲授经验。听说我要去位于猜亚县的解脱自在园女子修行处学习，S立刻帮我联系了女子修行处的司机、负责人和寺庙住持。S为我开启了田野工作的大门。

S出生在外府，父亲是潮州人，做生意。她是家中最小的女儿，有一个姐姐、两个哥哥。S本人于1957年从牙医专科学校毕业，1961年从朱拉隆功大学医学院本科毕业，之后接受了一年的培训，到北标府的一家医院工作。S没有婚姻经历，她在1974年40岁的时候与朋友第一次去

解脱自在园，觉得那里清静，并拜见了佛使比丘。最初她并没有想到解脱自在园会改变她的一生。她从每年去解脱自在园一两次发展为几乎每个月都去一次。因为想留在解脱自在园，S 在 55 岁的时候提前退休。她到解脱自在园一年之后，佛使比丘的健康状况恶化，她很庆幸自己有机会照顾佛使比丘。她说佛使比丘慈悲宽大，他在晚年牙齿不好，却不希望从曼谷请牙医，因为他觉得这样做太麻烦他人。佛使比丘在世时希望设立女子修行处。佛使比丘说在寺庙里的做功德仪式上，妇女们通常要负责做饭和做清洁，没有机会学习佛经和实践佛法，女子修行处的目标是为妇女们提供修行机会和场所。佛使比丘圆寂后，这一愿望得以实现，S 也从此长期在女子修行处担任导师。

S 首先谈到世俗的道德教人们如何拥有幸福，而真正的宗教却教人如何远离痛苦。佛使比丘教导佛教的四谛，即苦、集、灭、道，集来自欲望和无知。而圣道有八种方法，即正见、正思维、正语、正业、正命、正精进、正念、正定。正见和正思维属于慧，正语、正业和正命属于戒，正精进、正念和正定属于定，戒、定、慧统称为三学。从理论上来说，人们遵循戒、定、慧的顺序，但是在实践中顺序却可能是慧、戒、定，因为拥有智慧之后人们才会对实践有兴趣。那么如何实践呢？

S 说她在小的时候也做功德，但并不知道如何实践，没有人教授实践的方法（这也是我在泰国乡村做田野时见到的状况），做功德其实只是实践的一部分。实践有两种分类方式：第一种是按照实践过程划分为听闻和学习佛法、实践佛法和实践的结果；第二种是按照实践的途径划分为施、戒、修。施包括施舍物品、佛法施和宽恕。戒指的是持守戒律，戒的原意是指“正常的事物”，只有持戒才能拥有正常的生活，这是幸福的基础。修行就是改善，分为定和内观。定是指让人们的心静下来，让心专注，然后可以练习内观。所谓内观，不是指用眼见，而是指用心见到三性，即苦、无常和无我。内观是修行的最高境界。

S 介绍说练习定的方法有好几种，其中的呼吸法（phudtho，该词原意是指“佛陀”或者“慈悲”）包括腹式呼吸法、身心合一法或意识对身体的自觉、有意识地呼吸等。关于各种练习的方法，不同的派别之间有区别。佛使比丘教导佛祖开悟时所依据的方法，即有意识地呼吸或者观呼吸，通过练习这种呼吸法可以增进人的理智与智慧。其中智慧又分为三种：听闻慧、思慧和增上慧。其中增上慧是最重要的，增上慧是不能通过他人得到的，只有通过亲自实践才能证得。

信奉佛祖不能代替实践佛法；修行实践包括正确地对待身、心和社会；只有通过修行发展内心才能产生智慧

S 的讲解让我对实践与修行的基本含义有所了解。同时，我也在不同场合向高僧们请教，以求获得对于实践的全面理解。2013 年 7 月 20 日是一个周六，我随同在佛使比丘档案馆偶然认识的朋友 W 去拜访高僧查亚萨若。有点不同的是，这位高僧是英国人，他在英国接触佛教后来到泰国，拜泰国东北部著名的查法师为师。查法师圆寂后，查亚萨若继续留在泰国宣扬佛法。我们驱车一个多小时于早晨八点多到达道场。道场位于呵叻府北冲县的一个高档别墅区，周围是绿树成荫的丘陵，凉风习习。道场是一栋两层楼的红色建筑，我们到达的时候一楼的走廊里已经坐了不少人。法师所在的二楼大厅里座无虚席，有好几十人。我和 W 只好在环绕大厅的走廊里找了一个地方，席地而坐。人们诵早经、打坐到十点左右，然后向法师献花。休息的时候，人们到一楼取来道场免费发放的经书和 CD，人们可自由捐献。参与法会的人以女子居多，有不少女青年。大多数人穿白色上衣，着装素净。

十点过十分，法师开始用泰语讲法，有专人摄像。因为这天是礼佛节，所以法师围绕佛法和佛僧来讲道。他说佛祖教导人们四谛，僧人的职责是实践四谛。他强调并非信奉佛祖就能升入天堂，而是要通过实践来秉持佛法。十一点左右，讲法结束，人们向法师奉献香烛。之后法师捧钵，人们排队施僧。然后大家用餐。这天的午餐非常丰盛，每人都用一个大饭盆将饭菜装在一起，不太符合泰人用盘子分装饭菜的传统。后来我经常听说佛使比丘的一句名言："像猫那样吃饭，在水渠边洗澡"，为的是告诉人们生活其实可以很简单，生命所需也很简单。

W 告诉我，下午法师会和人们交流，回答问题。十二点半，我们到一楼的会客厅见到了法师。在场的近二十名信徒聆听法师的教诲。我介绍了自己的身份，法师对中国很感兴趣。他问起当代中国佛教的发展状况，我说寺院香火旺，但是佛法的传播还不太普及。我问了一个问题：如何实践？法师说实践分为几个部分。第一点是身体的部分，如吃饭，要知道吃饭的作用是什么，吃什么、何时吃，要正确对待自己的身体，

使之处于正常状态。第二点是如何有好的社会，如何不伤害他人，为了社会应做出牺牲。道德不是出于外部限制，而是出于内心自愿，这可以通过练习来获得。第三点关乎人的内在的方面，身体和社会都是外在的，要发展内心，通过打坐等方式来修行，锻炼自己的理智、忍耐和慈悲精神，最后通过增进理智和心的实践来产生智慧，知道自己什么时候想，什么时候不想，通过内观来反思什么是应该做的，什么是不应该做的，从而解决问题。

在实践当中，控制心是非常困难的，因此要常常修炼自己的心智；要结交好的朋友，通过共修来增进新的认识

2013 年 7 月 17 日晚上，我第一次参加佛使比丘档案馆的冥想活动。这个志愿团体叫作“清凉功用”小组，由三位志愿导师带动大家讨论佛法和练习冥想。所谓“清凉功用”指的是通过修行实践获得的清凉感受并不是让我们无所作为，而是使我们能够改善现世生活。活动从下午四点开始。除了志愿者之外，还有八九名参与者，其中只有两位男士。参与者大多是城市的上班族，他们利用下班后的时间来这里练习。参与者不固定，他们之间也并不相识。我是新人，导师 Su 让我介绍自己。我谈到自己读过译为中文的佛使比丘的著述，但是并没有理解实践的重要性，因此希望与大家共修来增进对于这一方面的理解。Su 问我对于佛使比丘的教义有怎样的理解，我说主要有两点，一是无我，二是以空心来工作。佛使比丘教导说要去除我执才能消除痛苦；而灭苦并不意味着无所作为，而是要以空心来工作，以利益他人而非执着于自我的态度去工作。

Su 赞同我的说法。他说佛使比丘谈到了为什么宗教不同于道德。有的人认为自己是好人，但是好人仍然有痛苦，好人仍然无法解脱。佛使比丘认为佛教的重点在于解除痛苦，宗教高于道德。佛教的教导方式让人们认识到“什么是什么”，如果不认识佛法和生命是什么，无法看清无常、苦和无我，就会因为错误的行为而产生痛苦。如果有真知，痛苦就会减少。

这时有人追问怎样才能看清无常、苦和无我。另一位导师回答说，正是因为我们心中的价值观的确立导致了各种欲望，令人想法颠倒。“想要”或“不想要”都将产生痛苦，如果不能认识这一点就不能解除痛苦。痛苦的根源在于欲望，欲望存在于心中。为什么会有欲望？因为有

认识（sanya），产生对自我的感知，从而产生苦。佛祖的教导让人能够听止于听，闻止于闻，不要产生价值观上的倾向。如何做到呢？用理智来控制。在修行当中，控制心是十分困难的，因此要常常训练自己的理智。“想要”就会产生烦恼，比较和过多的选择也会产生痛苦，如果我们有理智的话，就能够保持平静。那么，该如何训练自己呢？他说会在第二天和大家继续讨论呼吸和涅槃的方法。

到五点半的时候，讨论结束，人们礼拜三宝，然后听佛使比丘的录音并打坐。佛使比丘在录音中谈到无常、无我以及如何修行。有意思的是，录音里还能听到鸡鸣声。当我闭上眼睛，仿佛正在一个凉爽的早晨沐浴着晨光，在万物苏醒的时刻聆听着法师的教导。鸡鸣把我的思维带到了远离都市的远方。到六点半，录音结束，Su 总结了教导的三个要点，即不行恶、行善和用纯洁的心地与智慧作用于社会。

第二天下午四点我继续在档案馆参加冥想小组的活动。志愿导师问大家冥想的作用是什么？如何在生活中练习？他说，冥想只是训练的方法之一，人们可以借此了解自己，知道事情是如何发生的，比如为什么有的人拥有了一切但仍然感到痛苦，仍然有烦恼？人生无常，只有知道痛苦的根源才能灭苦。有的人常常做功德、念佛经，但是痛苦仍在。有的人冥思的时候内心平静，但是在工作的时候与人争执，产生痛苦，这又是为什么？

志愿导师说冥思不只是闭眼打坐，而是集中注意力于某一件事情，这样来让自己认识到真相，让心定，对一些根本性的问题进行思考。比如认识到美丑之分让人产生烦恼、带来痛苦，因此我们要让心空（chit-wang）。要专心，让自己满足，做到自知（ru-tua），从而感受到宁静。佛使比丘说心也需要好的粮食，要满意、充满喜悦（piti）。佛使比丘强调多练习，只有这样才能建立新的认识。讨论结束后大家开始冥思，志愿者说如果不习惯打坐，可以去馆外的林子里走走再回来。这时开始播放佛使比丘的录音，内容大概是说如何通过观呼吸来增长智慧。关于如何建立新的认识，佛使比丘说了几点：有好的朋友；尽量去做，不管做到什么程度都满足；有戒、定、慧；有力量，热爱善行。活动结束后，有一名青年女子向志愿者请教。她的问题是母亲质疑冥思能否得到功德，应该怎样去说服母亲。看来，不同代际对于实践的重要性的理解可能存在差异。

在当下即可灭苦。修行实践已经成为部分都市道场的礼佛仪式中的一部分

2013年7月22日我在档案馆参加入安居期的做功德仪式。在乡村，入安居期的做功德仪式是非常热闹的，人们往往穿上华丽的节日礼服。而在这里，大多数人包括不少年轻人都身着简朴的白色或其他素色服装参加活动，人们说这样做是为了表明他们的态度是严肃的。僧人在开示的时候也特别强调，没有必要在去寺庙或道场之前花很多时间装扮，只有心里有幸福，身体才能幸福。

这里的入安居仪式和乡村寺庙的仪式在主要程序上没有大的区别，都是先礼拜佛三宝，然后是持戒与开示，还有巡烛的活动。不同的是，在这里修行实践成为整个仪式的中心。比如僧人在开示中谈到，每个人都能修行，在当下即可灭苦，身心舒畅；苦的原因在于自己没有智慧；有人说宗教难以理解，实际上是因为没有实践，无法获得心灵的平静与幸福。在僧人开示之后大家会打坐五分钟，通过呼吸让自己的心专注起来。志愿者还为人们准备解脱自在园版本的经书，并告诉大家诵经的具体段落。在僧人用餐的半个小时里，志愿者会带领众人诵读经文。该版本的经书对巴利语经文逐句进行泰文翻译，这样俗众可以克服神圣语言与日常语言之间的距离，通过读经来领会佛法的真谛。这里的巡烛活动也给我留下了深刻的印象。四五百位信众尾随僧人围绕草坪中间安置的一小尊佛像缓缓步行三圈。这里没有富丽堂皇的佛殿，蓝天和大地就是庙宇之所在。庄严肃穆的巡烛队伍与他们身后的高楼大厦形成了有趣的对比。

（二）修行实践中的身体技术与身心关系

在与S的第一次谈话中，当我谈到希望去女子修行处亲自实践时，S离开沙发，坐在地上教导我正确的打坐姿势——双莲花坐式。但我的腿韧性极差，只能勉强用半莲花坐姿。莲花坐姿是很好的姿势，它让身体保持平衡，不易左右摇摆，有利于练习定和内观。不过，对我来说，这种坐姿难以坚持，腿脚的疼痛和麻木感总让人坐立不安。

人类学对宗教的研究通常关注教义和仪式。教义属于观念，而仪式通常是集体性行为。作为个体体验之基础的身体与感官长期被排除在人

类学话语之外。尽管莫斯早在1934年就指出“人的第一个，也是最自然的技术物品，同时也是技术手段，就是他的身体”[①]，人类学当中关于身体的讨论却在近年才受到关注。在开展田野调查的过程中，人们不断向我强调身体感受与理解之间的联系，身体技术成为佛法实践的重要法门。一个人要成为佛教徒，仅仅信奉佛教被认为是不够的，通过身体技术进行的实践才是真正的关键所在。有意思的是，当地人向我区分了听闻佛法和实践佛法之间、知道和理解之间的区别。听闻佛法对应的是“知道”，而实践佛法对应的是“理解或真正明白”。这也对我提出了认识论上的挑战，如果要真正理解佛法，那么研究者就必须亲自实践。

修行实践中的身体技术：以呼吸法和走步法为例

2013年7月25日，我专程到解脱自在园的女子修行处开展佛教实践活动。当天晚上六点，我参加了晚修。一位每年来这里短期修行的退休大学教授看到我还不会正确地打坐，就请负责日常接待工作的女居士V教我一些打坐方法。V教导说身体姿势很重要。在诵经之后，需要从礼拜佛三宝的天仙跪姿改为双莲花坐姿，这样才能保持身体的挺拔，有利于修行。采用莲花坐姿时，双手应当自然伸直放在双膝上，如果打瞌睡，身体弯曲双臂也就会弯曲。专心意味着身体的各个部位能保持正确的姿势。起立时，应当从莲花坐姿转变为天神坐姿，然后站起来。

关于打坐，V说在坐好之后要控制呼吸。呼吸分为短、长和适度三种。当人生气的时候，呼吸急促，这时通过深呼吸能使自己放松下来。但如果长时间深呼吸会让人疲倦。打坐时要把自己的呼吸控制在适当的长短程度，知道呼吸何时长、何时短。呼吸有三个节点：鼻、胸和肚脐。无论呼气还是吸气，都要知道气息到达了哪个部位。呼吸的时候不要想别的，从面部、脖子到肩膀，全都要放松。我坚持半莲花坐姿不到二十分钟就因为腿部的疼痛和麻木感而难以忍耐，于是我更换了姿势。V说疼痛的时候应当忍耐，疼痛就像世间的所有事物一样，不断生起又消失，应当通过观看疼痛来明白无常的意义。

V还教我如何有节奏地走步。走步要和呼吸结合起来：迈出左腿时

---

① 马塞尔·莫斯：《人类学与社会学五讲》，梁永佳等译，广西师范大学出版社，2008，第91页。

呼吸，呼吸的尽头稍停顿一下，这时左脚已经落地，右脚脚尖触地，正要迈出；然后迈出右腿，呼吸。走步时双眼注视大约一米开外的前方。每一步的距离不要太短，也不要太长，大约走三十九步之后转身，往返走。转身的时候不能急促，否则会破坏内心的宁静；脚步要符合节奏，迈步时不要紧张，顺其自然即可。V 说自己每天早起后练习打坐和走步各半个小时，晚上睡前也如此，打坐和走步都有益于身心。V 还推荐我阅读佛使比丘写的关于内观练习步骤的书。我很感激 V 的教导，她给我上了关于身心修炼的第一课。我回到宿舍时已经晚上八点多了，虫鸣、宁静，我洗漱之后开始冥想实践。

7 月 26 日，我在凌晨三点醒来，随后听见敲磬的声音。四点差一刻，我起床，洗漱之后在月光下来到诵经处。有四名修行女子已经到场，她们静坐或是在屋内走步。四点半，Su 来了，诵经至约五点半，打坐约半小时。我很难集中注意力在呼吸上。一是因为困倦，二是因为脚脖子和膝盖疼痛，即使感觉腿的韧性较昨日有进步。打坐时熄灯，黑暗中更显宁静。我在黑暗中观察其他人，除了我，其他四位坐如磐石。

完成早课之后我见到几位快走锻炼身体的女士，包括女子修行培训班的导师 D 大妈。我随 D 走了几圈，D 让我加速，迈大步，手摆起来。我感到左肩有些疼痛，走了两圈之后，疼痛减轻了。早饭后我拜访了 D。

D，68 岁，是一位退休教师。她有三个孩子，丈夫健在。D 曾经在呵叻府的一所寺庙修行，1986 年她第一次来到解脱自在园，听佛使比丘关于训练学生的道德的教导。“什么是正确的？就是不让自己和他人受伤害。”D 用这一点来指导人生。D 在 55 岁时提前退休，2004 年成为女子修行处的志愿者，协助开展培训工作。D 谈到“要去我执，工作时不要指望回报”。D 的思维非常敏捷，表达很清晰，语气柔和慈祥，是她拉近了我和佛法之间的距离。D 说佛使比丘只教“苦”与“灭苦”；佛祖觉悟的事情很多，如林中的树叶，但佛祖教授的要义只有手中的树叶。

D 教导我说，佛祖教导呼吸内观法，佛使比丘亲自实践后加以宣扬；要懂得佛教就一定要实践，了解到知识之后只有通过实践才能真正领会真理，才知道为何要灭苦，能否灭苦，从中能得到哪些益处；实践之后人们才会相信自己。佛使比丘在《出入息修持法》一书中将修行实践分为十六个步骤（十六阶），修行者依次达到四个阶段，即身观念处、受观念处、心观念处和法观念处。在我看来有意思的是，南传佛教重视《四念处经》，不过佛使比丘在书名中并没有沿袭经书旧称，而是直接突出“出入息”即“呼吸”法门。从呼吸开始，这是人人都能做到的，我也由此克服了畏难情绪。D为我细致讲解了呼吸法的十六个步骤，记录如下。

修持的第一段是“身观念处”，也就是将心念安放在身体上。这一个阶段包括前四个关于身体的步骤，简单地说就是“了知自己呼吸的长短”。第一阶感知长的呼吸，第二阶感知短的呼吸。D强调说劳累、生气或者慌张的时候呼吸就会急促，生气的时候深呼吸可以消除怒气，让身体恢复正常。如果呼吸变化，身体也会变化，这是科学而非迷信。第三阶感知呼吸和肉体的关系，通过调节呼吸来调节肉体。第四阶是调节呼吸使其逐渐平息，使心平定，身行定止，达到禅定。

D特别为我讲解了这段练习所需要的技术。一是知觉跟着气息上下奔走。用理智来吸气和呼气，用呼吸声来引导，或者集中精神于鼻子与肚脐。心不练习就会走神，要通过不断练习，才能使意识与呼吸一体。通过练习人们会脱离烦恼的状态，自然而然地察觉内心。不要强行呼吸，如果能察觉自己何时走神说明有理智。这就像骑自行车，一定要自己骑才能学会，摔倒了可以再来。二是坚守在一个适当的地方观望，像守门员那样将注意力集中于一点，如鼻尖，不必追随呼吸。有人至此心灵已经平静，没有烦恼。三是检查心灵是否有力量，在心中成立意象，比如想着清澈的水珠或者透明的钻石，这叫观照相境。这可以用来检验心是否有能力控制烦恼欲望。四是变换心中的图像，这说明心灵有很多力量，非常平静。很多人做不到第三点和第四点，做不到也没有关系，只要心灵平静即已灭苦。修完了这四阶修程，就是完成了御气、御身和御心的工夫。

第二段是“受观念处”，即将心念安放在感受上。在这个阶段，实践者心里会感到高兴、满意，知道自己能达到喜悦的状态并为此激动。这时要在喜乐的感受上着手，在每一呼每一吸上观察“喜”发生的情形，知道什么叫作“喜”，其状态如何。这个阶段的第一阶即总的第五阶，是产生愉悦和满意。第六阶是产生幸福和平静的“乐”，心有力量，不迷恋喜悦的状态。第七阶叫作心行，察觉到受对于心的支配，喜乐等感受会改变心灵。第八阶要抑制心行，以达定止。

第三段是“心观念处”，直接修行御心。第九阶是在每一呼吸之间观察心的现状，知道自己的心的每种状态。第十阶是控制心使其产生极喜，在每一呼吸之间全心沉浸在极喜的感觉中。第十一阶是控制心使静定。第十二阶是令心解放，让心清净，了无一物，解放一切杂念。

第四段是“法观念处”，即观察法的演变。第十三阶是观无常。通过观察呼吸和各种感受的变化而察觉正在生起的事物，洞察万物变化无常。如果知道所有事物无常，心就会保持正常状态。苦根源于持己，人们只有明白了这一真理，才可以让心清净。要看内心，看到自己的心和身体一直在变，懂得因和果、苦和苦因，懂得了这些就不会再在意什么，就会有慈悲去理解他人的苦因，懂得宽恕，懂得要去灭苦就要灭苦因。苦来自于内心，六识产生苦。眼睛见到事物之后就会产生触，触产生受，受会让人产生想要的欲望，欲望带来烦恼。没有理智的触就会产生烦恼，欲望和烦恼有三种：想要、不想要和犹豫要不要。这三种欲望都会产生我执和各种烦恼的生起，因此，理智就是不要让烦恼和苦产生。

D说：“每个人都有理智，但是还不足以克服欲望。所以要对理智进行训练，让心灵有力量，不让触产生，战胜烦恼。要以正确的身、语、意战胜烦恼和痛苦。人心有两个部分，即欲望和法。有理智，欲望和痛苦就不会产生，就不会有烦恼。心灵有力量就会产生定力，会看清真理，心思敏捷。坚定和纯洁都是心定的表现。”

接下来的第十四阶是修持离贪观，即通过内观渐次消灭执着和痛苦。第十五阶是修持灭观，即观见烦恼与执着消灭殆尽。第十六阶是舍弃观，在呼吸之间观见舍弃的情境，断绝一切烦恼与痛苦之后去妄归真，回到大自然。

D特别强调的是观呼吸和观无常。观呼吸是入门法门，观无常则是内观当中最关键的一步。留恋心定的状态，没有对无常的领悟，就无法获得最高境界。有僧人将呼吸法的练习过程比作猴子上树取椰子。呼吸不能太短，也不能太长，最后如果能集中注意力在椰子上，就能获得仿佛猴子吃椰子时的喜悦。

当天下午，我继续求教D，她手把手地教我如何练习走步。D说，练习走步的目的是让心止息杂念，走步也是内观的一种练习方法。练习走步可以遵循由简到繁的过程，逐步深入。下面是她教我的练习步骤。

第一阶段：右脚迈步，左脚迈步。

第二阶段：将迈步分解为抬脚、迈步、踩地。

第三阶段：将迈步分解为抬脚、迈步、落脚、踩地。

第四阶段：将迈步分解为抬起脚后跟、抬脚、迈步、落脚、踩地。

第五阶段：将迈步分解为抬起脚后跟、抬脚、迈步、落脚、触地、踩地。

第六阶段：将迈步分解为抬起脚后跟、抬脚、迈步、落脚、触地、踩地、脚步下压。

D强调，要通过练习，让自己明了没有“我身”，只有色（与身相对）和名（与心相对）。通过走和停顿，能够察觉万物的生起和止息，见无常，见无我，见到的只有走步，而没有走步的人。对于这种解说，我还不能领会。不过当我按照这些步骤实践的时候，倒是能够增进自己的注意力，专注于行走。

在女子修行处的五天时间里，我接触到的导师和僧人都从不同的角度解释了修行实践中的法门。比如有导师说诵经很重要，是必要的修行方式：如果诵经的时候用心，人们就会接近法身，知道如何灭苦，因此，诵经也是禅定的一种方式，人们可以通过声音来达到慧；诵经是训练理智的方式，对健康有益，每天诵经的人能保持好的记忆力；诵经要有节奏，如同歌唱，这样能让人学会忍耐，远离欲望，到达高的修行层次。

身体技术是多样化的，呼吸、走步、诵经等方式都可以增进定力。专注或者定是内观的基础，心定才能明了苦和真理，才能明了心的各种状况，才能灭苦因和欲望。正如BIA项目管理员P所说，不管采取哪种方法，只要人们坚持，就可以取得一样的成果，人们可以根据自己的性格喜好选择不同的方法。BIA在修行方法训练上进行了综合和创新，不仅教授佛使比丘、天法师等高僧的呼吸法和走步法，还融合了音乐冥想、瑜伽等修行法。

修行实践中的身心关系

通过对于佛法实践中的身体技术的描述，我们看到，掌握身体技术是实践的法门和基础，人们从对身体的审察开始进入对心的审察。女子修行处的另一位导师N说，身心应该结合，强有力的心会使身体更有力量，反之亦然。在修行处，导师强调要正确地对待身体，并带领大家快走和练习瑜伽。

身体不应当成为与心对抗的力量。当学员提问“是否一定要通过打坐才能修行时”，导师 D 回答说，先采取舒服的姿势，等到能够控制呼吸之后再试着改善姿势，也可以从走步开始训练。

因为把烦恼的生起归结为心的不当念想，因此身体的感受通常可以从心的方面来审察。心的力量不足才导致身体和各方面的痛苦。就如修行处的僧人在开示中所说，无论僧人还是平民都有机会涅槃；人们应当在生命中修行，如果心的力量不足以解决问题或灭苦，就需要继续培训；要学会对自己满意、忍耐和接受现实，比如炎热的房间里有蚊虫，没有空调，这会让我们积累见苦的经验，舒舒服服地无法修行，要明白触是苦的根源。

解脱自在园的住持颇法师教导我说，做功德的人死后能升上天堂，但是还没有达到最高层次，最高的层次是涅槃。师父问我是否会打坐。他说先要观呼吸，至少十五分钟，看心，了解自己的心，看心是不是我的，心里如果有定，就会产生喜悦。为什么要看心？因为问题来自心，心练好了才能有幸福。

身体既是个体感知世界的媒介，也是个体反观内心的途径和基础。身体的各种感受不应该是被压抑的对象，而应当是被审察的对象。对身体的审察和对心的观看最终将消解对我的执着，产生对无常和无我的觉悟。

（三）修行效应：自我认同与社会关系再生产

我的第一位报道人、解脱自在园女子修行处的导师 S 这样向我描述修行带来的人生转变：“通过修行获得的智慧可以减少人们的烦恼（kiled）。比如家里的东西被盗，一般的人会为此感到懊恼，但修行的人对此抱持无所谓的态度。因为没有任何物质是能够永存的，我们所拥有的一切迟早会与我们分离，因此不值得为物而烦恼。修行的人还会去帮助他人，在工作的时候不会因为期望回报而感到失落。”这番话揭示了修行实践如何能够改善对自我的认同以及自我与他人的社会关系。在后来与其他实践者的访谈中，人们多次提到这两个方面，我将之归结为修行效应。

修行的自我认同效应

在田野调查的过程中，访谈对象常常向我描述他们通过修行所获得的全新的、对于自我与世界的认识。修行的首要目标不是改变外在世界，而是通过改变对于自我的认知来矫正对于世界的感受，从而接受或者化解生命中的痛苦。因此，修行所带来的自我认同效应是一种内向性的个体体验。

通过修行安住于当下，感知自己的存在，寻求心灵的平静。高娃是我十年前就认识的同龄朋友，是泰国最高学府朱拉隆功大学的研究人员。在我的印象里，高娃对于佛教没有什么热情。记得十年前第一次去她家的时候正赶上佛教节日，她都没有兴趣去寺庙做功德。听说我要研究佛教改革运动和修行实践，高娃却表现出浓厚的兴趣。她说在十一年前，她去过沙功那空府的一所属于天法师派系的丛林寺庙，那里的教义受到佛使比丘的影响。高娃第一次是和朋友一起去的，住了三天，第二次去住了七天。她说一定要多住几天才有感觉，刚开始两三天的时候会打瞌睡，到了第五天的时候心里才会觉得平静。她认为通过修行，可以让自己安住于当下（yu-kab-padchuban），有理智（sati），感知身体的存在（ru-tua-yu）。刚从寺庙回来后，她坚持每天打坐，但是到了后来没能一以贯之。不过，在精神紧张烦恼的时候，她仍然能够通过修行实践来寻求心灵的平静。

没有自我就没有痛苦，通过内观让另一个自我看清楚自己，道理只有通过修行才能领会。Y 是一位 1974 年出生在中国的华裔，汉语很流利。他六岁的时候随父母移居泰国。Y 从一所著名学府的经济系毕业后在中国银行等公司工作过，后来他决定自己开公司。2013 年 7 月 19 日，我们在去往一所寺庙的路上见到小学生的巡烛游行队伍。Y 说你们研究人类学的可能会对仪式感兴趣，但是仪式其实是非常表面的。大概四五年前，Y 去参加青年佛教协会（曼谷一所较大规模的修行培训中心）的活动，拜访了泰国东北部的一所寺庙。他第一次去该寺仅逗留了一天，第二次去了七天，接受了修行训练，回来之后他开始每天在家修行实践。

Y 说他认识到人的存在的三个方面：身体、感触和识。识用来规定物质的好坏并进行价值判断，产生特殊的触。人可以通过识来认识而非控制身体和感触，认识到怎样才能让自己感到舒适和有力量，也就是通过识来观察自我。人们需要正见，即认识到无我和生命无常，痛苦的产生是因为无知。如果没有自我会有痛苦吗？痛苦出于自我。

Y说佛法实践有八万四千个法门，而最主要的方法就是观呼吸（anapanasati）。打坐可引进对自我的观察，呼吸可以拉住理智。当通过打坐把感想固定到一个地方之后，就可以通过内观来观察和证实三性（苦、无我和无常）。Y说他自己刚学习的时候感到很困难，要让另一个自我看清楚自己并不容易。但是到了某个时候，就像绳索拉断以后，杂乱的思想就没有了，很静，然后再想想曾经让自己烦恼的事情，就不再烦乱了。他在刹那间得到无我的感受，从那以后他的心里就再也没有乱过、烦恼过。这种改变是在无意识当中产生的。

在Y修行的寺庙，僧人诵经的语速非常慢，早诵经四十五分钟，晚诵经一个小时。Y跪坐时间长了脚疼，这就是苦。诵经的语速越慢，苦就越多。这时Y看到旁边的人老在晃动身体，比他自己更痛苦。过了一会儿，Y通过专注于诵经，减轻了疼痛的感觉，再过一阵，疼痛的感觉好像又增强了。他由此领悟到生命中的感受一会儿来了，一会儿又走了，就如同万物的出现与消逝一样。他还认识到，在日常生活中，人们想减轻痛苦，但是如果方法不当，反而会增加痛苦。Y强调说这些道理是他在寺庙里真正通过修行而悟出来的，如果由别人告诉他这些道理，他就不能真正领会。

通过修持内观来观察疼痛，接受病痛并从病痛中学习，从而产生智慧和对生命的热情。在高僧查亚萨若的道场，一位三十岁左右的男子询问如何对待自身的病痛。这名男子因为健康问题于几个月前开始修行实践。下面是这名男子与高僧之间的对话片段。

问：在过去四年里，我因为腿部受伤接受了多次手术，时刻感到疼痛，也无法做任何工作，请问怎样才能做到心空？

答：在情感方面，要放下怀疑，近距离地审视自己，将痛苦与感情分离开来，多思考生命与未来的意义。在方法方面，要创造积极的情感，如感念家人对自己的爱，用积极情感来代替消极情感。全然接受病痛，改变自己与疾病的关系。

问：病痛时间太长，难以接受。医生说能好转，但是一直没有好转。如何能够在病痛中拥有完整的生命？

答：关键在于接受。用内观的方式在当下观察疼痛的强度。要做到无我，如果考虑“我”能否活下去，那么仍有我执。可以在情感和实践两个方面努力，愿意接受病痛并从病痛中学习，从而产生智慧与对生命的热情。

问：我现在开始接受了。

答：要专注于情感上的接受。要做到喜欢自己，喜悦地接受目前的状态，这是一个学习的过程。过去只是存在于回忆当中，要回到当下。对病痛时长的强调会产生消极的情感，应该对生活存感激之情，通过冥想来看待所有的事物。

从以上个案可以看出，修行者的自我认同效应建立在对苦、无我和无常的认识的基础之上，通过修行实践，人们获得了关于平静的生命状态的体验，学着安住当下，从痛苦中解脱。有意思的是，人们对自我的理想状态的认同是通过放弃对自我的执着和修行实践来实现的。

修行与社会关系再生产

修行在带来对自我的全新认识的同时，也帮助实践者重新确立自我与他人的关系，因此，修行可能成为社会关系再生产中的一个起点。这包括两个方面，一方面是如何消除社会关系中的紧张感，另一方面是如何积极建立新的社会关系。

通过修行锻炼人的理智，让自己的心平静，有力量，使自己从竞争激烈的工作环境中解脱出来。一个周五的下午，在佛使比丘档案馆二楼的佛法实践厅，志愿者 B 带领人们诵经。活动结束之后，我向 B 介绍了自己的身份，在走廊里和他聊了起来。B 就在档案馆对面的泰国石油公司总部大楼里上班。两年前，档案馆开放后，他就来担任诵经活动的志愿者，在此之前他本人并没有诵经的习惯。他说自从早晚诵经之后，心变得更平静了。刚开始的时候声音不够响亮，但是现在声音洪亮，有力量。B 本人并不是佛使比丘的弟子，而是追随连法师的弟子吞法师，他们的教义与佛使比丘的教导相似。教导的核心之一在于从正确的见解中产生智慧。正确的见解即正见和正思维，要认识到“我”是不能常在的，真实存在的是无常、无我和苦，通过认识到身体不能永恒而增进智慧。教导的核心之二在于只有通过思考才能理解佛法。当我们先看到结果，就应该找原因，就像医生一样。只有先知道了原因，才能解决问题。没有正见的人只看到“我”和“我的”，这种错见是产生痛苦的原因，对此一定要专心地思考。

我问起冥想的作用，B说冥想就是让自己能够集中注意力，能在工作中有定力。吞法师认为正思维是关键，同时要练习定力。B练习有节奏地走步已经有十五年了。通过有节奏地走步可以锻炼人的理智，让自己不因为外界而影响心情，让自己的心平静，有力量，从而产生理智和正确的思维，这对工作很有帮助。他说自己在大公司工作，同事之间竞争很激烈，有时会让人很烦恼。通过练习之后，他可以使自己从紧张的工作环境中解脱出来，泰然应对工作中的问题。我问“心有力量”的状态是怎样的，他说每天练习两个小时，一个月后就能明白。

仅仅是自己修行还不够，还应当帮助其他人。2013年7月20日这天下午，我在佛使比丘档案馆的书店遇到了志愿者T，T在每个周末下午都来书店做服务。他非常熟悉佛使比丘的著作，热衷于向人们介绍这些著作的内容。T曾出家两个安居期，当时只是为了用功德回报父母的养育之恩，并没有真正地进行修行实践。他后来对其他寺庙感兴趣，开始实修，修行到一定层次后，就自己在家练习。他说那时他自认为懂得比别人多，了不起，看不起他人，这是因为还缺乏理智。在他看来，大多数人的佛教信仰停留在道德的层次，而佛教的无上法（paramattham）高于戒律。佛使比丘只教导两件事情——苦与灭苦，无常和苦是佛祖之前就有人明白的，但是无我却是佛祖醒悟到的。谈到修行，他说佛使比丘教导人们摆脱物质主义，在当下实践，无时无刻不可修行；走路、喝水、呼吸、刷牙和咀嚼的时候都可以练习，之后心就会增进；如果在走路的时候想着别的，就会产生苦。问起为什么来档案馆担当志愿者，T说佛使比丘教导人们仅仅自己实践还不够，还应当帮助其他人认识到修行实践的重要性。

T是佛使比丘档案馆一百多名志愿者中的一员，我见到的其他志愿者也以不同的方式为人们提供服务，不论是带领人们修行，还是引导人们通过修行来解决生活中的问题。现代社会团体的志愿精神与修行实践活动的结合，成为档案馆拓展公共活动空间的基础。

（四）讨论：身心锤炼与当代泰国宗教个体主义的兴起

当代泰国城市中产阶层的修行实践体现出以身心锤炼、改善自我和修当下为价值指向的特点，使之成为不同于传统的、以积累功德和修来世为价值指向的宗教生活形式。具体而言，其特点表现为以下方面。

1. 修行培训中心成为新兴的、与传统寺庙有所区别的佛教场所，修行者通常会跨越生活社区的界限，根据自己的喜好来选择导师和修行场所。

2. 个体的修行实践路径具有高度的选择性，人们可以依据自身的体验来选择修行方式，其最后的目的都是为了达到定和内观的理想状态，以求从痛苦中解脱。

3. 身体成为修行者最重要的工具，修行者通过对身体的控制以及细察身体感受来达到对心的状态的了知以及对苦、无常和无我的深入认知。

4. 修行的首要目标不是改变外在世界，而是通过改变对于自我的认知来矫正关于世界的感受，从而接受或者化解生命中的痛苦。因此，修行所带来的自我认同效应是一种内向性的个体体验。

5. 修行实践所带来的社会关系再生产包括两个方面：一是通过身心锤炼来消解社会关系中的紧张感；二是积极地建构新的社会关系，这种社会关系仍然是以个体的宗教体验为基础的。

身体技术与修行之间的密切联系突出了个体作为宗教行为主体的地位，因而强化了佛教实践的个体主义色彩。与此同时，在当代泰国社会，围绕修行实践活动产生出众多新兴的宗教组织、新的世界观和新的公共话语，这是宗教公共性得以实现的重要途径。从当代泰国的个案来看，与宗教个体主义并行的并非建制宗教的衰落，而是建制宗教的创造性转化，而宗教个体主义与宗教公共性之间的复杂关联还有待进一步研究。

从泰国社会转型的角度来看，城市中产阶层将修行实践作为成为真正的佛教徒的条件，并与乡村社会或底层社会的做功德活动区别开来，将超越痛苦置于道德完善之上，这暗示着泰国社会的现代转型在宗教层面带来的分化以及内在的紧张。从某种程度上来说，当代泰国的佛教从国民共享的文化范畴转变为阶层化的政治范畴。另外，以内向性的个体体验为中心的修行实践与外向性的社会制度变革之间也存在着一定的矛盾关系。解释当代泰国城市中产阶层修行实践背后的动因及其与泰国乃至全球经济政治体系的变迁的关系，是我下一步需要完成的工作。我们需要走进宗教行为主体的日常生活世界，在不同的社会生活领域之间发现问题的关联性。只有将宗教放在现代生活中进行考察，才可能理解宗教现代性的多重面向。

第六章　灵性政治与当代泰国的政治图景

通过对泰国城市中产阶层的修行实践进行考察，我试图展示在新自由主义的语境下信仰者如何通过灵性体验来回应政治转型中的问题。有研究者用“灵性经济”的概念来解释在全球资本主义的发展过程中，个体的宗教实践如何与更大的经济转型过程结合起来。我则试图提出“灵性政治”的概念，指将个体同时转变为更具有激情的宗教主体，和更具有个体价值自觉性的政治主体的规划。泰国城市中产阶层中的修行实践者基于个体在当下解脱的价值优先性，发展出对于原子化的社会机体的想象，即社会由个人组成，在当下止息个体之苦是去除社会之苦的前提。对个体理性的强调彰显了社会行动者的主体性，修行者用人人都可在当下涅槃的观念来反对基于三世两重轮回说的宿命论，体现了众生平等的宗教和政治意识。但是，与此同时，原子化社会机体的观念也否定了个体之间的社会关系和社会制度体系的实质意义，对分配正义等现实问题采取回避的态度，其所倡导的“人人皆可涅槃”的平等观念并未进一步成为推动社会革新的动力，从而折射出当代泰国城市中产阶层的精神与政治困境。灵性政治的概念同时包含了个体化修行实践的超越性和局限性。

社会危机与宗教主体性的凸显

诚如大卫·哈维指出的，1997－1998 年亚洲金融危机的主要后果之一，就是进一步将发展型国家带到标准的新自由主义实践的轨道上。[①]

---

① 大卫·哈维：《新自由主义简史》，王钦译，上海译文出版社，2016，第 2 页。

例如印尼在金融危机之后采取了国家资本私有化和政治民主化等举措，以典型的新自由主义政策来应对经济与政治危机。在泰国，过去的军人、政府、本土资本家和工人农民阶层之间的利益平衡在金融危机中被打破，社会冲突凸显，西方资本试图进入并重组泰国的经济结构。然而，泰国的新自由主义形态有所不同，它体现为新自由主义与民族主义、政治权威主义的结合。泰国的本土资本家强烈反对全球化和西方资本的进入，力图保护本土资产的最大利益；与此同时，泰国的本土精英强调自由贸易，主张削弱政府的经济功能，强调个体的创业精神。在政治方面，1997 年出台的新宪法致力于对政治体制做出自由化改革，减少军人势力对政治的干预。2001 年他信政府的上台标志着泰国本土资本家在政治上的崛起，他信政府一方面通过为底层大众提供社会福利来获取广泛支持，另一方面又对社会舆论和社会团体严加管控，形成新的政治权威主义形态。① 总之，泰国的新自由主义表现出强烈的本土色彩。

在 1997 年金融危机的震荡之下，强调个体遵照佛教原典进行的修行实践活动成为当代泰国引人注目的宗教现象，各种修行中心如雨后春笋般涌现。例如我调研的“心的力量基金会”创始于 1997 年，其创始人认为当时的都市人忍受着诸多煎熬，需要运用佛法来解脱痛苦。到目前为止，该基金会已经在全国设立了一百多个分部。

2006 年的军事政变导致他信政府的垮台，泰国陷入长期的政治动荡和政治危机当中。泰国的中上阶层不满他信政府的社会政策和政治权威主义，同时对“不正确但却是必要的”军事政变也怀有非常矛盾的心态。在中产阶层的民主认同危机之中，新自由主义所倡导的个体创业精神似乎压倒了对社会改革的呼声。我将以泰国中产阶层的修行实践为个案，展示灵性体验中暗含的政治意味。

“安住于当下”：个体解脱与社会之苦

在当代泰国的修行实践中心，人们试图探寻的是如下问题：什么是

① Hewison, Kevin, “Neo-liberalism and Domestic Capital: The Political Outcomes of the Economic Crisis in Thailand”, in Kevin Hewison and Richard Robison, eds., *East Asia and the Trials of Neo-liberalism*, London and New York: Routledge, 2006, pp. 114 – 134.

痛苦（tuk），痛苦从哪里来，以及如何在当下脱离苦海。我发现“安住于当下”（yu-kab-padchuban）成为修行实践者常常提及的口号：一方面，从个体维度上来讲，“安住于当下”意味着用个体在当下的解脱来代替个体在来世的功德积累；另一方面，从社会维度上来讲，苦来自每个人的内心，去除个体之苦被认为是止息社会之苦的前提，个体的解脱具有价值优先性。这两个方面是相互渗透的。

（一）用个体在当下的解脱来代替个体在来世的功德积累

具体而言，个体在当下的解脱是修行实践者的最终目标，这包括以下方面的含义。

宗教的核心是如何脱离苦而非如何做一个好人

BIA 的导师 D 谈到修行有四种，也是改善和发展自身的四个层次：（1）身体是基础；（2）发展道德，五戒让人们处于正常状态，有幸福，平静而远离烦恼；（3）心有力量、坚定；（4）拥有智慧，认识到万物非永恒，学会忍耐和不执着。也就是说，发展道德是基础，但不是目标，修行的最高目标是拥有智慧，并从痛苦中解脱。

在 BIA 开展的“清凉功用”小组的集体实践中，志愿者 Su 谈到佛使比丘为什么认为“宗教不同于且高于道德”：“有的人认为自己是好人，但是好人仍然有痛苦，好人仍然无法解脱。佛使比丘认为佛教的重点在于解除痛苦，宗教高于道德。佛教的教导方式让人们认识到‘什么是什么’，如果不认识佛法和生命是什么，无法看清无常、苦和无我，就会因为错误的行为而产生痛苦，如果有真知，痛苦就会减少。”

痛苦的根源在于欲望，欲望存在于心中

有修行者追问 BIA 的志愿者 Su“怎样才能看清无常、苦和无我”。Su 回答说：“正是因为我们心中的价值观的确立导致了各种欲望，令人想法颠倒。‘想要’或‘不想要’都将产生痛苦，如果不能认识这一点就不能解除痛苦。痛苦的根源在于欲望，欲望存在于心中。为什么会有欲望？因为有认识（sanya），产生对自我的感知，从而产生苦。佛祖的教导让人能够听止于听，闻止于闻，不产生价值观上的倾向。如何做到呢？用理智来控制。在修行当中，控制心是十分困难的，因此要常常训练自己的理智。‘想要’就会产生烦恼，比较和过多的选择也会产生痛苦，如果我们有理智的话，就能够保持平静。那么，该如何训练自己呢？

我们可以通过观呼吸来掌握涅槃的方法。”

BIA 的另一位志愿者 W 是一位四十岁出头的工程师，他担任佛法广告学习小组的导师。BIA 将佛使比丘生前开示的内容整理了出来，当时佛使比丘名之为“佛法广告”。这个学习小组每周二晚上学习，每期大概学习三个月。这一期一共有 11 位学员。W 准备了非常详细、图文并茂的幻灯片，学习过程完全由 W 来引导。W 说，只有认识心的自然状态，才能发展心；一天有 86400 秒，痛苦与否在于自己。他让大家看一幅美丽山景的照片，这时大家会产生幸福感，接着，出现出售林地的广告，这让人产生欲望，而欲望无法满足就会产生痛苦。他用这个例子说明，苦与幸福的根源都在于自己心的状况。讨论课后，W 最后还布置了家庭作业——观察因：当人们心绪烦乱的时候，如果能够观察自己所想，就能停止想，让心平静下来；当身体有痛苦时，如果能够观察身体的痛苦，看苦的来去，就能减轻自己对痛苦的感受。

强调正确的实践相对于做功德的优先性，实践改变生命

2015 年 2 月 4 日下午，我参加了泰国石油公司总部的佛法实践活动，这次活动有 150 多位员工报名。前来开示的僧人说道：“实践是为了从苦中解脱，而如果人们喜欢功德，醉心于功德，执着于好，那么他们的心就不会空。”他让大家尝试着看自己的内心，看到真相，看到幸福也是苦，因为有生就有灭。而通过实践，人们可以止息触，不产生受蕴（wetana）。实践是真正的胜利，通过实践人们可以战胜自己。

在 BIA 志愿者组织的癌症患者的修行培训活动中，48 岁的影视明星 J 讲述了自己的实践经历。她早年开始从事广播和戏剧表演，对工作期望很高，后来有了自己的公司。年轻时的人生目标只有一个：拥有更多。但是，人死了之后会怎样？有功德的人会重生为人吗？带着疑惑，她和朋友在曼谷接受了七天的呼吸法训练。训练过程中学员做任何事都要缓慢，吃饭时要清楚地意识到自己在咀嚼，这样一来，自己就没有机会发火，心的状态发生了改变。她说，过去自己为什么缺少理智（sadi）呢？是因为我们心中只有自己。佛法实践让她学会了多倾听，少说话，常怀慈悲之心，接受失败，不要好强，改变生命。过去公司的员工问题多，她与员工的关系紧张。后来每年全公司的职员集体去实践，员工发生了变化，自己的心情也舒畅多了。作为一名乳腺癌患者，她仍然坚持实践，

并以从容平和的心态面对疾病。

"心的力量基金会"在1997年的金融危机中开办了首届修行培训班，每年培养两届学员。现在该基金会在全国有126个分支，都设在交通方便的城市里。2015年1月13日下午，该基金会曼谷某分支的负责人S向我介绍了基金会的总体情况。

"心的力量基金会"的总导师W法师是泰国东北部高僧曼师父的弟子，在林子里修行了50年。后来曼师父让W去曼谷开示，让城里人理解佛法，发展佛法。如何发展佛法？过去的人与自然接近，内心平静，而现代社会充满竞争和物质主义。W师父的高明之处在于，让现代城市人找到快速学习实践的方法，他将自己五十年修行心得压缩为六个月的学习内容，学员要在导师的教导下完成两本教材的学习。教材的内容主要包括三个方面：修行的环境、入定和内观。所谓涅槃，就是指心灵的平静，情绪（arom）被阻止。入定可以增加心的力量。如果无法控制心，就会产生苦。坐定和走步等实践方式会让人们通过修行产生成果，让感知与思想合一，从自己的情绪中抽离出来，战胜自我。修行讲的是个人的心如何战胜情绪，讲的是智慧，生产的是真理，让人们摆脱物质主义。练习坐定可以解决很多问题：健康问题和疾病的起因多为过虑，现代社会的人因为经济问题、工作竞争压力等感到烦闷，现代教育强调智商却忽略情商。如果通过训练能够达到涅槃的境界，那么每个普通人都能拥有幸福，世界也将获得和平。

个体在当下脱离苦海成为佛法实践的核心议题，修行者试图通过各种实践方式达到对心的自知与控制，通过对无我、苦和无常的领悟，战胜情绪，保持心灵的平静和清醒。如果说做功德是一种指向行动者与外部世界的联系的行为，那么，修行实践意味着从对外界的关注转变为对个体内心的自察。那么，实践者们如何看待个体与社会之间的关系呢？在前面提到的泰国石油公司总部的开示活动中，有信徒通过创作流行歌曲来劝导众人，他们在《世界在于我们自己》这首歌中唱道："山是山，山不是山，山是山又不是山，山就是你。"如果说世界在于我们自己，那么改变自身，是否就意味着改变世界呢？

（二）去除个体之苦相对于止息社会之苦的优先性

如果说个体的痛苦来自内心，那么社会的痛苦来自哪里？在关于痛苦的讨论中，修行实践者们发展出关于社会机体（social body）的重新想象。所谓社会机体就是由个体组成的有机体，在泰国传统的关于社会机体的观念中，"群体和谐"或"社会团结"对于社会机体的意义就如同健康对于个人身体的意义，各个组成部分在其中的地位由社会等级制的规则来决定；不同社会群体所承担的社会角色都应服从于社会机体的功能需要，只有某些个人能够扮演社会机体的"脸面"，并领导它的方向。① 修行实践者强调"人人都可涅槃"，强调在当下的解脱对于每个个体的终极意义，从而在一定程度上颠覆了泰国社会中传统的社会机体观。同时，修行实践者强调痛苦的根源在于个体内心，而非外界。如果每个个体通过修行超越了痛苦，社会也就没有了痛苦，因此，解决个人问题是解决社会问题的前提。

痛苦的根源在于个体内心，而非外界。世界从来就充满乱象，人们需要练就强大的心来面对世间纷扰

2015 年 2 月 4 日下午，我在 BIA 的尝试涅槃厅参与清凉功用小组的讨论。在聆听佛使比丘的开示录音"不要让受蕴产生"之后，志愿者导师 Su 说："世界本来就是无奇不有的，我们必须先解决自身的苦，才能有智慧帮助其他人，否则只会产生更多的苦，与人争斗却于世无益。灭苦并不意味着与世隔绝，无所作为。但是，如果告诫对方三次仍无效果，就没有必要再坚持劝诫，不如随他去。"我问："解决自身的苦与解决外部世界的问题能同时进行吗？"他回答说："可以同时进行，但是，只有先灭了自己心中的苦才能解决外部问题。所有的苦都源自内心，世界本来就充满乱象，如果我们听止于听，见止于见，就不会产生受蕴，就感觉不到苦，就没有苦。作为普通人，我们要履行自己的职责，比如照顾好孩子，努力工作，至于政治新闻并不需要过多关注。"我又提了一个问题："在当年的红衫军和黄衫军的冲突中，不少佛法实践者加入了黄衫军，对此该如何解释呢？"Su 说："如果他们参加这些活动感到内心舒畅，那也是好的，他们也是在履行责任，如同参与选举投票。但如果他们感到愤怒，产生不好的情绪，那就不好了。"这段对话意味着两点：一

① Aulino, Felicity, "Perceiving the Social Body: A Phenomenological Perspective on Ethical Practice in Buddhist Thailand", *Journal of Religious Ethics*, Vol. 42 (3), 2014, p. 417.

是痛苦源自内心而非外界；二是要学会接受世界乱象，最重要的是改变自己的内心，如果有强大的心，那么世界纷扰就不会造成痛苦。

在 BIA 佛法广告学习小组的课上，W 和学员们对待深奥的佛教义理的专注和认真态度，让我有些吃惊。W 所说的“懂得痛苦是一种能力”令我印象深刻。W 说我们提问的方向应该是：我们如何认识生命？生命是什么？生命需要什么？生命如何存在？我对他们关于现实生活的讨论非常感兴趣。W 说，我们的生活中只需要很少的事物就能满足生存需要，而我们的问题来自过多的欲望，不满足的状态往往不是真实的，世界给我们的已经足够多了。W 让大家讨论每人每月需要多少生活费就可以生存。大家把伙食费和水电费加起来大概三千铢（约合 600 元人民币）。W 说：“看到了吗？其实我们只需要三千铢就够了。”这时一位年纪较大的男士质疑说，现在养孩子的方式变了，如果要让孩子上好学校，如果自己还要租房子，那么三千铢是远远不够的。不过他的意见很微弱，在座的学员中有人说“如果没钱租房就去寺庙住呗”。显然他们更热衷探讨 W 提出的问题，并达成一致意见，即我们每个人每月的生活费只需要三千铢。W 的引导和学员们的讨论传达出他们中的大多数所认同的观念：生命中的问题来自过多的欲望。也是在这次讨论中，W 特别强调要时刻察觉自己的情绪并将之止息，让心保持在正常状态。他提到两三年前自己在马路上见到有人放火烧曼谷①，刚开始被吓了一大跳，后来他想“自佛祖时代以来，世界何时不曾是充满乱象呢”，于是，他让自己的心平静下来。在这次讨论课上，我特别感受到实践者们将痛苦归因于内心之后，与外部世界产生的疏离——至少是话语层面的疏离。人们只谈个体的感受，不谈社会；只谈心的平静，强调用心的力量去面对现实生活中的冲突，但在我看来，这也在很大程度上代表着他们试图回避社会与政治冲突的努力。

如果每个个体没有了痛苦，那么社会也就没有了痛苦。解决个人问题是解决社会问题的前提，去除个体之苦相对于止息社会之苦具有优先性

修行实践者强调个体的修行，但这并不意味着他们不认同社会价值

---

① 这里指的是泰国“红衫军”（“反独裁民主联盟”成员，泰国前总理他信的支持者）在曼谷街头引发的暴力行为。

或不具有利他观念，而是意味着他们的利他观念也建立在个体解脱的优先性之上。在我的第二次田野调查中，我多次主动向访谈对象抛出这个问题：如何解决社会之苦？我得到的答案很类似，例如“要先修炼自身，才能对社会有用”，“先要看清自己的内心，然后才能帮助他人”，“战胜内心比战胜他人更重要”，“如果每个人都能获得幸福，世界也将获得和平”，“如果每个个体都没有了痛苦，那么社会也就没有了痛苦”，等等。在这里，我将以我对 BIA 志愿者 V 和工作人员 J 的访谈来回应这个问题。

2015 年 2 月 6 日上午，我在 BIA 访谈 J。J，38 岁，他在 BIA 负责媒体宣传和电子设备的维护工作，为人开朗热情，愿意和来访的青年人聊天，鼓励他们多来 BIA 参与实践活动。J 在技术学院读书时就已经是社会行动分子，积极参与了环保非政府组织的活动，工作后继续致力于环境保护运动中的青少年教育和社区广播事业。1997 年新宪法承认了人民在公共媒体中的地位。2003 - 2013 年，J 开设公司为全国两百多个社区广播台提供设备和维护服务。公司收入高，但是苦也越来越多。J 与家人聚少离多，健康状态不佳，失去了幸福感。J 的妻子劝他放弃公司，2013 年，J 让手下人接手公司，自己在家乡的一所丛林寺庙出家四个月，学习实践佛法，并在林中头陀苦行①十五天，领悟到生命的需求非常简单，幸福与金钱无关，也开始思考今后该如何生活。还俗后两年内，J 没有去工作，而是陪伴孩子。之后他想工作，希望从事佛法实践方面对他人有利的工作。J 认为实践即责任，每个人都需要对自己、家庭、工作和社会承担责任。实践的重点就是让自己灭苦，要和家人一起实践，而社会活动则是让大家通过实践来发展心灵。谈到自己从社会行动分子向佛法实践者的转变，J 说今天泰国的非政府组织不活跃，过去非政府组织与政府斗争，视他人为斗争对象，却不与自己斗争，如果非政府组织运用佛法，让人们拥有智慧，不用依靠外部，会让大家受益更多。J

---

① 头陀，梵文 Dhūta 的音译，意为抖擞、精勤振奋、去除烦恼污垢，意即弃除对衣、食、住等贪着，以修炼身心，是佛教倡修的苦行，亦称头陀行、头陀事、头陀功德。凡是修习头陀苦行的人，在日常生活中必须严守如下十二种修行规定：一者在阿兰若处、二者常行乞食、三者次第乞食、四者受一食法、五者节量食、六者中后不得饮浆、七者着弊衲衣、八者但三衣、九者冢间住、十者树下止、十一者露地坐、十二者但坐不卧。

认为自己过去想改变社会和他人，如果他们不被改变，自己就会觉得痛苦。现在他认为改变自己更容易，如果自己能够尽职尽责，那么社会自然会受益。

V 五十岁出头，是 BIA 的一名志愿者，她资助并负责组织儿童修行和病患者修行两个项目。作为一名泰国大型企业的高级管理人员，V 还负责组织该公司的佛法实践活动。此外，在周末 V 还为一些志愿者开展培训。我常常在各种活动场合见到 V 忙碌的身影，并和她进行过一次长谈。V 出生于曼谷的一个华裔家庭，自小就爱帮助他人，学生时代教过建筑工人的孩子读书。上大学时，V 参与了佛教社团的活动。她目前已经在这家大公司工作了近三十年，从事管理工作，业余时间比较多，收入也较高，她将自己收入的四分之一拿出来做公益。V 是佛法实践者，每天早起练习瑜伽，晚上打坐、诵经。她自认为可以控制自己的心，但是当妹妹因癌症去世时，她还是忍不住伤心。妹妹患癌症期间，V 陪着妹妹参加佛法实践活动，妹妹去世时非常平静。妹妹生前让 V 为病患者组织实践活动，于是两年前 V 开始每两个月组织一次病患者及其家人的培训活动，让他们学会通过实践来减轻生命中的痛苦。V 在 BIA 还定期组织儿童培训项目，叫作“智慧基础”，其宗旨是让孩子认识佛法，运用佛法，获得智慧。在公司，V 成为员工实践课程 Wisdom Expression 的培训导师，这一课程每年六期，每期五天。通过打坐、练瑜伽、诵经和讲故事，她希望让员工学会如何在工作中运用佛法，如何与顾客和下属相处。这一课程得到公司的资助，而且取得了很好的效果。V 认为实践强调对心的训练，让心能够入定，但是入定不是目的，入定是为了让人们重新认识自我，看清内心，并增加理智。通过实践，职场人士能够更好地理解他人，对不同的人采取不同的方法，运用智慧帮助他人。

2015 年 1 月 18 日，我在曼谷郊区一所倡导修行实践的著名寺庙内参加了 V 组织的第十四次病患者修行课程。该寺庙的住持做了主题为“病痛”的开示。法师结合自己的病痛经历进行了解析。2010 年他就开始有病痛，医生说他活不久了。法师入院后平生第一次连续睡了 12 个小时，感觉非常舒服。关于疾病，他认为佛法无法解决疾病问题，生病了要找医生。与医术相比，佛法解决更高层次的问题，病痛只是生命中的一小部分。医生的职责是为人看病，而不是让人不死；佛教和僧人也不是让人不死，而是让人认识死亡。"'无苦即无死'，《四念处经》告诉我们观身不净、观受是苦、观心无常和观法无我，懂得了四念处就懂得了如何真实地存在。佛教教导我们如何止息苦、审察苦，而非不要苦。在动手术的过程中，自身的疼痛是医生无法减轻的。病患者应当活在当下，睡不着时用呼吸法来减轻痛苦，而不执着于'我为什么得病'这样的问题。什么时候有苦，什么时候就是死亡。"法师说在忍受疼痛的过程中，仍可以做好的事情。他将信徒奉献的水果等食品与医务人员和其他病人分享，用施主施舍的上百万铢钱财修建寺庙，这让法师觉得病痛是值得的。法师的整个开示幽默风趣，他看待病痛和死亡的豁达态度感染了在座者。开示结束后，有人说："你看，大家来的时候表情沉重，听完开示大家的表情都轻松喜悦。"

V 在接下来的培训中说，在妹妹患病期间她了解到病人内心的痛苦，希望病人的内心能够拥有幸福，做到空心（bloiwang jai），这是培训课程的宗旨。另一位导师 D 分享了自己的患病经历，向大家传授瑜伽修行方法，让大家通过"生命修习"（cheevitsika）接近佛法。他说，身体的病可以通过医生医治，但心里的病需要通过修行来治愈。BIA 的一位志愿者向大家强调食物和心情的重要性，她说癌细胞不喜欢氧气和呼吸，大家要吃健康食品，多饮水以排除体内的化学物质。她还建议癌症患者从心里接受癌症，把它当作自己的朋友。

在参与公共修行活动的过程中，我感受到志愿者的利他愿望和服务热情。对于他们来说，帮助他人修行被认为是回报社会的最好方式，个体获得解脱被认为是解决社会问题的前提。人们的对话中时刻透露出当代泰国社会中的各种紧张感，政治冲突、环境问题、健康问题和工作压力等为人们带来了切肤之痛，为了应对这些问题，这群佛教徒守住的唯一法门就是修行实践，他们相信通过修行的力量可以改变自身，从而改变自身对世界的感受，并最终获得解脱。佛使比丘最初教导的"在当下涅槃""工作即修行"意在肯定个体在社会生活中运用佛法的现实意义，但当前泰国的许多修行实践者单纯强调回到内心，切断了对于苦的社会性理解。

新自由主义时代的灵性政治

近半个世纪以来，新自由主义引起了学者们的广泛关注。大卫·哈维在《新自由主义简史》一书中如此定义："新自由主义首先是一种政治经济实践的理论，即认为通过在一个制度框架内——此制度框架的特点是稳固的个人财产权、自由市场、自由贸易——释放个体企业的自由和技能，能够最大程度地促进人的幸福。"[①] 他引用了利奥塔在《后现代状况》中提出的观点，即在职业、情感、性、文化、家庭和国际领域，以及在政治事务上，临时契约取代了长期制度，这样一种市场伦理统治在文化上的后果不计其数。[②] 在哈维看来，新自由主义是一项政治计划，旨在重建资本积累的条件并恢复经济精英的权力，但是，新自由主义需要实际策略的支持，即"强调消费者选择的自由——不仅选择特殊产品，而且包括生活方式、表达方式和一系列文化实践的选择。新自由主义化需要在政治和经济上建构一种以市场为基础的新自由主义大众文化，满足分化的消费主义和个人自由至上主义"。[③] 新自由主义的一个重要特征在于，它捍卫和鼓励"资产阶级德性"，这些德性包括个体责任和义务；独立于国家干预；市场和法律面前机会平等；对积极性和创业努力的回报；关心自己和自己的东西；一个开放的市场，允许契约选择和交易选择的广泛自由。[④]

对于人类学学者而言，新自由主义意味着实践行动的方式，而非抽象的教条。新自由主义的实现形式与主体性之间的关联成为当代人类学研究的重要议题之一。[⑤] 不少学者开始关注新自由主义与个体的情感改造之间的关联，例如弗里曼（Freeman）指出，个体成就"作为企业家的自我"（entrepreneur of the self）的指令，即个体被定义为自我驱动、总是回应市场变化的自治的经济行为者，已经成为新自由主义精神（es-

---

① 大卫·哈维：《新自由主义简史》，王钦译，上海译文出版社，2016，第2页。

② 同上书，第4页。

③ 同上书，第44页。

④ 同上书，第190页。

⑤ Richard, Analiese, and Daromir Rudnyckyj, "Economies of Affect", *The Journal of the Royal Anthropological Institute*, Vol. 15, No. 1, 2009, p. 60.

prit of neoliberalism）的核心。“这也要求人们通过事业来实现自我的内在维度和灵活的自我创造，其中资本积累不是目标，而是再发明的手段。再发明不仅将人们塑造为生产者、消费者和公民，而且使之成为关注自我、健康、身体、心理和灵魂的社会存在物与个体。”① 有学者关注到日益风行的治疗文化（therapeutic culture）在新自由主体的情感改造中发挥了重要作用。② 在今天，这些社会结构的、经济的与文化的转型如何汇聚起来并孕育新自由主体，是当今对新自由主义的批判性民族志研究（critical anthropology of neoliberalism）的兴趣所在。③

近二十年以来，人类学学者就不同区域不同宗教与新自由主义的关联开展了较为丰富的案例研究，并生产出两个学术概念：一是“神秘经济”（occult economy），二是“灵性经济”（spiritual economy）。美国人类学学者科马罗夫夫妇（Jean & John Comaroff）通过他们对南非社会活跃的巫术活动的研究，提出“神秘经济”（occult economy）的概念。所谓神秘经济是指“通过调动真实的或想象中的魔法手段来达到物质上的目标”。④ 他们认为，地方社会的神灵和超自然实践回应了新自由主义所带来的由贫富悬殊和不安全感构成的特殊的现代性。科马罗夫夫妇的研究启发了后来者的一系列研究。例如有学者 2002 - 2003 年在莫桑比克开展的研究表明，新自由主义带来的经济结构调整加剧了收入不平等，加重了很多家庭的生存压力，并对男性和女性产生了不同影响：女人们通常从五旬节派教会⑤获取解决生殖健康问题的灵性帮助，而男性则试图通

① Freeman, Carla, "Embodying and Affecting Neoliberalism", in Frances E. Mascia-Lees, ed., *A Companion to the Anthropology of the Body and Embodiment*, Chichester, Malden: Blackwell Publishing Ltd., 2011, p. 356.

② Rose, Nikolas, "Governing the Enterprising Self", in Paul Hellas and Paul Morris, eds., *The Values of the Enterprise Culture: The Moral Debate*, London: Routledge, 1992, pp. 141 - 164.

③ Richland, Justin B., "On Neoliberalism and Other Social Diseases: The 2008 Sociocultural Anthropology Year in Review", *American Anthropologist*, Vol. 111, No. 2, 2009, pp. 171 - 172.

④ Comaroff, Jean, and John L. Comaroff, "Occult Economies and the Violence of Abstraction: Notes from the South African Postcolony", *American Ethnologist*, Vol. 26, No. 2, 1999, p. 279.

⑤ 五旬节派是在 1901 - 1906 年美国五旬节运动之后出现的基督新教教派。五旬节派认为救恩的关键是相信耶稣是唯一救赎主，能赦罪。他们也相信浸礼是公开承认自己身份的象征，说灵言是受圣灵的浸的证据，接获圣灵后还有治病等异能。五旬节派相信，《圣经》在信仰问题上具有最高的权威。

过求助于巫师的神秘实践来解决就业难题。[①] 在加纳，国家的私有化政策导致了结构与道德上的紧张关系，从而催生出许多卡里斯马型教会（Charismatic church），牧师的道德权威取决于如何将神灵力量、道德忠诚和经济潜力结合起来。[②] 还有民族志研究指出，在泰国伴随着快速的城市化过程，人们试图通过灵媒在自身与不可见的权力资源之间建立联系，以此寻求物质上和精神上的保障，这也是神秘经济的体现。[③]

如果说神秘经济以求助于神灵护佑为特征，那么，新自由主义经济及其带来的社会结构转型还催生出另一种不同的经济与宗教相结合的形式，即以强调个体的重要性和普适性，强调自我修养以及审计文化（audit culture）[④] 为特点的灵性经济。如德尼其（Rudnyckyj）将全球的宗教复兴与经济全球化或新自由主义转型联系起来，并在同一个概念框架中对二者进行分析。该文以印尼最大的钢铁公司在 1998 年国有资产私有化政策推出之后面临的挑战为背景，描述了该公司管理层如何将灵性培训引进公司——私有化改革不仅仅被看作政治与经济的结构性变迁，而且是个体的伦理与道德改革。[⑤] 该文提出了灵性经济的概念，并将之与神秘经济进行对比。后者将宗教复兴视作全球新自由主义文化冲击之下的避难所，而灵性经济不是将宗教视作逃避或者对抗新自由主义转型的手段，而是指经济改革与新自由主义再结构化被想象为和被规定为宗教热情与灵性美德的方式。或者说，灵性经济指的是“将工人同时转变为更具有激情的宗教主体和更具有生产力的经济主体的规划”。[⑥] 灵性经济的概念也解释了当工人们加入全球经济的竞争中时，个体的宗教实践如何

---

① Pfeiffer, James, Kenneth Gimbel-Sherr and Orvalho Joaquim Augusto, “The Holy Spirit in the Household: Pentecostalism, Gender, and Neoliberalism in Mozambique”, *American Anthropologist*, Vol. 109, Issue 4, 2007, pp. 688 – 700.

② Shipley, Jesse Weaver, “Comedians, Pastors, and the Miraculous Agency of Charisma in Ghana”, *Cultural Anthropology*, Vol. 24, No. 3, 2009, pp. 523 – 552.

③ Johnson, Andrew Alan, *Ghosts of the New City: Spirits, Urbanity, and the Ruins of Progress in Chiang Mai*, Honolulu: University of Hawai’I Press, 2014, p. 92.

④ 审计文化指的是在新自由主义的商业逻辑之下，使我们屈服于一种需要我们为自身行为负责的伦理机制。参见 Strathern, Marilyn, ed., *Audit Cultures: Anthropological Studies in Accountability, Ethics and the Academy*, London, New York: Routledge, 2000。

⑤ Rudnyckyj, Daromir, “Spiritual Economics: Islam and Neoliberalism in Contemporary Indonesia”, *Cultural Anthropology*, Vol. 24, No. 1, 2009, pp. 104 – 141.

⑥ Ibid, p. 106.

与更大的经济转型过程结合起来。该文归纳出灵性经济所包含的三个相互联系的方面：（1）将灵性客观化为管理与干预的场所；（2）将工作重塑为崇拜的形式与宗教责任；（3）极力主张个体的责任伦理，从而与新自由主义中的透明、生产力、理性化等逐利原则相匹配。[①] 总而言之，印尼的灵性改革者（spiritual reformers）通过个体伦理改革项目，试图生产出符合新自由主义规则的主体性的类型，自我规训、责任与创业行动都被展现为伊斯兰美德，并在工作场所的内外影响着人们的伦理行为。

综上所述，人类学关于新自由主义与新宗教形式的讨论都在强调宗教行为与经济结构转型之间的关联。宗教行为的主体或求助于外在力量——如牧师、巫师或灵媒来规避新经济生活中的风险，或试图通过自我规训来赋予工作及责任以道德价值，提升个体融入新经济生活的能力。有意思的是，我们可以跨越不同宗教的边界发现宗教与经济生活之间的相似联系。近年来，在泰国城市中产阶层中兴起的修行运动与印尼伊斯兰教的灵性培训项目存在惊人的相似，印尼的灵性改革者和泰国的修行导师都试图将经济转型与有关动机和行动的存在论意义上的问题联系起来，将责任伦理与管理知识的原则结合起来，并推崇理性的、普世化的和科学的自我控制途径。

但是，以上研究都忽略了新宗教形式与政治生活目标之间的关联。实际上，新自由主义的社会影响不仅仅局限在经济领域，也扩展到了政治领域。正如哈维所说："新自由主义坚持个人是政治经济生活的基础，这打开了通往个人权利激进主义的大门。但是通过关注那些权利，而不是关注创造或改造具有实质性的、开放的民主治理结构，抗议性文化培育的途径无法避免新自由主义设定的框架。新自由主义对于个人的关注，胜过任何社会民主制对于平等、民主和社会团结的关注。"[②] 那么，新自由主义对于个体的关注将如何改变人们对政治的理解？而新宗教形式又是如何回应新自由主义语境中政治转型的呢？从灵性经济层面而言，新宗教形式强调的工作即修行、自我审察和个体责任等价值理念是否同时具有政治内涵呢？

---

① Rudnyckyj, Daromir, "Spiritual Economics: Islam and Neoliberalism in Contemporary Indonesia", *Cultural Anthropology*, Vol. 24, No. 1, 2009, pp. 105 – 106.

② 大卫·哈维：《新自由主义简史》，王钦译，上海译文出版社，2016，第 185 页。

通过对泰国城市中产阶层修行实践的考察，我展示了宗教主体如何通过灵性体验与实践来回应政治转型中的问题，而政治主体的自我塑造又如何可能对政治图景产生影响。我在此提出“灵性政治”（spiritual politics）的概念。所谓灵性政治，指的是将个体同时转变为更具有激情的宗教主体，和更具有个体价值自觉性的政治主体的规划。与灵性经济的概念类似，灵性政治也强调个体的重要性和普适性，强调自我修养，也具有审计文化的重要特点。除此之外，灵性政治还包含以下维度：（1）个体的解脱被视作宗教的最高价值，也是灵性训练的最高目标；（2）个体的解脱是解决社会问题的前提，并具有价值优先性；（3）一切社会问题都可以归因为个体灵性的缺陷，并可以通过加强个体的灵性训练得以解决。

灵性政治概念的提出需要我们对南传佛教展开去本质化的理解。人们通常认为南传佛教是基于个体主义的宗教，是强调个人自渡而非普渡众生的宗教。但实际上，在不同的时代，信仰者对于南传佛教的教义会有不同的阐释，只有在具体的历史语境中看到信仰者的能动性，才有可能避免对于南传佛教的刻板化理解。在泰国，僧人一直有丛林苦修的传统，但丛林修行传统向城市社会的渗透是近年来才有的突出现象，而且也经历了嬗变的过程。当代泰国的佛教改革运动曾经有非常激进的一面，例如佛教改革领袖佛使比丘主张运用佛法来实现社会变革，但是在眼下的泰国，佛使比丘的教义当中最受欢迎的是个人修行方法指南——呼吸内观法，佛使比丘曾经提出的佛法社会主义等主张已经在主流话语中逐渐消逝。

当代泰国城市中产阶层的修行实践者通过强调正确实践相对于正统教义的优先性，以及去除个体之苦相对于止息社会之苦的优先性，发展出对个体与社会体关系的原子化理解。从泰国社会转型的角度来看，城市中产阶层将修行实践作为成为真正的佛教徒的条件，并与乡村社会或底层社会的做功德活动区别开来，将超越痛苦置于道德完善之上，这暗示着泰国社会的转型在宗教层面带来的分化以及内在的紧张。从某种程度上来说，当代泰国的佛教从国民共享的文化范畴转变为阶层化的政治范畴；另外，以内向性的个体体验为中心的修行实践与外向性的社会制度变革之间也存在着一定的矛盾关系。

修行实践者基于个体在当下解脱的价值优先性，发展出对原子化的社会机体（atomic social body）的想象，即社会由个人组成，在当下止息个体之苦是去除社会之苦的前提。相对于等级化的社会机体观念，原子化的社会机体观念具有一定的批判性：它彰显了社会行动者的主体性，用人人都可在当下涅槃的观念来反对基于三世两重轮回说的宿命论，体现了众生平等的宗教和政治意识。但是，与此同时，原子化社会机体的观念也否定了个体之间的社会关系和社会制度体系的实质意义，对分配正义等现实问题采取回避的态度，否认社会制度的公正问题，暴露出城市中产阶层在政治层面的无力感，其所倡导的“人人皆可涅槃”的平等观念并未进一步成为推动社会革新的动力。

当代泰国城市中产阶层中的修行者表现出很强的主体性：个体在当下的解脱被赋予终级价值，佛法实践的含义被简化为“个体的实践”，灭苦等同于灭个人的苦，个体诉求取代社会诉求，实存的社会问题被淡化。这种新自由主义倾向也影响着修行实践者对于国家权力的正当性的理解：人们关注的重点从改革社会和政治制度转变为改变内心，把个人欲望当作痛苦之源，不再强调公平和正义问题，从而否定了社会和政治变革的重要性。如果说灵性经济意味着行动者通过自我问责来试图应对全球资本体系中的风险，那么，灵性政治则意味着行动者通过自我救赎来规避政治社会转型中的冲突，并使得冲突的解决前景更为模糊难测。

结 语

本书引入他者的视角，突破了对“泰人社会是佛教社会”的本质化理解。通过描述和分析主流佛教与内部及外部他者的关联性及其相互建构，我试图展示出当代泰国宗教与社会内在的异质性与变迁动力。我也试图打破学界关于南传佛教的刻板印象：人们通常认为南传佛教是基于个体主义的宗教，是强调个人自渡而非普渡众生的宗教，而本书展示了在不同时代信仰者对于南传佛教的教义会有不同的阐释，只有在具体的历史语境中看到信仰者的能动性和诉求，才有可能避免对宗教的刻板化理解。此外，我还试图探讨宗教与社会的历时性关系，展示出不同历史时期宗教变革与民族国家建设、社会治理以及生命政治之间的内在关联。

从中国人类学海外研究的角度来说，本书尝试在海外民族志研究的基础上，在更广阔的时空背景中展示社会变迁的过程。我希望这一尝试有助于讨论人类学研究当中的认识论和方法论的问题，即如何在后殖民语境中认识文明化进程，以及如何通过呈现复数的他者来理解由诸多矛盾因素构成的社会发展动力。

追溯与总结

本研究的时间起点定位在 19 世纪后期，在西方殖民主义的威胁下，曼谷王朝的统治精英不得不推动从传统政体勐向民族国家政体的转变，在此过程中僧伽组织的制度化是我们理解当代泰国宗教与社会变迁的重要基点。从社会的角度来看，泰国的知识精英在文明理念的地方化实践方面发挥了积极作用，他们主张在维系佛教作为国教地位的同时逐步接受民主、平等和理性主义等现代价值。到了 20 世纪后期，佛教改革运动一方面与公民权利运动结合，推动了泰国社会的现代转型；另一方面带来了信仰者对于现世生命价值的全新理解，信仰者的个体化既挑战了等级主义的意识形态，也在新的政治经济条件下成为新自由主义的合谋者。

尽管本书是按照一定的历史顺序来组织各章内容的，不过需要强调的是，我们所看到的佛教与社会变迁是同时在国家、社会与个人的不同维度上展开的。

从宗教与民族国家建设的历史过程来看，勐——以佛教和王权为价值核心、建立在朝贡关系之上的等级式主权，承认与其构成附属关系的类似政体的政治与宗教自主性。在从勐向国的转变中，随着朝贡关系转变为中央与地方的关系，政治一体化的发展提出了宗教一体化的要求。作为国教的佛教不仅要与其他信仰形式如民间婆罗门教和神灵信仰划清界限，以突出佛教的科学、理性、爱国主义价值，同时也要在佛教内部确立起等级化的科层结构，创建出与现代官僚体制一体的僧伽组织。由国家主导的宗教一体化进程带来了两方面的后果：一方面，通过降低而非拒斥民间婆罗门教和神灵信仰的宗教价值，也通过规训云游僧人，现代国家创立了以正统佛教为核心的包容性阶序；另一方面，面对族群和宗教他者——马来穆斯林，民族国家试图克服其在语言、政治和文化上的离心力，然而，国家意识形态中的泰民族主义遭到了抵抗，这是民族国家一体化进程中的失败案例。

当国家机器朝着政治一体化与宗教一体化的方向前行时，泰国社会却发起了对科层化和国家化的佛教体系的反思和批判，并试图重建超越国家政治权力的神圣性，以及重新激发佛教与社会、佛教与个体生命之间的有机联系。丛林，作为远离民族国家权力中心的社会空间和统治精英视野中的蛮荒之地，成为酝酿新的文明化方向的重要场域。游离在正统僧伽体系之外的佛教改革派和丛林圣僧成为当代泰国社会的精神领袖，他们在倡导用佛教解决现代社会和现代人的现实问题方面发挥了非常重要的作用。与此同时，佛教思想的革新也为 20 世纪 80 年代之后的政治改革和社会改革提供了价值依据。佛教改革运动当中对于平等主义的强调，挑战了以功德观为基础的等级主义意识形态，为公民身份的更充分实现奠定了思想基础。丛林社会构成了当代泰国现代社会转型的边缘动力。

从信仰者的宗教体验的角度来理解当代泰国的宗教与社会变迁，是本书经验研究的主要部分。这一部分的时空转换到了 20 世纪 90 年代以后在曼谷兴起的修行中心，被深深卷入世界经济体系和国内政治矛盾中的中产阶层成为我关注的重点对象。修行者试图通过对生命的微观宇宙——身和心的体察与锤炼——来应对当代泰国政治与经济发展中的不确定性。这种个体化的宗教实践一方面倡导“人人皆可在当下涅槃”，延续了佛教改革派的平等主义思想，另一方面又通过确立自身的宗教优越感，与仍然崇奉为来世做功德理念的中下阶层形成了宗教分化现象。这种内在矛盾体现了当下泰国中产阶层的思想与行动困境：在寻求个体生命价值的同时，如何突破新自由主义意识形态的局限，在个体生命的完善与社会公平的实现之间找到契合点。

综上所述，我试图从国家、社会与个体三个不同层面来展示当代泰国的宗教与社会变迁。我们可以看到，国家、社会与个体对于文明的理解以及追求文明的方向、策略并不完全一致。对于国家来说，建立一套与现代行政体系相适应的僧伽制度，设立符合现代国家意识形态的佛教话语，就等于确立了佛教的文明价值。从社会的角度来说，佛教必须通过回应现代社会生活中的现实问题，以及成为民主社会建设的思想动力，才可能具备文明价值。从中产阶层信仰者的角度来看，只有当个体在宗教实践中实现主体性时，佛教才是现代的和文明的。我们在前面各章可以感受到国家、社会与个人等不同层面在确立佛教的文明性的过程中所产生的矛盾和紧张，不同层面之间的互动形成了社会变迁的方向。

文化与文明化

现代泰国是“文化”与“文明”的矛盾体。“文化”在泰语里是 wathana-tham，wathana 是“繁荣、兴旺”之意，tham 则指“法则”。文化就是能够与地方和民众的天时、地利、人和相匹配的法则，是一套行之有效的本土知识，是繁荣的表现和保障。tham 也指佛法，事实上文化这一范畴与泰人对佛教的认知有着密切的联系，尽管佛教并非泰国的本土宗教，但是泰人文化的特质总是通过佛教的种种形式表现出来。如果说文化代表了泰民族的特性，那么文明则表明了对由崇奉基督教的西方世界所引领的现代价值的追求。暹罗向现代民族国家转变的过程就是一个在维系作为自我意识的文化的同时，以西方国家为参照来不断寻求文明化的过程。在这一过程中文化与文明之间构成了矛盾体，并由此产生了推动现代性发展的混合动力。

本书在多处使用文明化来指称作为过程的文明，文明始终在运动，始终在前进。[①] 有学者提出，“文明”进入泰国是隐性殖民主义（crypto-colonialism）的结果，即统治者通过迎合与支持殖民权力来维系民族国家的独立地位。[②] 这一说法忽视了泰国社会的主体性及其将外在他者转化为自我的组成部分的能力。总体而言，在泰国的案例中，文化与文明并没有被建构为相互对立的关系，相反，文化因为文明的介入而获得了新的内涵。从宗教变迁来看，在不同的时代佛教总能被赋予新的文明性：统治精英试图赋予佛教以科学、理性和爱国的特性，丛林社会则将佛教改革与公民的政治权利联系起来，个体修行运动也不仅仅是传统的复兴，而是通过信仰者的身心锤炼来实践和确证平等主义的现代意识形态。因此，本书更愿意强调泰国社会内在的主体性，文明化并不意味着对西方的简单迎合与模仿，而是在融入世界体系时进行选择性创造的方式，也是在新的语境中重新定义传统的过程。

当代泰国的宗教与社会变迁向我们展示的是多主体和多向度的文明化过程，而非单一主体和单向度的文明实体。本书试图突出不同的社会行动者对文明的差异化理解和不同的实践策略。与许多东方国家一样，在泰国最早开启现代文明认知的是统治精英。由统治者定义的早期的文明话语充斥着对欧洲/泰国、文明/蒙昧、科学/迷信、城市/丛林等的二元划分，统治者将自身确立为泰国与欧洲文明之间的联结者和泰国未来文明的顶层设计者，并以此来巩固其政治合法性。统治精英所定义的文明阶序试图维系等级主义意识形态。然而，随着泰国对世界的开放，越来越多的泰国社会精英和普通大众也加入对文明的探索中来，并试图用民主政治理念来挑战等级主义的意识形态，这就产生了不同阶层之间阶段性的矛盾与冲突。从佛教的情形来看，佛教既可以成为统治阶层维护政治权力的工具，也可以成为打破等级主义意识形态的革新力量，对于佛教的文明内涵的不同阐释体现了话语背后的权力关系。

---

① 诺贝特·埃利亚斯：《文明的进程：文明的社会起源和心理起源的研究》，王佩莉、袁志英译，上海译文出版社，第 2 - 3 页。

② Herzfeld, Michael, “The Absent Presence: Discourses of Crypto-colonialism”, *South Atlantic Quarterly*, Vol. 101, 2002, pp. 899 - 926.

在泰国，我们所看到的与其说是文化与文明、东方与西方，或者本土化与全球化之间的冲突，不如说是对文化所采取的不同文明化方式之间的冲突。本书试图呈现社会行动者对文明的不同理解和差异化的实践方式，他们之间的互动体现为中心与边缘、国家与社会之间的力量转换，并共同造就了社会变迁的方向。

作为方法的他者

人类学是一门通过对他者的研究来进行文化反思的学科，他者具有重要的方法论意义。泰国与中国都属于发展中国家，都面临处在各种社会与文化张力中的现代性问题。本书所涉及的宗教的现代转型、国家与社会的关系、山林与庙堂的关系等问题，都可以在中国听到回音。发挥泰国个案对中国社会研究的意义将体现作为文化批评的人类学的应有价值。随着中国的世界性和世界的中国性的不断加强，中国人类学学者将越来越普遍地主动参与关于世界的知识生产，近年来海外民族志研究在国内的兴起就体现了这一历史趋势。那么，中国人类学应当如何呈现世界？在本书的最后，我试图强调中国人类学的海外研究应当以他者为方法，而非仅仅以他者为对象。这包含三个方面的含义：不是简单地将研究对象建构为具有内在一致性和整体主义风格的静态的文化，而是看到研究对象内部的异质性、冲突和文明化的过程；突出研究对象内部不同社会群体对文明与他者的划分，并呈现文明与他者之间的转化机制；通过融入历史视角和语境分析，正视研究者与研究对象之间的同时性问题。

在人类学研究中，研究者通常将研究对象视作“他者”，即与研究者所代表的社会文化极为不同的社会文化类型。自20世纪后期以来，尤其随着后现代主义思潮的兴起，人类学内部对于学科自身建构他者的策略及其背后所体现的权力关系进行了深刻的反思，人类学对他者所采取的本质化、差异化和总体化的研究路径受到了知识论和认识论上的批判。可以说，整体主义方法论所塑造的单数的他者已经失去了知识上的可靠性，我们需要呈现的是复数他者，即研究对象内部的异质性以及不同社会行动者的主体性。从中国人类学的现实状况来看，尽管我们已经通过译介和学习西方人类学理论获得了对于学科的反思性维度，但是在研究海外社会文化的过程中，我们面对异文化时产生的震撼往往会带来对他者进行总体化描述的努力。或者说，在确立研究对象的过程中，我们可能倾向于将他者塑造为具有整体一致性且与中国社会迥然不同的异域。关于单数他者的描述具有两个方面的后果：一是对于作为社会事实的他者的简单化，忽视了研究对象内部的复杂性；二是在研究者与研究对象之间造成知识上的沟堑，也就是说，关于单数他者的研究无法成为对中国社会进行反思的知识基础，因为他者与我们是“如此不同”。

本书的努力方向之一在于通过呈现当代泰国宗教与社会的内在复杂性，来探讨泰国社会与我们所共同面对的文明化问题。如何定义他者，如何处理自我与他者、他者与文明之间的关系，是文明化实践的重要内容。要理解当代语境中的泰国宗教与社会，需要看到文明与时间上的他者——前现代传统之间，以及文明与空间上的他者——丛林社会之间的巨大张力。从时间的维度来看，泰国在以西方文明为参照的现代化进程中，通过对传统的辨析，亦即通过区分传统中的精华与糟粕来界定他者，展示出文明的阶序性特点，并试图由此来确立泰国在现代世界文明中的位置。可以说，没有他者，就没有文明的显现。从空间维度来看，文明与他者的关系在一定意义上对应着社会空间中的中心与边缘的关系，丛林——边缘化的宗教、政治与社会力量——象征着文明内部的他者。

文明与他者的关系有可能在新的现实语境中发生逆转，这体现为当代泰国宗教领域的价值重塑与阶序转换。例如曾经被视作宗教异端的丛林佛教逐步获得了主流社会的认可，成为推动社会进步的力量。他者与文明、边缘与中心之间的空间关系也是可以转换的。从 19 世纪后半期到 20 世纪早期，丛林在暹罗知识界被认为是野蛮的、脱离正统秩序的空间，而城市代表文明或进步的方向。但是，20 世纪后期以来，在文明话语中丛林与城市的关系发生了倒转，城市被看作现代性堕落的表现，而丛林被视为生命的源泉和文明的未来。这种文明与他者之间的空间转换为社会的变迁与进步创造了动力。因此，他者与文明之间的张力是多维度的，其中既有冲突，也有包容。包容性为文明价值的转换和重塑提供了空间和机会。他者对于主流社会的挑战并不总是能获得成功，但是，这却为探索社会变迁的方向提供了可能性。因此，他者对于文明是不可或缺的。

一方面，我们可以看到泰国社会与中国社会经历了相似的历史阶段，包括古代以朝贡体系为特征的政体模式，以及后来相继出现的殖民主义、共产主义和全球化的影响。尽管本书并未就泰国与中国社会的文明化过程进行直接的比较，但是通过融入历史视角和语境分析，我试图建立起基于同时性的理解，即强调研究者与研究对象之间同时代特性的人类学阐释。[①] 另一方面，中国与包括泰国在内的东南亚存在历史与现实中的诸多联系，尤其在当下，中国与泰国之间广泛的政治、经济、社会与文化交流凸显出“你中有我，我中有你”的格局，这将成为未来我在中泰之间开展进一步研究的重要背景。我确信，基于同时性理解的海外社会文化研究不仅将扩展中国社会科学的经验研究基础，还将深化中国与世界之间的彼此认知。[②] 我期待自己未来的研究，将更好地做到以泰国为方法，以中国和世界为目的。

① 约翰尼斯·费边：《时间与他者：人类学如何制作其对象》，马健雄、林珠云译，北京师范大学出版社，2018，第183页。

② 高丙中：《海外民族志：发展中国社会科学的一个路途》，《西北民族研究》2010年第1期。

附录　文化间性与学科认同：基于人类学泰国研究经验的方法论反思

海外民族志研究者与对象国的本土学者进行交流所产生的文化间性，具有深刻的民族志寓意。文化间性在这里具体包含两个层次的含义。首先，本土人类学家是自身所处社会与文化的代言人，因此本土人类学家的生命体验、政治立场和学术观点将是我们所要研究的社会事实的重要组成部分，并可能由民族志文本来呈现。其次，与本土人类学家的知识交流将在我们之间形成平等的对话关系，并由此产生对于国际人类学话语权威的反思和解构，这构成了海外民族志的重要知识论背景。跨界研究将不再是帝国人类学所代表的把政治与知识上的优势强加给对方，而是意味着在平等交流的基础上创造新的意义。对于内部视角的重视、多视角的形成以及交流后产生的互文效果应当是构建世界人类学这一学科认同的重要基础。

中国人类学海外民族志研究的新路径

近几年来，中国人类学的海外民族志研究已经取得了初步的进展，然而，在如何从事海外研究方面还亟须进行方法论层面的反思。[①] 我认

① 北京大学出版社出版的"走进世界海外民族志大系"系列丛书反映了海外民族志研究的初步成果，其中包括：吴晓黎《社群、组织与大众民主：印度喀拉拉邦社会政治的民族志》，2009；康敏《"习以为常"之弊：一个马来村庄日常生活的民族志》，2009；李荣荣《美国的社会与个人：加州悠然城社会生活的民族志》，2011；张金岭《公民与社会：法国地方社会的田野民族志》，2011。相关评论参见庄孔韶、兰林友《我国人类学研究的现状与前瞻》，《中国人民大学学报》2009 年第 3 期，第 146 页。与此同时，中国学界已经关注到人类学海外研究所面临的知识论问题，其中包括中国人类学如何克服西方人类学所带有的殖民主义色彩。参见高丙中、何明、庄孔韶、麻国庆等《中国海外研究（下）》，《开放时代》2010 年第 2 期，第 15 - 21 页。

为，方法论上的自觉包含两个层面的问题：海外民族志研究如何成为中国人类学的新的知识生产方式[①]；以及随着中国—西方人类学中的他者成为凝视世界的主体，如何重新塑造中国人类学与世界人类学的关系。

在与西方人类学学者和日本人类学学者交往的过程中，我感到中国人类学要拓展一种不同于西方或日本殖民人类学历史的新路，必须进行自觉的方法论反思和人类学理论重构。2005 年，一位美国知名人类学家到中国农业大学发表演讲，在讨论中国人类学现状时，我提到中国人类学学者开始到海外从事田野调查，并试图创造新的知识生产方式，这有可能改变以往西方研究者与被研究对象之间的权力关系。这位美国人类学家回答说，中国是大国，她并不认为中国人类学的海外研究能够超越研究者与被研究者之间，或者看与被看之间的不平等关系。

日本学者奈仓京子表达了类似的看法。她认为中国人类学现在开展的海外研究难以超越日本殖民人类学或帝国人类学的老路子。她这样评价中国人类学学者的海外民族志研究："近年也有一些中国研究生去海外长期调查的事例，但以东南亚国家、印度等经济情况比中国落后的国家为主。调查者因此而带有较强的优越感，调查对象则单向地为调查者服务，这种情形在海外长期调查时并不少见。"[②] 考虑到日本人类学的发端与殖民主义的密切联系[③]，日本人类学学者的上述武断评论也是情有可原的。

美国与日本同行对中国人类学海外研究的判断在一定程度上拘囿于各自所处的学科发展路径。他们都从研究者与被研究者之间"看与被看"的权力关系来定义海外民族志研究，却忽视了研究者与被研究者之

① 参见高丙中《人类学国外民族志与中国社会科学的发展》，《中山大学学报》2006 年第 2 期。

② 奈仓京子：《"他者"的文化与自我认同》，《广西民族大学学报》2009 年第 5 期，第 27 页。实际上，截至奈文发表时，中国人类学学者不仅在发展中国家如泰国、蒙古国、马来西亚、印度开展研究，而且也在美国、澳大利亚、德国、法国、日本等发达国家开展田野调查。

③ 麻国庆：《现代日本人类学的转型和发展》，《民族研究》2009 年第 1 期。该文指出：日本人类学从建立时起就打上了帝国主义和殖民主义的烙印；第二次世界大战以后，日本人类学的海外研究仍以原有的殖民地为调查的中心，而对非洲、美洲等地区的研究主要是经济高速增长之后的事情；近年来，日本人类学关于后殖民主义的讨论引发了对殖民人类学的反思。

间复杂的互动过程：研究者在看的同时也被看，被研究者在被看的同时也在看对方。简单地将研究者等同于看的主体，将被研究者对应于被看的客体，在事实上忽略了被研究者的主体性。另外，西方人类学和日本人类学的海外研究传统基本上是在对象国的本土人类学①缺失的背景下建立的，因此，西方人类学家成了被研究文化的唯一代言人。后现代人类学所强调的人类学研究中的权力关系更多地来自西方人类学学者与本土人类学学者之间的断裂，西方人类学学者与本土人类学学者之间不能互为知识主体，不能共有知识生产的平台，这是一种更为深刻的权力关系。

中国的本土人类学研究近年来在很大程度上也陷入了西方—他者的二元对立模式当中。新时期中国人类学重建之后，随着西方人类学理论的引进，作为本土人类学家的中国人类学学者能够自觉地与西方人类学进行对话。因为少有第三方的介入，海外人类学的中国研究几乎就等于西方人类学的中国研究（日本人类学研究的影响较弱），因此，中国的本土人类学长期以来在中—西视角中看问题，自觉或不自觉地将西方理论当作批评的靶子，却忽视了中国和西方之外的其他研究主体和研究取向，其后果是在反对西方中心论的过程中深化了以西方理论为坐标的趋势。② 不少学者不满于西方理论的主导性地位，提出人类学本土化的主张，还有学者提出要用中国传统的社会文化概念来取代西方概念。这种自觉意识难能可贵，却是不够的——如若缺乏对世界知识体系多样性的

---

① 所谓本土人类学，指的是人类学学者对于自身所处文化和社会进行的研究，与以海外社会为研究对象的国外人类学形成比照。随着发展中国家高等教育的普及和人类学学者队伍的壮大，对于本土文化的研究成为许多发展中国家的人类学主流。有学者按照受众和写作语言将本土人类学家区分为两类：一类被称作地方人类学家（indigenous anthropologist），指的是人类学家与被研究者拥有共同的文化背景，用母语为来自本文化的读者写作；另一类被称作家乡人类学家（native anthropologist），指的是那些在西方接受教育，回到家乡进行研究的人类学学者，他们与报道人拥有相同的语言和文化背景，但是他们使用外文写作，为外国读者充当文化译者。这两类本土人类学的区分不是绝对的。参见 Shinji Yamashita, Joseph Bosco, and J. S. Eades, "Asian Anthropologies: Foreign, Native and Indigenous", in Shinji Yamashita and Joseph Bosco, eds., *The Making of Anthropology of East and Southeast Asia*, New York and Oxford: Bergbabn, 2004, pp. 16 – 17。

② 这从介绍和翻译国外人类学理论的著作中可以看出来，绝大多数著作都是在引介西方理论。而从本土研究著作的参考文献来看，在理论方面的外语文献中，英文文献占据主导地位。

理解，将会陷入狭隘视野和极化思维当中，并有可能演化为在怀旧情绪和对西方中心主义的抗拒性姿态中塑造出中国中心的帝国人类学。

如何从由西方主导的、带有很强殖民主义色彩的国际人类学（international anthropology）走向多主体和多视角的世界人类学（world anthropology）呢？中国人类学正在开展的海外民族志研究能否摸索出新的途径？近年来关于世界人类学新格局的讨论令我深受启发。

20 世纪 90 年代以后，有人类学家提出要建设一个新的人类学家的跨国共同体，这是“世界人类学群”（world anthropologies）项目的一部分。世界人类学群的新的可能性要在世界人类学家之间的交流和对话中实现，这就要求在当前的实践中进行认识论和制度性的转变。世界人类学群的理念与我们过去所讨论的人类学国际化有所不同，这体现在四个方面：（1）随着全球化进程，世界学术界的不同声音有了更多的表达机会；（2）通过共同的政治行动，一个更民主和跨越国界的人类学家共同体将形成；（3）人类学家的写作不局限于某个特定的国家的立场；（4）只有将人类学风格的支配性与特定的权力关系联系起来，我们才能理解它。[①]在世界人类学家共同体的形成过程中，对人类学知识生产的多样性和复杂性的忽视是一个关键性的问题。

从最终目标上来说，世界人类学群的政治和理论目标可以概括为文化间性（interculturality）而不是多元文化主义（multiculturalism）：“多元文化主义承认文化的多样性、文化差异，倡导尊重他者的相对主义策略，却往往强化了文化之间的分割。与此不同的是，文化间性指的是对抗和纠缠，是群体之间建立联系和交换时发生的一切。两个术语假定了社会生产的两个不同模式：多元文化主义假设了对于异质性的接受，而文化间性隐含了不同的人如何在协商、冲突和互惠的关系当中成为他们自己。”[②] 因此，世界人类学群的形成不是基于各国人类学传统的分立呈现，而是强调他们之间的接触、相互影响以及在相互理解的基础上所产生的成果。

---

① Ribeiro, Gustavo Lins and Arturo Escobar, *World Anthropologies: Disciplinary Transformations within Systems of Power*, Oxford and New York: BERG, 2006, p. 2.

② 转引自 Ribeiro, Gustavo Lins and Arturo Escobar, *World Anthropologies: Disciplinary Transformations within Systems of Power*, Oxford and New York: BERG, 2006, p. 5。

我试图强调文化间性应当成为今天中国人类学学者从事海外民族志研究的重要方法论概念，这意味着我们必须重视对象国的本土学者的经验和观点，与对方进行交流并使之成为知识生产过程的构成要素。我试图以自身的泰国研究经历为个案，讨论如何在与泰国本土学者发生交互作用时认识他者和进行反思，并以此来探讨形成世界人类学新格局的可能途径。

文化间性的民族志寓意：泰国研究经验的反思

如果说“理解其实总是这样一些被误认为是独自存在的视域的融合过程”,[①] 那么，民族志研究所希冀达成的文化理解必然经历调查者与被调查对象之间从隔阂、误解到融合的过程。而在海外民族志研究当中，在海外调查者与被调查者之间还存在第三方群体，即本土人类学学者或本土社会科学工作者。海外民族志研究者与本土学者之间因为社会文化背景与学术传统方面的差异，往往会在问题诉求与研究路径方面做出不同的选择，并对西方学术采取不同的运用策略。与本土学者的交流有助于海外研究者克服自身的单一视野，在自身、对象国知识界与西方知识界的复杂互动中形成多视角研究和学科认同。因此，与本土知识界的交流及其产生的文化间性应当成为民族志研究的必要组成部分。

我自 2003 年正式开展人类学泰国研究以来，与泰国学者之间经历了从隔阂到交流与理解的过程，对这一过程的民族志描述为探讨以上问题提供了个案。与对象国知识界的文化间性的产生首先要求海外研究者克服语言障碍，打破国界隔膜，并本着对本土人类学尊重的精神，在阅读和引介本土人类学成果的基础上与之开展对话和交流。

（一）隔阂与内外视角差异

中、泰人类学家之间的交流主要在两国的邻近地区进行。来自泰国北部和东北部的人类学家与中国云南的人类学界有较多的交流和合作，但是曼谷人类学界和北京人类学界的交流却极少，远远不及他们各自与西方人类学的联系密度。从这个意义上来说，中、泰两国的人类学主流

① 伽达默尔：《真理与方法》（上卷），王才勇译，辽宁人民出版社，1999，第 393 页。

仍然是通过与世界人类学中心的关系来建构的。

中、泰人类学界的隔阂还体现在双方需要通过第三方或中介方——英语和西方学术话语来进行交流。我本人于 2003 年赴泰国开展田野调查，之前我只阅读过关于泰国社会研究的英文文献，其中大多是西方学者的研究成果。这一方面是由于在国内几乎找不到泰国人类学家的泰文著作，另一方面也主要是由于当时本人的泰语水平极为有限。通过成为泰国朱拉隆功大学（Chulalongkorn University）的访问学生，我认识了该校政治学院的院长阿玛拉教授（Amara Pongsapich）和她的学生高娃。因为我本人对泰国知识界的现状一无所知，而且语言交流不顺畅，因此我在田野调查期间与本土学者的交流受到很大的限制。

泰国学者对于中国和中国学界的了解也非常有限。① 阿玛拉本人在美国接受教育，20 世纪 70 年代在美国华盛顿大学拿到人类学博士学位。她对中国仍带有意识形态上的怀疑。2009 年雨季我们再次见面，当我告诉她自己在中国社科院工作的时候，她似乎还有点担心中国社科院的官方性质，直到得知我申请到福特基金准备到美国访学时，她才露出欣喜和放松的表情——我们仍在通过西方来建构认同。

我于 2003 - 2004 年在泰国中部开展田野工作，在此期间，我隐约感受到我与泰国本土学者之间在观点上的差异，这部分源于外部视角和内部视角之间的差异。这些差异在某些时候能够使我矫正自己的研究视角，但更多时候，却让我感到我们之间在价值诉求方面的不同取向。

阿玛拉教授被校方指定为我的指导老师，她最早了解到我的研究计划。当她得知我将公民身份（citizenship）作为研究的核心概念之后，阿玛拉建议我到泰国北部或者泰国南部的少数族群中做研究，或者去研究妇女问题。或许在她的理解当中，泰国中部——国家的文化、经济和政治中心不应当是公民身份有显著问题的地方。但是我告诉她我希望了解泰国的普通大众或者主流社会对公民权利与义务的理解。阿玛拉教授知道我的想法之后，帮助我在泰国中部选择了调查点。

① 泰国知识界对于周边国家，如缅甸、老挝、柬埔寨、越南等国的研究在量上似乎远远超过了对中国的研究。我在朱拉隆功大学泰学信息中心（Thai Information Center）查阅资料的过程中发现，中心将关于缅甸、老挝、柬埔寨等国的研究视作泰国研究的一部分，这可能是由于泰国与这些国家地理上相邻、文化上相近以及历史上的亲缘关系。

在跨度长达一年的田野过程中，我在田野调查的初期、中期和后期分别与阿玛拉教授有过谈话，我们的看法当中有冲突，也有共识。初期我谈到泰国社会中的等级制度成为公民身份的矛盾面时，她使劲地摇头。她皱眉连说“等级”这个词用在泰国是有问题的。这最初提醒我不要将西方社会包括中国知识界对于泰国社会的一般看法简单地当成社会事实，否则会直接限定研究的视野和违背人类学最基本的立场——从当地人的角度来理解文化。我后来在论文中使用了“阶序”来取代“等级”的提法。我对泰国君主制度在国家认同中的重要性的理解得到了阿玛拉教授的肯定，这一点可能是她对我的研究比较认可的地方。

阿玛拉教授早年曾编辑了一本名为《传统的与变化中的泰人世界观》① 的英文著作，后来她逐渐从传统文化研究转向公民社会研究，并且成为泰国知识界这一研究领域的代表人物之一。我曾问她为什么会从乡村人类学转向公民社会研究，她说她最初研究文化与农村发展，后来转向公民社会，因为公民社会是社会发展的重要部分，与政治发展也有密切联系。泰国学界一般将 NGO 分为两种：一种是以社会发展为导向、政治温和的 NGO，如教育、健康、妇女、儿童、农村发展等人道主义领域的 NGO；另一种是以政策倡议为导向、激进的 NGO，如环境 NGO。尽管泰国学界也在提倡 NGO 的行动策略，即 NGO 联合媒体、学者和人民组织（地方团体）来发动社会运动的有效性，但是这个地方团体不包括国家主导下的乡村社团，这就仍然设定了国家与社会之间二分的边界。

我将泰国乡村社会的农民组织——合作社、医务志愿者、妇女小组等看作国家建构的公民社会的类型，并认为这体现了国家通过赋予公民权利来实现善治的努力。我从乡村日常生活中看到，乡村社团对于乡村社会的自我组织具有重要作用，他们应当是泰国公民社会构成中的本土部分。然而，在阿玛拉看来，泰国的公民社会应当通过 NGO 来推动，那些所谓的乡村社团不过是国家机器的延伸，而且在很多时候它们的性质

---

① Pongsapich, Amara, *Traditional and Changing Thai World View*, Bangkok: Chulalongkorn University Social Research Institute; Singapore: Southeast Asian Studies Program, 1985.

是相当模糊的，很难说国家主导下的农村团体能够对公民社会的发展有积极作用。[①]

高娃是阿玛拉教授的硕士生，毕业后留在朱拉隆功大学的社会研究所工作，是专业的研究人员，目前正在本校攻读博士学位。高娃年长我两岁，来自泰国中部阿育他亚府，是她带我到她的家乡并让我第一次感受到泰国乡村生活。高娃的本科和硕士都是在朱拉隆功大学政治学院就读的，她的专业是政府管理。她自己说她是朱大为数不多的来自外府公立学校的学生。在上本科期间，高娃热衷于社会活动，她把自己界定为行动分子（她使用的是英文 activist），由于过多地将精力投入社会活动，她的课程成绩并不高，因此她没有申请到国外留学的机会。她的很多同学都成了泰国内务部及其下属政府部门的官员，但是高娃不愿意到官僚机构工作，因而选择了较为清贫的研究所职位。相识之初，我和高娃之间如果说有什么共同的知识基础的话，那可能是我们对于西方社会理论的关注，我曾经和她聊过福柯，后来她还向我推荐过一部泰国学者用福柯的理论研究本国监狱的著作。但是，也就仅此而已，我当时对于泰国社会和泰国学界的了解和她对于中国社会和中国学界的了解几乎都是零，从这一点上说，我们从一开始就是很平等的关系。

高娃是我在泰国的诤友，之所以称她为诤友不是因为她对我的研究所做的直接批评，而更多的是因为她的行为方式、世界观和对本土社会的批判性态度间接地对我的研究构成了尖锐的质疑，因此，她是一个有时候不太让人感到舒服的朋友。我记得去她家的时候正是佛法节，第二天我早早起床，兴致勃勃地和高娃的母亲去寺庙礼佛，而高娃对于寺庙的活动却没有任何兴趣。我问她什么时候去寺庙，她回答每年也就在泰历新年泼水节的时候去一次，那是因为如果不去的话可能不太好。我觉得寺庙里的活动很有意思，但是她嫌太闹，不够清静。在我的田野调查

---

① 阿玛拉提到，政府主导下的发展项目与真正的大众参与之间还存在距离。参见 Pongsapich, Amara, “Strengthening the Role of NGOs in Popular Participation”, in Jaturong Boonyarattanasoontorn and Gawin Chutima, eds., *Thai NGOs: The Continuing Struggle for Democracy*, Bangkok: Thai NGO Support Project, 1995, p. 42。阿玛拉在另一篇关于泰国公民社会的论文中，没有将政府机构主导下的乡村社团纳入考察范围，参见 Pongsapich, Amara, “Politics of Civil Society”, *Southeast Asian Affairs*, 1999, Singapore: Institute of Southeast Asian Studies, 1999, pp. 325 – 334。

期间，我为学会了泰国国王谱写的歌曲而沾沾自喜，高娃却不以为然。我和她交往的时候仍然遵从在泰国乡村学会的礼仪，如合十礼，而高娃却更多地愿意用一句简单的 Hello 来代替。她说话语速很快，我总是得很费力才能跟上，要知道我比较习惯和“传统的”、温文尔雅、语调轻柔的泰国人交谈。我最感兴趣和珍视的泰国传统文化因素——佛教、做功德和传统政体，在高娃看来似乎是些生命力不那么旺盛的繁文缛节和令人压抑的意识形态。我和她提到泰国国家博物馆的藏品时，她说：“除了佛像还是佛像，令人乏味。”说实话，虽然我也觉得国家博物馆的展品有些单调，但我还是愿意把它当作他者的神圣符号的一部分加以尊重，这似乎是人类学职业伦理和人类学方法论的要求，因此我绝不会用“乏味”来形容它。

从高娃的身上，我最初感受到泰国知识分子与我眼中的“传统”之间存在的紧张关系，我所感受和努力建构的泰国文化传统在她那里都变成了被解构的对象。在我的田野调查期间，我很需要能够将本土文化客体化的资讯人[①]，但是高娃不是；她不仅不是，而且似乎一直都让我对自己的研究取向感到怀疑和不安；我所寻找的乌托邦在她的眼里根本就是不存在的，她让我感受到的泰国社会不是秩序井然的整体，而是一幅紧张和不安的图景。如果说我试图捕捉泰国社会的异域色彩和文化特质，那么，高娃却在我面前为她自身所处的文化除魅。

我最终在高娃和社会研究所其他老师的建议下选择了泰国中部的一个乡村作为田野调查点，因为那里实行的是新的乡行政机构自治制度。在田野调查期间，乡行政机构成为我的研究之重。在我看来，泰国的地方权力下放在力度上远远超过了中国正在开展的村民自治，具有比较和借鉴意义。乡行政机构是一个实体，具有税收和社区管理等多项职能，而且是国家财政预算下拨的基层单位。虽然村民们在管理能力方面还有些欠缺，政府对于地方权力的约束也有很多漏洞，但是，不管怎么说，村民由此成为自我管理的主体和地方政治的参与者，而这正是公民政治权利的最好体现。

① 保罗·拉比诺：《摩洛哥田野作业反思》，高丙中、康敏译，商务印书馆，2008，第145页。

在我开展研究的同时，高娃也在从事研究所的一个课题，她组织团队对某些地区出现的强权人物（phu mee ithiphon）操控乡行政机构的情况进行调查。我当时认为，强权人物的操控应当是个别现象，不应当由此否认乡行政机构的功能和优越性，因此并没有特别在意高娃的研究（这也部分由于她的报告是泰文，我当时没法读）。2005 年，我在北大举行的“中泰建交三十周年暨诗琳通公主五十华诞”研讨会上宣读了关于泰国地方自治研究的论文，有位来自泰国法政大学的教授评价说：“你对泰国非常了解，不过，你有没有注意过泰国农村的强权人物？”或许，在这位教授看来，我的研究太理想化和简单化了。

在与泰国学者交流的过程中，我总能感受到我与他们之间的隔阂与差异。但是，迈出第一步是至关重要的。令我困扰的问题是，作为来自外部的学者，我与本土学者在面对泰国社会的现实和泰国文化的本质时，视角的差异造成了理解上的反差。这部分是由于知识诉求不同。我，作为中国学者自然会更欣赏泰国社会与文化中的优越性，而本土学者更多地采取批判现实和诉求社会变迁的态度，因此，我的研究过于“冷”（强调恒定的宇宙观），而本土学者的研究过于“热”（强调社会变迁）。随着研究的深入，我还发现，造成视角差异的另一个因素在于，我与泰国学者基于各自的价值诉求对于西方理论做出了不同的选择和强调。

（二）乌托邦、路径差异与什么是现实

现在看来，我已完成的研究是一种带有强烈浪漫色彩的异文化研究，理想化色彩很重。在对中国本土社会现状的质疑和反思当中，我试图从泰国研究中来寻求乌托邦。曾在英国剑桥大学任教、深受人类学大师利奇（Edmund Leach）的影响、后来到哈佛大学担任人类学教授的坦拜尔（Stanley J. Tambiah）的研究对我当时的研究取向产生了决定性影响。

在接触泰国人类学家之前，我通过国内的老师得知坦拜尔的研究在西方人类学界颇有影响，这自然引起了我的重视。而坦拜尔对于泰国社会的研究侧重于南传佛教研究，直到今天，他在这个领域的影响力仍然不容小觑。我也因此将坦拜尔的研究当作泰人文化研究中的范式之一，即通过对佛教与王权的理解来解释泰国的政体形式和国家认同构成。坦拜尔本人是斯里兰卡裔，早年在斯里兰卡开展人类学研究。迫于当时锡兰国内的政治形势，他于 1960 年后选择了另一个南传佛教国家——泰国

进行研究。[①] 他对泰国的研究在很大程度上是为了反思斯里兰卡南传佛教与种族政治的紧张关系。坦拜尔对泰国的研究实际上也是乌托邦式的，他始终在佛教整合一切的框架内来分析宗教与政治的关系甚至宗教内部的反叛者。

我的研究在很大程度上是在延续坦拜尔所建构的南传佛教政体的现代版本。在我看来，泰国曲乡村民对于功德观念和君主制度的理解充满了抗拒现代性的后现代色彩，这相较于中国义无反顾的现代化进程无疑充满了怀旧和炫目的色彩。尽管从做泰国研究的第一天开始，我就知道国家、宗教与国王"三位一体"是现代泰国的意识形态，但我并没有很清楚地意识到意识形态的社会含义。我过去所做的研究，似乎是在社区经验的基础上将现代泰国努力建构的意识形态重新建构了一遍：佛教徒、公民与臣民的身份近乎完美地结合在一起，尽管其内部也存在一些紧张关系。在我的田野过程中，我对意识形态在日常生活中的渗透保持一种谦恭的学习姿态——作为外来者，我也乐于为自己在这种秩序中谋求一个稳定的位置。我近乎迷恋佛教仪式中的每一个细节，当地人对国王的崇拜情绪也深深感染了我，对佛教和国王的崇敬成了我所理解的泰国国家形象的表征，这种理解经我表达之后使得当地人感受到我对他们的尊重。

然而，2006 年以来泰国政治局势的混乱、无序与暴力冲突对我的研究提出了最为现实的拷问。坦拜尔的研究看起来缺少对泰国社会内部的冲突的理解，从而显得过于静态。很明显的一个缺陷在于，坦拜尔的研究将佛教当作泰国社会唯一重要的文化事实，忽略了泰国的本土神灵信仰以及婆罗门信仰，甚至完全忽视了从古至今中国移民涌入泰国对其造成的文化冲击和在各种政治情境中表现出来的文化冲突。例如泰国法政大学教授、前学生运动分子和前泰国共产党成员格贤・特加披让（Kasian Tejapira）批判了泰国官方民族主义构成的两个要素：种族化和保守的服从模式。他指出，大量进入泰国的中国移民从 19 世纪晚期开始主导着泰国的现代经济部门和都市社会，他们对于泰国经济如此重要，以至

① Tambiah, Stanley J., *Edmund Leach: An Anthropological Life*, Cambridge: Cambridge University Press, 2002, pp. ix – xi.

于泰国官方不可能驱逐他们。但是泰国官方民族主义建立了种族化的话语，在泰族国家和非泰资本及社会之间建立和再生产不平等的权力关系，并在此基础上实践国家代理主义。泰官方民族主义的另一个维度在于向广大民众灌输保守的、忠于王室的服从模式，强调“泰国是服从领导者的国度”。①

尽管坦拜尔的研究对于泰国社会内部的复杂性和冲突有所忽视，但是，把坦拜尔的研究当作范式只不过是我自己的想象，这种想象成为我对泰国社会进行本质主义理解的一部分。阿帕杜莱（Arjun Appadurai）的批评令我感到心有灵犀。阿帕杜莱认为杜蒙的阶序概念反映了西方思想的三个轨道，即对东方社会的本质化，在自身与他者之间制造差异以及断定某个社会的总体特征，从而使阶序成为种姓的本质、异域感所在以及总体主义的表现形式。通过分析杜蒙的思想来源，阿帕杜莱发现阶序概念的构成因素在前人关于其他社会的研究中都有所体现，杜蒙及后来的人类学家却将之视作印度社会的本质，这实际上是人类学对土著（native）进行想象的产物。② 我对泰国社会的想象虽然并非以西方为主体，但仍然延续了西方人类学在认识论上的惯性。正如有学者指出的，现代的与国家的认识论是一枚硬币的两面，它们共同催生出正统学说：在“泰人”生活中佛教是首要的。③

2009 年 7 月，我在甲流肆虐和泰国国内新一轮的政治抗议浪潮中回访了调查点曲乡和朱拉隆功大学。甲型流感在泰国造成了大量死亡，一些曲乡人以此来激烈抨击现任政府。相当多的曲乡人参与了百万人签名活动，向国王请愿要求赦免前总理他信。我的房东一家在一次晚饭的时候就关于他信的不同评价发生了激烈的争辩，这种情形在我近一年的田野调查中是没有遇到过的，我也因此强烈地感受到泰国社会内部的分化

---

① Tejapira, Kasian, “De-Othering Jek Communists: Reviewing Thai History from the Viewpoint of the Ethno-ideological Other”, in James T. Siegel and Audrey R. Kahin (eds.), *Southeast Asian Over Three Generations: Essays Presented to Benedict R. O'G. Anderson*, Ithaca, N. Y.: Southeast Asia Program Publications, Cornell University, 2003, p. 248.

② Appadurai, Arjun, “Putting Hierarchy in Its Place”, *Cultural Anthropology*, Vol. 3, No. 1 (Feb., 1988).

③ Vandergeest, Peter, “Hierarchy and Power in Pre-National Buddhist States”, *Modern Asian Studies*, Vol. 27, No. 4, 1993, pp. 843 - 870.

和矛盾。我再次见到了阿玛拉教授和高娃，在接下来的一个月当中，我与她们及其他学者的交流在很大程度上改变了我对于泰人世界观的看法，也使得我对自己和前人的研究进行反思。

阿玛拉教授此时已经从朱拉隆功大学退休，刚被任命为泰国国家人权委员会的主席。高娃告诉我，在 2006 年 2 月，阿玛拉教授作为朱拉隆功大学政治学院院长在知识界率先发起倒他信运动，她联合政治学院的其他教授签名，要求他信总理辞职，成为倒他信运动的舆论先声。然而，在我见到阿玛拉的时候，她坦言曾以为他信下台后国家形势会好转，但是现实不仅令人失望，还有可能变得更复杂。高娃仍然在忙于各种课题，她正在调查 2009 年泼水节期间红衫军在曼谷某些社区制造的暴力事件。同时，研究所还正在着手一项关于如何化解政治分歧、达成社会和解的课题。作为本土知识分子，她们都直接或间接地被卷入政治风波当中。

在曲乡和曼谷逗留的五个星期里，人们对于现实的焦虑和关切，再加上媒体激烈的政治言论都令我的心绪跌宕起伏。虽然我所查阅文献的关键词还包括佛教，但是我开始关注反叛的丛林僧人和新兴宗教运动；我仍关注社区研究，但是社区权利运动更加引起我的兴趣；在泰国的传统政体之外，前共产主义知识分子和左派思想家开始在我的耳边发出他们的声音。过去在我的视野中被忽视的那些文献浮出水面，而且我第一次感到我与本土学者之间有了更多的共同关注点。

我强烈希望更多地了解泰国人类学的研究现状。高娃的专业尽管不是人类学，但是她对泰国人类学颇有了解，这一方面是因为她所在的社会研究所是一个多学科研究所，其中就有人类学学者；另一方面则是由于泰国人类学在泰国社会所产生的公共影响。高娃向我大力推荐清迈大学的人类学家阿南·甘加纳潘（Anan Ganjanapan）。此前我曾在网上搜索到阿南教授在一次国际会议上发表论文的题目——《亚洲全球化与泰国人类学》，通过电子邮件与他联系之后，阿南教授惠赠了全文。然而，我在国内找不到他本人的代表性著作。通过高娃我得知，阿南不仅是一位很有理论造诣的人类学家，而且还是泰国很有影响的公共知识分子和社会行动分子。他直接参与和推动了社区森林法案运动，为 NGO 和人民团体提供建议，呼吁政府赋予山区居民合理利用森林资源的权利。几天之后，我在访问清迈大学时见到了阿南。

阿南对我这位冒昧求见、泰文小名叫“茉莉”的年轻中国学者并不像我想象得那么热情。他不太理解我为什么想见他，而我也说不清楚自己具体想从他那了解些什么。再加上我用泰语讨论学术问题还存在困难，因此，我们的谈话只勉强维系了半个小时。阿南对于中国同行们的研究似乎没有太多兴趣。中国人类学开展海外研究（包括泰国研究）的信息也并没有引发他更多的问题。我当时只是模糊地感觉到有必要和泰国国内的学者交流，但是还没有形成讨论的核心概念。回国后，为了表明我对泰国同行的诚意和我希望加强中泰人类学交流的愿望，我将阿南的一篇文章翻译了过来，[①] 再加上认真阅读他的代表性作品，我期待再次见面的时候我们能有深入的交谈。如果可能的话，我也希望泰国人类学家能够加入关于世界人类学群的讨论。

在阿南的作品里，来自伦敦大学亚非学院的社会学家安德鲁·特顿（Andrew Turton）的著作成了最重要的研究背景。特顿早在 20 世纪 70 年代就开始研究泰国的社会变迁。1978 年，特顿与他人合编了一本名为《泰国：冲突的根源》[②] 的著作。1987 年，特顿还与人合著了《泰国乡村的生产、权力与参与》，[③] 合作者包括阿南。特顿的研究特别重视泰国乡村在国家资本主义的发展过程中所面临的政治、经济和社会条件的变化，以及由此导致的社会抗争。从 20 世纪 80 年代早期开始，特顿开始关注泰国乡村在资源控制方面发生的变化。阿南汲取了特顿的研究视角。在过去的 20 多年中，阿南在文化和资源管理领域取得了重要的知识进展。阿南在研究早期对土地保有权以及低地农民与资产阶级之间的矛盾和冲突方面有理论兴趣，在后期则发展出对于习惯权利（customary rights）和森林资源管理方面的兴趣。他利用文化的概念作为主线，来连接土地和森林的地方控制问题，地方人民与国家的矛盾以及北部泰国社区森林的实践。

阿南辨析了在探讨社会发展的文化维度时，泰国学者所采取的“社

① 参见阿南·甘加纳潘《亚洲全球化与泰国人类学：来自乡土东南亚的视角》，《中国农业大学学报》2010 年第 2 期。

② Turton, Andrew, Jonathan Fast and Malcolm Caldwell, eds., *Thailand: Roots of Conflict*, Nottingham: Spokesman, 1978.

③ Turton, Andrew, *Production, Power and Participation in Rural Thailand: Experience of Poor Farmers' Groups*, Geneva: United Nations Research Institute for Social Development, 1987.

区文化”（community culture）与“社区权利”（community rights）两种不同的研究路径。他指出，社区文化的研究路径强调社区的历史和文化，强调村民在面对国家和市场等外部权力时的力量。社区文化研究的不足在于，它将村落视为一个自足、封闭的群体，忽略了社区的动态变化，尤其是在面对国家控制的时候。基于此，社区文化研究不能将社区的自我依赖精神转换为普遍意义上的集体权利。① 社区权利的研究路径培育了一种更为动态的文化概念，认识到地方性知识在创造可持续的和民主的发展模式中的潜力。在这种意义上，地方性智慧不仅包含价值观和信仰体系，而且还包含了关注两种基本权利的思维模式和理性体系。这两种基本权利是指对于共同财富的集体权利以及在地方资源的社会管理中的习惯权利。② 总的来说，社区权利的研究路径超越了社区文化研究，侧重探讨权利建构的文化过程。阿南在研究结论中指出，虽然泰国北部社区森林的实践有它的地方价值观和习俗的基础，但是它不应该被看作社区理想观念的反映，因为它在很大程度上是在动态回应变化中的世界时的一种新的文化创造。③

阿南提出的这些观点打破了我对于泰国文化的本质主义理解，同时，我也在反思我们对西方理论做出的不同选择。令我惊讶的是，坦拜尔与特顿都具有英国学术背景，几乎在同一时期对泰国进行研究，但是他们却没有在著作中提及对方。特顿的著作在西方人类学中很少被提到，泰国学者却非常重视特顿的研究。我们或许可以说，西方人类学主流更认可对于泰国的乌托邦想象及其所体现的异域感，而泰国人类学界却更注重对于泰国社会变迁与冲突的关切。

从 20 世纪 70 年代以后泰国政治社会的变迁来看，泰国学者的研究取向一点也不奇怪。1973 年和 1976 年的民主运动和政治冲突改变了学术界对于泰国作为一个稳定和保守的佛教王国的整体判断。在泰国国内，历史研究的范式被撼动，历史研究作为国家合法性的意识形态来源的角

① Ganjanapan, Anan, *Local Control of Land and Forest: Cultural Dimensions of Resource Management in Northern Thailand*, Chiang Mai: Regional Center for Social Science and Sustainable Development, 2000, pp. 213 – 214.

② Ibid, p. 13.

③ Ibid, pp. 204 – 205.

色发生了转变。① 在人类学界，特顿的研究代表了一种强调变迁、冲突与反抗的动态视角，为关注现实问题的泰国人类学学者提供了理论支持。新近出版的《轨道与足迹：泰国与安德鲁·特顿的著作》（*Tracks and Traces*: *Thailand and the Works of Andrew Turton*）收录了泰学研究者们（包括泰国本土学者）关于特顿著作的评论文章，他们都从特顿关于泰国"农业社会结构、反叛和抵抗"的分析中受到启发，而且特顿的某些论断即使在二三十年后的今天仍是有效的。②

泰国人类学对于西方理论的选择性运用表明，本土人类学在问题的选择和研究路径方面具有很强的自主性，他们的问题意识来源于对本土社会与文化的体验和知识诉求。因此，尽管泰国的本土人类学家在不断吸收西方人类学的成果，但是他们表现出不屈从于西方人类学主流的主体意识。泰国同行的研究让我认识到，尽管我与他们都从西方学者那里获得研究的灵感，但是在情境和知识诉求上的差异导致了我们对于西方理论做出不同的选择，他们的研究与我的研究并置，直接产生了对西方理论除魅的效果。

（三）文化交流/对现实的再认识

访问清迈大学期间，阿南教授告诉我他将于 2009 年 8 月 4 日去朱拉隆功大学文学院参加关于饮食文化的学术会议。8 月 4 日我在朱拉隆功大学的会议上见到了玛希敦大学的萨瓦帕（Sawapa Pornsiripongse）。萨瓦帕是我 2006 年在广州世界人类学大会筹备会议上见到的三位泰国人类学家之一，是医学人类学方向的副教授。萨瓦帕当即邀请我在 8 月 10 日拜访她的研究所并请我为学生做讲座。我尚未有在泰国演讲的经历，这对我来说是一个挑战。我犹豫了三秒钟就答应了下来，万事开头难，我希望这是一个好的开始。另外，我也很希望听到泰国学者对于我的研究的看法。

8 月 9 日是周日，我放弃了参观博物馆的时间，花了一整天来设计讲座的 PPT。最开始我想采用英文的 PPT，但是用泰语来演讲，但是后

① 参见 Winichakul, Thongchai, "The Changing Landscape of the Past: New Histories in Thailand Since 1973", *Journal of Southeast Asian Studies*, Vol. 26, No. 1 (March 1995)。

② 参见书评 "Tracking the Traces of Thailand's Changes", http://www.bangkokpost.com。

来又觉得用泰语解释某些术语有些困难，于是准备了一份英文的演讲稿，但直到半夜 12 点仍未完成。第二天凌晨四点半我就起床继续准备，直到六点匆忙出门。

萨瓦帕开车在轻轨站旁等我，大约一个小时后我们到达了位于佛统府的玛希敦大学。玛希敦大学的前身是 1888 年由五世王朱拉隆功成立的诗里拉皇家医院，该大学的医学院在全泰国排名第一。萨瓦帕所在的亚洲语言与文化研究所有 30 余年历史，是在共产主义运动危机之后成立的，目标是研究泰国的少数民族。在泰国中部的研究机构当中，只有该所研究境内的少数民族。近年来，他们用族群（ethnicity）代替了民族（nationality），使得研究范围得以扩展。目前泰国国内有 60 余支族群。

亚洲语言与文化研究所的办公楼建于 10 年前，大楼被命名为“诗琳通公主语言与文化大楼”。让我羡慕的是，所有研究人员都有独立的办公室，布置得也很整洁。该所有研究人员 30 余人，分为教师与研究者两类，其中教师有 20 余名。该所设置的研究方向包括语言学、文化研究、发展学和医学人类学。现在该所有研究生近两百名，要求所有研究生在少数族群地区实习三周。

下午一点半，萨瓦帕很老练地向师生介绍了我的学术背景，之后我以“信徒与公民”为题做了演讲。在文献回顾部分，我谈到“半民主”的问题。“半民主”是一个在泰国很流行的政治术语，在泰语里被称作 prachatibadai-khrungbai，与之相对的“全民主”叫作 prachatibadai-den-mbai。许多人认为泰国的民主政治偏离了以西方为代表的民主的理想模式，是一种半路上的民主，或者是旧的和新的因素的混合。我认为，用西方的民主概念规范泰国的历史与现实，剥离了研究对象自身的复杂性，所得出的结论大多在否定泰国政治发展的内在逻辑。许多研究只能告诉我们泰国社会不是民主的，不是现代的，却不能告诉我们泰国社会究竟是怎样的和将会怎样。这一系列否定判断在一定程度上阻碍了对泰国政治现代化进程的特殊性和可能性的认识。

在介绍田野过程的时候，我放映了我与房东夫妇的照片。我说之所以选择这张照片是因为我穿着泰装，后现代人类学老谈田野中的权力问题，认为看与被看是一种不平等的权力关系的体现。而我认为，在田野中，人类学家在看他人的同时，他者也在看人类学家而且试图改变他们。

例如我的房东教我怎样穿着泰装，怎样学会泰人的礼仪。大家笑了，似乎认为我的解释很有意思。

考虑到当时泰国国内的政治分歧，我选择了民族志中关于选举的部分进行描述，突出了主要报道人与议员之间的故事，最后从公共性逻辑的角度进行了分析。大家在讨论的时候提出了一些问题。不止一个人说我的主要报道人可能只是少数比较好的票头，有很多不顾及公共利益的票头。令我没有料到的是，引起大家关注和讨论的不是我的理论，而是民族志中的核心地方词汇——波罗密。大家就波罗密的确切含义进行了讨论，认为波罗密与权势的不同在于，波罗密是持久的，而权势是暂时的；波罗密是内在的品质，需要建设，而权势是从外部获取的；有权势的人如果注重内在品质的培养，可以拥有波罗密；有波罗密的人却不一定有权势，甚至有在场者用波罗密的高低来评价当时的政治人物。

演讲还算成功。我最后才决定用泰语讲，用英语做演示，因为要用英语来叙述在泰国发生的事情实在是有些别扭。萨瓦帕也鼓励我用泰语。虽然我不能用泰语百分之百地表达自己的意思，但是不至于影响交流。而且最重要的是，被我表达出来的意思很容易被理解。这是一次大胆而令人愉快的尝试。当我得到听者的称赞并且能够同他们交流意见的时候，我为自己的研究能够引发“当地人”的兴趣和思考而感到兴奋。萨瓦帕也同样兴奋，她在讲座结束后问我说：“怎么样？有意思（sanuk）吗?”她说我看他们的视角很有意思。萨瓦帕还表达了今后开展合作研究的兴趣。

我认为这次演讲不仅是学术交流，而且是一种特殊的文化交流。视角差异仍然存在——听者觉得我的研究有些理想化，但是，我对泰人佛教社会的核心价值之一波罗密的分析也得到了他们的重视。我仍然坚持乌托邦的某些因素，同时，我希望通过进一步的交流，让泰国学者和我都注意到各自所忽视的泰国社会现实中的不同侧面。那些我们所选择遗漏的部分却可能是重要的。

我的泰国研究经历表明，海外研究者与本土学者因为社会文化与教育背景的差异，二者之间的交流会经历从隔阂、发现差异再到视野融合的过程，并促使双方对社会现实进行再认识和再思考。这种文化间性的产生具有深刻的民族志寓意：其一，文化间性的产生过程作为文化交流的一部分可能以民族志的文本形式呈现出来；其二，海外研究者与本土学者之间的差异、冲突、交流和知识互惠，应当成为民族志生产的重要知识论背景。

讨论：世界人类学学科认同的形成

随着近三十年来本土人类学的兴起，人类学研究必然包含两种视角：外部视角和内部视角。对于内部视角的重视，多视角的形成（我看他们、他们的人类学家看他们、西方的人类学家看他们、我看他们的人类学、他们的人类学家看我、我们一起看他们、我们一起看我们）以及交流后产生的互文效果应当是建构世界人类学群这一学科认同的重要基础。因此，中国人类学海外研究的新路径意味着要与对象国的知识群体建立一种新的关系，这种新的关系将成为世界人类学新格局的一部分。我试图倡导以世界人类学学科内部的多边关系——中国人类学、对象国的本土人类学和西方人类学的关系——来代替简单的中国人类学与西方人类学的双边关系，并探寻形成世界人类学群大格局的途径。

当下中国的海外民族志研究要做到不同于以往的帝国人类学（以欧美人类学和日本人类学为代表），必须自觉地建构起海外视角与本土视角之间的联系。尽管作为研究者，我们（从事海外研究的中国人类学家）和对方（对象国的本土研究者）来自不同的国家，有着不同的知识背景、利益驱动和价值诉求，但是，通过相互之间的审视我们将会更加明了知识的政治，在视野上互补，并寻求对人类文化与社会的共同理解。这就要求我们变单向的研究为双向或多向的研究，这可能表现为一种反复和渐进的历程。具体而言，海外研究者与对象国的本土研究者之间需要在构建文化间性的基础上展开交流，文化间性在这里具体包含两个层次的含义。

首先，本土人类学家是自身所处社会与文化的代言人，因此本土人类学家的生命体验、政治立场和学术观点将是我们所要研究的社会事实的重要组成部分。本土人类学家的个人经历、研究立场和观点是十分重要的多层意义之集聚——对于本土文化的深描、对于本土社会的反思和批评、对于西方理论的辨别、政治参与及其知识诉求与主流价值观之间的张力都被包含其中，这些方面对我们认识对象国社会与文化的复杂性具有不可替代的价值。因此，我们与本土人类学家开展的文化交流既包括专业领域的交流，也应当包含双方各自代表的世界观、行为模式、政治取向等之间的相互影响。文化交流及其产生的新的意义应当成为民族志文本和人类学方法论反思当中的重要组成部分，这也是文化间性的鲜明体现。

其次，与本土人类学家的文化交流——知识交流是其中的重要部分，将在我们之间形成平等的对话关系，并可能由此产生对国际人类学话语权威的反思和解构，这是人类学知识生产的新路径，并可能最终形成世界人类学群的学科认同。这个过程可能包括：介绍和引介本土人类学研究的代表性成果，并与之对话；进行并置性研究，就某个主题将来自海外人类学学者的研究与本土研究放在一起讨论，由此而产生互文的效果；开展合作研究和比较，互为知识主体，也互为研究对象；对本土人类学家或本土知识界进行人类学研究，对知识分子的生活经验、政治关怀与学术观点进行田野调查，撰写关于知识阶层的民族志。

这样做的结果将是“自然而然”地破除西方人类学的主导性影响，因为通过与本土人类学的交流，我们发现双方已经从不同的角度对西方人类学进行了自觉的筛选和创造性的运用，并产生了风格迥异的文本。我们相互可以通过西方人类学本土化的不同取向来重新定位西方理论，明晰自身的主体地位，西方人类学理论也因此不再是主导性的，而只是世界人类学群的知识构成的一个部分——在相当长的一段时间内它仍然是十分重要，但不是唯一重要的构成。

我们之间不必通过第三者——西方来进行交流，而是直接交流。西方学术研究的成果仍然在起作用，但是这种作用应当只是其中的一个部分，而且我们都已经对其进行了自己的选择和理解。西方理论成为诸多选择中的一种，而不是全部。西方理论成为我们之间被选择和被承认的对象，而不是主宰性的。西方理论霸权可能只是我们的想象：霸权经过第三方的中介作用而转化成平等的构成因素。同时，需要强调的是，以第三方（本土人类学）为中介的对于西方学术的理解将使得我们以更中肯的态度来对待西方学术成果，既非盲从也非抗拒，而是在文化间性的基础上通过多重理解而达成的扬弃。

今天，所有的人类学都同时是国家人类学与世界人类学，因为全球化已经将不同的社会和来自不同社会的研究者不可分割地联系在一起。世界人类学的形成将取决于各个国家传统的人类学的呈现和他们之间的联系，通过对话来相互矫正，并达成“你中有我，我中有你”的世界人类学学科认同。跨界将不再是帝国人类学所代表的把政治与知识上的优势强加给对方，而是意味着在平等交流的基础上创造新的意义，从而打破关于帝国建构的人类学和国家建构的人类学的两极区分，在国家化与去国家化的连接中形成世界人类学群的新格局。从这一点来说，世界人类学群可能超越国界，并超越本土化诉求。

参考文献

保罗·拉比诺：《摩洛哥田野作业反思》，高丙中、康敏译，商务印书馆，2008。

大卫·哈维：《新自由主义简史》，王钦译，上海译文出版社，2016。

本尼迪克特·安德森：《比较的幽灵：民族主义、东南亚与世界》，甘会斌译，译林出版社，2012。

彼得·贝格尔：《神圣的帷幕——宗教社会学理论之要素》，高师宁译，何光沪校，上海人民出版社，1991。

杜蒙：《阶序人——卡斯特体系及其衍生现象》，王志明译，远流出版事业股份有限公司，1992。

佛使比丘：《解脱自在园十年》，香光书乡编译组译，香光书乡出版社，1994。

佛使比丘：《无我》，香光书乡编译组译，香光书乡出版社，1997。

佛使比丘：《生命之囚》，香光书乡编译组译，香光书乡出版社，1997。

佛使比丘：《生活中的缘起》，香光书乡编译组译，香光书乡出版社，1995。

佛使比丘：《菩提树的心木》，郑振煌译，慧炬出版社，1989。

佛使尊者：《人生锦囊》，郑振煌译，慧炬出版社，1996。

佛使比丘：《一问一智慧》，香光书乡编译组译，香光书乡出版社，1994。

佛使比丘：《何来宗教》，郑振煌译，慧炬出版社，1992。

佛使比丘：《人类手册》，香光书乡编译组译，http://www.mba.net.my。

佛使比丘：香光书乡编译组译，《法的社会主义》，http://www.gaya.org.tw。

佛使尊者：《人生锦囊》，郑振煌译，慧炬出版社，1996。

龚浩群：《信徒与公民：泰国曲乡的政治民族志》，北京大学出版社，2009。

伽达默尔：《真理与方法》（上卷），王才勇译，辽宁人民出版社，1999。

觉音：《清净道论》，叶均译，中国佛教协会，1981。

康敏：《“习以为常”之弊：一个马来村庄日常生活的民族志》，北京大学出版社，2009。

克利福德·吉尔兹：《尼加拉：十九世纪的巴厘剧场国家》，赵丙详译，上海人民出版社，1999。

岑容林：《泰南四府民族分裂主义的由来、演变与出路》，《东南亚研究》2007年第2期。

阿南·甘加纳潘：《亚洲全球化与泰国人类学：来自乡土东南亚的视角》，《中国农业大学学报》2010年第2期。

高丙中：《人类学国外民族志与中国社会科学的发展》，《中山大学学报》2006年第2期。

高丙中："海外民族志：发展中国社会科学的一个路途"，《西北民族研究》2010年第1期。

高丙中、何明、庄孔韶、麻国庆等：《中国海外研究（下）》，《开放时代》2010年第2期。

马塞尔·莫斯：《人类学与社会学五讲》，梁永佳等译，广西师范大学出版社，2008。

卢梭：《社会契约论》，何兆武译，商务印书馆，2002。

罗伯特 N. 贝拉：《心灵的习性：美国人生活中的个人主义和公共责任》，周穗明、翁寒松译，中国社会科学出版社，2011。

诺贝特·埃利亚斯：《文明的进程：文明的社会起源和心理起源的研究》，王佩莉、袁志英译，上海译文出版社，2009。

通猜·威尼差恭：《图绘暹罗：一部国家地缘机体的历史》，袁剑译，译林出版社，2016。

吴云贵：《当代伊斯兰教法》，中国社会科学出版社，2003。

吴晓黎：《社群、组织与大众民主：印度喀拉拉邦社会政治的民族志》，北京大学出版社，2009。

托马斯·雅诺斯基：《公民与文明社会——自由主义政体、传统政体和社会民主政体下的权利与义务框架》，柯雄译，辽宁教育出版社，2000。

杨庆堃：《中国社会中的宗教》，范丽珠等译，上海人民出版社，2007。

张金岭：《公民与社会：法国地方社会的田野民族志》，北京大学出版社，2011。

罗杨：《他邦的文明：柬埔寨吴哥的知识、王权和宗教生活》，北京联合出版公司，2016。

李荣荣：《美国的社会与个人：加州悠然城社会生活的民族志》，北京大学出版社，2011。

卢克曼：《无形的宗教：现代社会中的宗教问题》，覃方明译，中国人民大学出版社，2003。

欧麦尔·奈赛斐：《伊斯兰教教义学十讲》，刘世英编译，宗教文化出版社，2010。

约翰尼斯·费边：《时间与他者：人类学如何制作其对象》，马健雄、林珠云译，北京师范大学出版社，2018。

陆继鹏：《泰南四府民族问题的历史进程》，《东南亚纵横》2004 年第 12 期。

葛兆光：《当“暹罗”改名“泰国”——从一九三九年往事说到历史学与民族主义》，《读书》2018 年第 11 期。

吕凯文：《佛使比丘对于缘起思想的反省及其意义》，《法光杂志》，http://www.wuys.com，2010 年 1 月 5 日。

麻国庆：《现代日本人类学的转型和发展》，《民族研究》2009 年第 1 期。

孟庆顺：《伊斯兰教与泰南问题的形成》，《南昌工程学院学报》2007 年第 2 期。

奈仓京子（日）：《‘他者’的文化与自我认同》，《广西民族大学学报》2009 年第 5 期。

石汉：《共识社群：简论中国乡村中的国家构造与地方社会》，廖佩佩译，《民族学刊》2014 年第 6 期。

夏希原：《发现社会生活的阶序逻辑——路易·杜蒙和他的〈阶序人〉》，《社会学研究》2008 年第 5 期。

庄孔韶、兰林友：《我国人类学研究的现状与前瞻》，《中国人民大学学报》2009 年第 3 期。

邹启宇：《古代泰国的国家和国名——兼论我国从前称泰国为暹罗的由来》，《广西民族大学学报》1978 年第 3 期。

Appadurai, Arjun, “Putting Hierarchy in Its Place”, *Cultural Anthropology*, Vol. 3, No. 1 (Feb., 1988).

Aulino, Felicity, "Perceiving the Social Body: A Phenomenological Perspective on Ethical Practice in Buddhist Thailand", *Journal of Religious Ethics*, Vol. 42 (3), 2014.

Beck, Ulrich, *A God of One's Own: Religion's Capacity for Peace and Potential for Violence*, Cambridge and Malden: Polity Press, 2010.

Bellah, Robert, "Civil Religion in America", In *Beyond Belief: Essays on Religion in a Post-Traditional World*, Harper& Row, 1967.

Bowie, Katherine A. "The Alchemy of Charity: Of Class and Buddhism in Northern Thailand", *American Anthropologist*, Vol. 100, No. 2 (Jun., 1998).

Bowie, Katherne A. "Of Buddhism and Militarism in Northern Thailand: Solving the Puzzle of the Saint KhruubaaSrivichai", *The Journal of Asian Studies*, Vol. 73, No. 3 (Aug. 2014).

Chalermsripinyorat, Rungrawee, "Doing the Business of Faith: The Capitalistic Dhammakaya Movement and the Spiritually-Thirsty Thai Middle Class", 7th International Conference on Thai Studies, Amsterdam, 4 – 8 July 1999.

Chen Man, W. K., *Muslim Separatism: The Moros of Southern Philippines and the Malays of Southern Thailand*, Singapore: Oxford University Press, 1990.

Coleman, John, "Civil Religion", *Sociological Analysis*, Vol. 31, No. 2, 1970.

Comaroff, Jean, and John L. Comaroff, "Occult Economies and the Violence of Abstraction: Notes from the South African Postcolony", *American Ethnologist*, Vol. 26, No. 2, 1999.

Cook, Joanna, *Meditation in Modern Buddhism: Renunciation and Change in Thai Monastic Life*, Cambridge: Cambridge University Press, 2010.

Dekker, Gerard, Donald A. Luidens, and Rodger R. Rice, *Rethinking Secularization: Reformed Reactions to Modernity*, Lanham . New York . London: University Press of America, 1997.

Dobbelaere, Karel, *Secularization: An Analysis at three Levels*, Brussels: P. I. E. -Peter Lang, 2002.

Essen, Juliana, *Right Development: The SantiAsoke Buddhist Reform Movement of Thailand*, Lanham, Bouler, New York, Toronto, Oxford: Lexington Books, 2005.

Freeman, Carla, "Embodying and Affecting Neoliberalism", in Frances E. Mascia-Lees, ed., *A Companion to the Anthropology of the Body and Embodiment*, Chichester, Malden: Blackwell Publishing Ltd., 2011.

Ganjanapan, Anan, *Local Control of Land and Forest: Cultural Dimensions of Resource Management in Northern Thailand*, Chiang Mai: Regional Center for Social Science and Sustainable Development, 2000.

Gombrich, Richard F., *Theravāda Buddhism: A Social History form Ancient Benares to Modern Colombo*, London and New York: Routledge, 2006.

Hansen, Anne Ruth, *How to Behave: Buddhism and Modernity in Colonial Cambodia*, 1860 – 1930, Honolulu: University of Hawai' i Press, 2007.

Herzfeld, Michael, "Disemia", *Semiotics* 1980, Michael Herzfeld and Margot D. Lenbart (eds.), New York and London: Plenum Press, 1982.

Herzfeld, Michael, *Anthropology through the Looking-Glass: Critical Ethnography in the Margins of Europe*, Cambridge: Cambridge University Press, 1987.

Herzfeld, Michael, "The Absent Presence: Discourses of Crypto-colonialism", *South Atlantic Quarterly*, Vol. 101, 2002.

Herzfeld, Michael, *Cultural Intimacy: Social Poetics in the Nation-State* (Second Edition), New York and London: Routledge, 2005.

Herzfeld, Michael, "The Cultural Politics of Gesture: Reflections on the Embodiment of Ethnographic Practice", *Ethnography*, Vol. 10 (2 – 3), 2009.

Herzfeld, Michael, *Cultural Intimacy: Social Poetics and the Real Life of States, Societies, and Institutions* (Third Edition), London and New York: Routledge, 2016.

Herzfeld, Michael, *Siege of the Spirits: Community and Polity in Bangkok*, Chicago and London: The University of Chicago Press, 2016.

Jackson, Peter A., "Withering Centre, Flourishing Margins: Buddhism's

Changing Political Roles", in Hewison, Kevin (ed.), *Political Change in Thailand: Democracy and Participation*, London and New York: Routledge, 1997.

Keyes, Charles F., "Buddhism and National Integration in Thailand", *Journal of Asian Studies*, Vol. 30, No. 3 (May, 1971).

Kirsch, A. Thomas, "Complexity in the Thai Religious System: An Interpretation", *The Journal of Asian Studies*, Vol. 36, No. 2 (Feb., 1977).

Hewison, Kevin, "Neo-liberalism and Domestic Capital: The Political Outcomes of the Economic Crisis in Thailand", in Kevin Hewison and Richard Robison, eds., *East Asia and the Trials of Neo-liberalism*, London and New York: Routledge, 2006.

Ito, Tomomi, *Modern Thai Buddhism and BuddhadasaBhikkhu*, Singapore: National University of Singapore Press, 2012.

Jackson, Peter A., *Buddhism, Legitimation, and Conflict: The Political Functions of Urban Thai Buddhism*, Singapore: The Institute of South-east Asian Studies, 1989.

Jackson, Peter A., *Buddhadasa: Theravada Buddhism and Modernist Reform in Thailand*, Chiang Mai: Silkworm Books, 2003.

Johnson, Andrew Alan, *Ghosts of the New City: Spirits, Urbanity, and the Ruins of Progress in Chiang Mai*, Honolulu: University of Hawai ' i Press, 2014.

Jordt, Ingrid, *Burma's Mass Lay Meditation Movement: Buddhism and the Cultural Construction of Power*, Athens: Ohio University Press, 2007.

Kabeer, Naila, ed., *Inclusive Citizenship: Meanings and Expressions*, London and New York: Zed Books, 2005.

Kaiyoorawong, Sayamol, "Conserving Thailand's Forests: Legal Perspectives", in Noel Rajesh, ed., *After the Logging Ban: Politics of Forest Management in Thailand*, Bangkok: Foundation for Ecological Recovery, 2005.

Keyes, Charles F., *Thailand: Buddhist Kingdom as Modern Nation-State*, Boulder: Westview Press, 1987.

Koanantakool, ParittaChalermpow, The Middle-Class Practice and Consumption of Traditional Dance："Thai-ness" and High Art, In C. J. W. L. Wee (Ed.), *Local cultures and the 'new Asia': The state, culture, and capitalism in Southeast Asia*, Singapore: Institute of Southeast Asian Studies, 2002.

Laungaramsri, Pinkaew, "The Politics of Nature Conservation in Thailand", in Noel Rajesh, ed., *After the Logging Ban: Politics of Forest Management in Thailand*, Bangkok: Foundation for Ecological Recovery, 2005.

Liow, Joseph Chinyong, *Islam, Education and Reform in Southern Thailand*, Singapore: Institute of Southeast Asian Studies, 2009.

Liow, Joseph Chinyong, "Islamic Education in Southern Thailand: Negotiating Islam, Identity, and Modernity", in Hefner, Robert W., ed., *Making Modern Muslims: The Politics of Islamic Education in Southeast Asia*, Honolulu: University of Hawai' i Press, 2009.

Mackenzie, Rory, *New Buddhist Movement in Thailand: Towards an Understanding of WatPhraDhammakaya and SantiAsoke*, London and New York: Routledge, 2007.

McCargo, Duncan, *Tearing apart the Land: Islam and Legitimacy in Southern Thailand*, Ithaca: Cornell University Press, 2008.

Melvin, Neil J., *Conflict in Southern Thailand: Islamism, Violence and the State in the Patani Insurgency*, SIPRI Policy Paper No. 20, Stockholm International Peace Research Institute, 2007.

Murashima, Eiji, "The Origin of Modern Official State Ideology in Thailand", *Journal of Southeast Asian Studies*, Vol. 16, No. 1 (March 1988).

O' connor, Richard A., "Forest Monks and the History of Bangkok", *Visakha Puja*, Bangkok: The Buddhist Association of Thailand under Royal Patronage, 1980.

Pfeiffer, James, Kenneth Gimbel-Sherr and OrvalhoJoaquim Augusto, "The Holy Spirit in the Household: Pentecostalism, Gender, and Neoliberalism in Mozambique", *American Anthropologist*, Vol. 109, Issue 4, 2007.

Phongpaichit, Pasuk and Baker, Chris, *Thailand: Economy and Politics*, Kuala Lumpur: Oxford University Press, 1995.

PhraRajavaramuni (PrayudhPayutto), *Thai Buddhism in the Buddhist World: A Survey of the Buddhist Situation against a Historical Background*, Mahachulalongkorn Buddhist University, 1985.

Pierard, Richard and Linder, Robert, *Civil Religion and the American Presidency*, Michigan: Zondervan, 1988.

Pitsuwan, Surin, *Islam and Malay Nationalism: A Case Study of the Malay-Muslims of Southern Thailand*, Bangkok: Thammasat University Press, 1985.

Pongsapich, Amara, *Traditional and Changing Thai World View*, Bangkok: Chulalongkorn University Social Research Institute; Singapore: Southeast Asian Studies Program, 1985.

Pongsapich, Amara, "Strengthening the Role of NGOs in Popular Participation", in JaturongBoonyarattanasoontorn and GawinChutima, eds., *Thai NGOs: The Continuing Struggle for Democracy*, Bangkok: Thai NGO Support Project, 1995.

Pongsapich, Amara, "Politics of Civil Society", *Southeast Asian Affairs* 1999, Singapore: Institute of Southeast Asian Studies, 1999.

Reynolds, Craig J., "Buddhist Cosmography in Thai History, with Special Reference to Nineteenth-Century Culture Change", *Journal of Asian Studies*, Vol. 35, No. 2 (February 1976).

Reynolds, Craig J., *Thai Radical Discourse: The Real Face of Thai Feudalism Today*, Studies on Southeast Asia No. 3, Cornell University, 1987.

Reynolds, Frank E., 'Civic Religion and National Community in Thailand', *The Journal of Asian Studies*, Vol. 36, No. 2, 1977.

Ribeiro, Gustavo Lins and Arturo Escobar, *World Anthropologies: Disciplinary Transformations within Systems of Power*, Oxford and New York: BERG, 2006.

Richard, Analiese, and DaromirRudnyckyj, "Economies of Affect", *The Journal of the Royal Anthropological Institute*, Vol. 15, No. 1, 2009.

Richland, Justin B., "On Neoliberalism and Other Social Diseases: The 2008 Sociocultural Anthropology Year in Review", *American Anthropologist*,

Vol. 111, No. 2, 2009.

Rose, Nikolas, "Governing the Enterprising Self", in Paul Hellas and Paul Morris, eds., *The Values of the Enterprise Culture: The Moral Debate*, London: Routledge, 1992.

Rudnyckyj, Daromir, "Spiritual Economics: Islam and Neoliberalism in Contemporary Indonesia", *Cultural Anthropology*, Vol. 24, No. 1, 2009.

SantikaroBhikkhu, "BuddhadasaBihkkhu: Life and Society through the Natural Eyes of Voidness", in Christopher S. Queen and Sallie B. King, eds., *Engaged Buddhism: Buddhist Liberation Movements in Asia*, 1996, Albany, New York: State University of New York Press, 1996.

Schedneck, Brooke, *Thailand's International Meditation Centers: Tourism and the Global Commodification of Religious Practices*, London and New York: Routledge, 2015.

Scott, James C., *The Art of Not Being Governed: An Anarchist History of Upland Southeast Asia*, New Haven: Yale University Press, 2009.

Shinji Yamashita, Joseph Bosco, and J. S. Eades, "Asian Anthropologies: Foreign, Native and Indigenous", in Shinji Yamashita and Joseph Bosco, eds., *The Making of Anthropology of East and Southeast Asia*, New York and Oxford: Bergbabn, 2004.

Shipley, Jesse Weaver, "Comedians, Pastors, and the Miraculous Agency of Charisma in Ghana", *Cultural Anthropology*, Vol. 24, No. 3, 2009.

Sivaraksa, Sulak, translated by S. J., *Powers That Be: PridiBanomyong through the Rise and Fall of Thai Democracy*, Committees on the Project for the National Celebration on the Occasion of the Centennial Anniversary of PridiBanomyong, 1999.

Somers, Margaret R., "Citizenship and the Place of the Public Sphere: Law, Community, and Political Culture in the Transition to Democracy", in *American Sociological Review*, Vol. 58, No. 5, 1993.

Soysal, Levent, "Intimate Engagements of the Public Kind", *Anthropological Quarterly*, Vol. 83, No. 2, 2010.

Strathern, Marilyn, ed., *Audit Cultures: Anthropological Studies in Accounta-*

bility, Ethics and the Academy, London, New York: Routledge, 2000.

Suksamran, Somboon, *Political Buddhism in Southeast Asia: The role of the Sangha in the Modernization of Thailand*, London: C. Hurst & Co. Ltd, 1977.

Swearer, Donald K., ed., *Me and Mine: Selected Essays of BhikkhuBuddhadasa*, New York: State University of New York Press, 1989.

Tambiah, Stanley J., 'The Ideology of Merit and The Social Correlates of Buddhism in a Thai Village', in Leach, E. R. (ed.), *Dialectic in Practical Religion*, Cambridge: Cambridge University Press, 1968.

Tambiah, Stanley J., *Buddhism and the Spirit Cultsin North-EastThailand*, Cambridge: Cambridge University Press, 1970.

Tambiah, Stanley J., *World Conqueror and World Renouncer: AStudy of Buddhism and Polity in Thailand against a Historical Background*, Cambridge University Press, 1976.

Tambiah, Stanley J., *Buddhist Saints of the Forest and the Cult of the Amulets*, Cambridge: Cambridge University Press, 1984.

Tambiah, Stanley J., *Edmund Leach: An Anthropological Life*, Cambridge: Cambridge University Press, 2002.

Taylor, Jim, "New Buddhist Movements in Thailand: An Individualistic Revolution, Reform and Political Dissonance", *Journal of Southeast Asian Studies*, Vol. 21, No. 1, 1990.

Taylor, J. L., *Forest Monks and the Nation-State: An Anthropological and Historical Study in Northeastern Thailand*, Singapore: Institute of Southeast Asian Studies, 1993.

Taylor, James, *Buddhism and Postmodern Imaginings in Thailand: The Religiosity of Urban Space*, Surrey and Burlington: Ashgate, 2008.

Tejapira, Kasian, "The Post-Modernization of Thainess", in Yao Souchou (ed.), *House of Glass: Culture, Modernity, and the State in Southeast Asia*, Singapore: Institute of Southeast Asian Studies, 2001.

Tejapira, Kasian, *Commodifying Marxism: The Formation of Modern Thai Radical Culture*, 1927 – 1958, Kyoto: Kyoto University Press, 2001.

Tejapira, Kasian, "De-OtheringJek Communists: Reviewing Thai History from the Viewpoint of the Ethno-ideological Other", in Siegel, James T., and Audrey R. Kahin (ed.), *Southeast Asian Over Three Generations: Essays Presented to Benedict R. O'G. Anderson*, Southeast Asia Program Publications, Cornell University, 2003.

Tiyavanich, Kamala, *Forest Recollections: Wandering Monks in Twentieth-Century Thailand*, Honolulu: University of Hawai' I Press, 1997.

Turton, Andrew, Jonathan Fast and Malcolm Caldwell, eds., *Thailand: Roots of Conflict*, Nottingham: Spokesman, 1978.

Turton, Andrew, *Production, Power and Participation in Rural Thailand: Experience of Poor Farmers'Groups*, Geneva: United Nations Research Institute for Social Development, 1987.

Vandergeest, Peter, "Hierarchy and Power in Pre-National Buddhist States", *Modern Asian Studies*, Vol. 27, No. 4, 1993.

Vella, Walter Francis, *Chaiyo! King Vajiravudh and the Development of Thai Nationalism*, Honolulu: University Press of Hawaii, 1978.

Winichakul, Thongchai, "The Quest for 'Siwilai': A Geographical Discourse of Civilizational Thinking in the Late Nineteenth and Early Twentieth-Century Siam", *The Journal of Asian Studies*, Vol. 59, No. 3 (Aug., 2000).

Winichakul, Thongchai, "The Changing Landscape of the Past: New Histories in Thailand Since 1973", *Journal of Southeast Asian Studies*, Vol. 26, No. 1 (March 1995).

Yegar, Moshe, *Between Integration and Secession: The Muslim Communities of the southern Philippines, Southern Thailand and Western Burma*, Lanham: Lexington Books, 2002.

后　记

从2009年出版博士论文到今天，过去了整整十年。每每回首，总有挥不去的乡愁。2003年初到泰国中部的曲乡开展调查时，尽管也从曼谷朋友那里听到“乡下人不懂得民主”的论调，但是，我在乡村感受到的是村民们对民主政治和社会发展怀有的热情及信心。然而，2006年发生的军事政变和随之而来的政治冲突，彻底改变了当代泰国的社会景观。此后，每次回到泰国，无论城乡，总能感受到人们内心的失落和焦虑。冲突与变迁代替了和谐与稳定，成为刺激我的后续研究的关键词。

本书试图从作为意识形态的正统佛教在近代以来受到的挑战出发，来理解泰国的宗教与社会变迁。因此，这就涉及正统佛教与其他另类宗教的关系问题。正统佛教与另类宗教之间彼此改变，这一过程折射出各种社会力量之间的对抗、竞争与合作，也体现了他们在面对西方文明时的价值创造和行动选择。事实上，泰国社会在现代性问题上遭遇的困境和取得的突破，与中国社会有诸多可以比照之处，我也期待读者能够从中获得反观中国社会的新的视角。

本书的主要章节曾经分别在《思想战线》《东南亚研究》《世界宗教文化》《开放时代》《宗教人类学》《中央民族大学学报》《广西民族大学学报》等学术刊物上发表，在此我对以上刊物表示感谢。

我在泰国开展田野调查期间，得到了泰国玛希敦大学Saowapa Pornsiripongse教授的诸多帮助，是她帮我和曼谷佛使比丘档案馆取得了联系，我由此开启了对中产阶层修行实践的研究。在调查过程中，朱拉隆功大学的Amara Pongsapich教授和Surangrut Jumnianpol研究员给了我很多启发，她们帮助我去理解佛教改革运动对当代泰国知识分子的深刻影响。特别感谢佛使比丘档案馆的负责人、工作人员、志愿者和修行者，他们的帮助使得我的田野调查能够顺利进行。我还要感谢位于泰国南部素叻他尼府的解脱自在园女子修行处，在那里我有幸得到各位导师的教导，并获得了短暂却难忘的修行经历。

从 2001 年到北大攻读博士学位至今，我从高丙中教授和他带领的海外民族志研究团队那里受益良多，多年来我们共同分享着各自面对异域时的惊奇与收获。感谢高丙中老师、杨春宇、康敏、赖立里和赵萱在本书最后修改阶段所提出的宝贵意见。特别感谢高老师拨冗作序，更感谢他这么多年以来在海外民族志研究领域的方向性指引。

我关于泰国宗教的研究，尤其是关于城市中产阶层修行实践的研究，得到了“修行人类学”的倡导者陈进国、黄剑波和杨德睿的鼓励，尤其感谢他们举办的历届修行人类学工作坊为大家提供了很好的学术交流机会。感谢黄剑波为本书写序，作为同龄人，剑波在人品和学品方面都是我学习的榜样。

哈佛大学人类学系的 Michael Herzfeld 教授一直鼓励我开展海外研究，而他本人对语言学习和民族志研究抱有永不停歇的热情，很好地诠释了人类学学者永葆生命与学术活力的秘诀。

感谢京城女博士读书小组诸位友人的相互陪伴，近七年来的每次聚会除了令人放松的八卦、吐槽和育儿经的分享，我们确实还严肃探讨社会理论与现实中的真问题。

我的研究得到了中央民族大学民族学与社会学学院、世界民族学人类学研究中心领导和同人的多方面支持。世界民族学人类学研究中心是一个充满活力和开拓精神的学术机构，我们不仅跑到国外做研究，还努力拓展与第三世界国家的学术联系，并在短短的五年内把研究生送到近二十个国家开展长期田野调查，我为我们所从事的事业感到骄傲。感谢麻国庆教授、包智明教授作为领导和师长给予我的鼓励和指点。感谢潘蛟教授和关凯教授针对本书提出的批评，以及对我未来的知识方向的建议。

在本书的写作和出版过程中，我得到了社会科学文献出版社郑庆寰博士、王展编辑和张媛编辑的大力支持，感谢他们提出的建设性意见和为了此书以更好的面貌出现而付出的所有努力。

最后，感谢我的父母、先生和儿子对我的理解与包容。对我来说，作为一名女人类学学者，如何在家庭与学术研究之间取得平衡始终是一个难题，是父母的默默支持使我能够抱有较为自由和从容的心态。感谢我的先生给予的关爱，他能够积极地看待我对海外民族志研究的执着不舍，这是对我最好的激励。我上一本书出版的时候，儿子奥林刚满周岁，现在他已经主动开始学习泰语了，我期待在未来我们能够共同去探索新的世界。

2019 年 4 月 18 日于家中

图书在版编目(CIP)数据

佛与他者：当代泰国宗教与社会研究／龚浩群著. -- 北京：社会科学文献出版社，2019.6
国家社科基金后期资助项目
ISBN 978-7-5201-2197-2

Ⅰ.①佛… Ⅱ.①龚… Ⅲ.①宗教-研究-泰国-现代 Ⅳ.①B928.336

中国版本图书馆CIP数据核字(2018)第029263号

国家社科基金后期资助项目
佛与他者：当代泰国宗教与社会研究

著　　者／龚浩群

出 版 人／谢寿光
责任编辑／王　展　张　媛

出　　版／社会科学文献出版社·皮书出版分社（010）59367127
地址：北京市北三环中路甲29号院华龙大厦　邮编：100029
网址：www.ssap.com.cn
发　　行／市场营销中心（010）59367081　59367083
印　　装／三河市东方印刷有限公司

规　　格／开　本：787mm×1092mm　1/16
印　张：14　字　数：221千字
版　　次／2019年6月第1版　2019年6月第1次印刷
书　　号／ISBN 978-7-5201-2197-2
定　　价／79.00元